彭林 主編

朱軾全集

第十册

朱文端公文集

朱文端公文集補編

附録

復旦大學出版社

本册總目

朱文端公文集……（一）

朱文端公文集補編……（一九一）

附録……（三〇一）

附録一　朱文端公年譜……（三〇三）

附録二　朱軾傳記資料……（三四九）

朱文端公文集

楊婧　張千衛　整理

整理説明

朱軾（一六六五—一七三六），字若瞻，又字伯蘇，號可亭，今江西省高安市村前鎮艮下朱家村人。康熙、雍正、乾隆時期著名大臣、理學家。官至太子太傅、文華殿大學士，兼吏、兵二部尚書，爲乾隆帝師。卒後，被御賜爲「帝師元老」。他居官清正廉潔，剛正不阿，政績顯著，著述豐厚，是一位實現了立德、立功、立言三不朽的著名人物。

朱軾小時家境相對清貧，從小讀書勤奮。七歲時，有人指木匠鋸板，叫他作八股文的「破題」，他應聲答道：「送往迎來，其所厚者薄也。」由是族中長老稱之爲「千里駒」，被家人寄予厚望。他品學兼優，府、道考試皆名列前茅。康熙三十二年（一六九三），朱軾在鄉試中一展才華，領解元，舉鄉試第一。次年進京參加會試，得中進士，選爲庶吉士，習滿文。

康熙三十九年，朱軾散館後來被選任爲湖北潛江縣知縣，正式開始了其仕途生涯。中間他斷案公明，尊重事實，不阿權貴，還致力於當地的文化建設。在潛江的前後五年時間，政績卓著。康熙四十四年底，朱軾被選調到刑部任職，由刑部廣東司主事轉江南員外郎，後升郎中部中堂司，參與裁決内外大獄，以公正嚴明著稱。康熙四十八年，出任陝西學政，宣導陝西先賢張載的學説，教導諸生知禮成性。因不按規定向有關人員送禮，鄉試名册被故意拖延，以致耽誤了鄉試日期，因此遭參劾，但此事引起朝野公憤，「士論爲不平」。康熙帝親自過問此事，刑部尚書張廷樞等認爲朱軾公明廉謹，實爲難得，並説明誤期原委，康熙帝令朱軾仍爲學政，由此對朱軾有良好印象。五十二年，任光。寺少卿。五十四年，任奉天（今屬遼寧省）府尹。五十五年，升任通政使司通政使。五十六年，授浙江巡撫，成爲封疆大吏。朱軾主政浙江，主要做三件事：清吏治、正風俗、修海塘，最顯著的政績是修築海塘。

五十九年，擢左都御史。六十年父喪，朱軾請求回籍守制，康熙帝惜其才幹，命其在任守制。正逢山西旱災，康熙帝命朱軾前往賑災。在晉期間，他不顧自己疾病在身，多次上書朝廷彈劾腐敗官吏，謀劃救災措施，爲救濟百姓做出一定貢獻。六十一年，康熙帝駕崩，朱軾任聖祖實録總裁。

雍正帝即位後，朱軾繼續擔任左都御史，入侍南書房，侍皇四子、皇五子講席，兼吏部尚書，加太子太保銜。雍正三年（一七二五），授文華殿大學士兼吏部尚書，奉命輔助怡親王胤祥總理直隸水利營田。雍正八年，胤祥病死，朱軾繼其任，遭遇母喪，也在任守制。十一年，署理翰林院掌院學士。雍正十三年，浙江沿海海塘工程崩壞嚴重，只有朱軾撫浙時監築部分未受損壞。朱軾自請前往修補壞損塘壩，准行。赴任途中，雍正帝駕崩，乾隆帝將朱軾召回，授騎都尉世職。乾隆元年（一七三六），充世宗實録總裁，九月病重，乾隆帝親往探視，朱軾堅持著朝服下床於户外迎拜，次日去世，乾隆帝哀痛異常，輟朝一日，親往祭奠，賜金治喪，賜謚「文端」，入祀賢良祠。

朱軾在清代歷事康熙、雍正、乾隆三朝，爲人正直，處事幹練，無論任知縣，還是任巡撫，還是爲大學士，都有較爲突出的政績，被列爲「理學名臣」。桐城學派著名人物方苞評價朱軾的學問時説：「日晶玉潔，光焰萬丈，豈虚譽哉！」朱軾一生盡忠盡職，關心民生。清代學者洪亮吉贊譽説：「前爲大學士者，高安文端公朱軾最著，立朝大節多人所不能及。」朱軾在救濟災民、安定社稷、鞏固邊疆方面，也都作出了相應貢獻，特别是賑災山西、修築海塘、營田水利三事，尤爲出色。

康熙六十年（一七二一）六月，因山西、陜西兩省大旱歉收，小麥顆粒無收，左都御史朱軾接諭旨前往山陜勸糶賑災。他嚴懲貪官污吏，獎勵富户、紳士捐獻糧錢，救濟饑民。組織勞力整治漕河水道，停收米船課税，以利糧食流通。同時，責令地方官設廠醫治患病災民。此後，他又疏請山西各縣建立社倉以備荒歉。通過這些清理整頓，以及因地制宜制定出新規社制有效地調動了糧農的積極性，緩解了災民的苦難。朱軾因此受到當地民衆的尊重和愛戴。山西洪洞名士劉鎮把朱軾在山西賑濟時的先後疏草，及所有書檄，匯成一帙，名爲軺車雜録，刊刻梓行，並説：「倘蒙賢豪長者流覽及之，樂善之心必油然莫遏者。」後來，朱軾六世族孫朱舟令編朱文端公文集，將其全部收入。這就是文集補編第三、四兩卷。其中的散賑條約鼓勵循吏良紳捐銀獻米，令委用官員潔己奉公，所有盤費口糧俱各自備，還對糶米運送、饑民領賑、如何驗明給價、災民造册、設點放賑，公佈日期，領賑程式，粥廠發錢，以及設立病坊、廣施丸散等都作了具體的規定，可以看出朱軾辦事細緻周到。由於軺車雜録是當時施政的第一手資料，對我們研究清朝的荒政應對較有價值。

朱軾是對清代海塘建設有重大影響的開創性人物。在浙江巡撫任上，經過多次實地考查和認真的反復研究，用松、杉等耐水木材，做成長丈餘、高四尺的木櫃，内塞碎石，横貼堤基，使塘基堅固，再用大石高築堤身。附堤另築坦坡，高及堤半，仍用木櫃爲主幹，外砌巨石二三層，以護堤脚。他主持修築的海寧老鹽倉魚鱗大石塘，就具有塘基牢固、塘身結構嚴密、護塘工程完善、海塘管理到位等諸多優點，抗潮御災功能更强，其堤至今猶存。雍正二年七月，錢塘江潮水幾乎衝毁了兩岸的全部土石塘，而朱軾主持修建的石塘則完好無損，成爲以後興建海塘工程的樣板。詳情反映在文集補編卷一的有關奏疏中。

雍正三年，已是文華殿大學士兼吏部尚書朱軾，受命協助怡和親王總理京畿營田水利。他出京師，至天津，歷河間、保定、順天等府縣，相度高下原委，諮訪地方耆老，于十二月上查勘畿南水利情形疏，疏中提出直隸之水總會于天津以達於海，其經流有三。根據考察所見，具體提出了何處該加謹防護，何處該疏通，何處該築減水壩以洩洪，何處該築閘。同時，又上畿南請設營田疏，請擇沿河瀕海施工容易之處，多設營田，並建議專官負責經理，召募南方老農指導耕種，獎勵開墾等。都得到雍正皇帝的批准。到了雍正八年五月，怡親王病故。雍正皇帝便把水利營田的事務全部交給朱軾，總理一切。

此外，雍正元年、二年、乾隆元年，朱軾四次出任鄉試、會試正考官，分别是癸卯恩科順天鄉試正考官、癸卯恩科會試正考官及甲辰會試正考官、丙辰會試正考官，這在當時可算得上是特别殊榮。期間，朱軾公慎自矢，細心搜閲，盡拔佳文，摒除弊端，忠心耿耿地爲朝廷擢拔優秀人才，獲得朝野内外的一致稱讚。文集卷四收録的四篇鄉試録、會試録序文及策問考題，是今天研究科舉考試的重要資料。

公事之餘，朱軾專注于經學、理學、史學的研究，筆耕不輟，集名儒、名臣、循吏於一身。曾先後被雍正和乾隆帝召充爲聖祖實録與世宗實録總裁，主編有大清律集解。乾隆帝在給朱軾的祭詞中稱「朱軾學術端醇，器資凝厚，早登詞苑，蜚聲著作之庭」。時人袁枚也稱譽其治學「獨將經術勸三聖，自起清風播九寰」。

朱軾一生孜孜不倦地編書立説，成果頗豐。朱軾文集，乾隆二年吴學濂曾匯刻之，咸豐年間板毁。後其裔孫齡所重梓，並搜輯奏疏及雜文，爲補編四卷，以附於其後。朱軾文集的内容，以討論禮儀、序跋傳記居多。傳記文主要是作者爲當時人寫的家傳、墓誌銘、墓表等等，這些傳記文的傳主，既有王公貴族、朝廷大員、地方大吏，也有一般士人，以及這些人的父母、妻室，更有大量的是爲節婦、烈女、貞女所作，涉及社會各階層人物的活動、事蹟。有些官僚士人雖在國史中有傳，但這些私人之作，作者往往與傳主有一定來往，或過從甚密，對傳主有較多瞭解，不少内容及細節爲國史傳記所不見，有一定參考價值。尤其是文集中所收的序跋、論説、奏疏、告示之類，爲朱軾對時政的評論、工程建設及其爲官時的某些行政措施，這類資料，有些是其他史籍所不載的。對研究清代政治、經濟、學術、思想的有用材料。

作爲一名學者，朱軾對於歷代禮學之作素有研習；作爲一名官員，朱軾特別重視禮在日常生活中的教化功用，因而平素治學乃好矯正時弊，力崇古道。朱軾在浙江巡撫任上，曾經增訂家儀刊而布之，並且刊刻大戴禮記等書，致力於禮書的纂輯和推行，莫不與此有關。文集卷二一、卷三有關的禮學内容，就是他這些思想的反映。這些議禮的内容，今天看來有些可能不合時宜，但卷三作佛事，對世俗喪家作佛事，稱爲亡者薦拔、使升天堂免於地獄之説，力斥其誕妄不足信，且歷舉其傷生害事，斷不可作之故有九方面，對革除當時惡俗，應該是有所裨益的。另外卷二一勸積儲、卷三戒侈費等篇，力崇儉約，也有補於移風易俗得。這些也都是朱軾經世致用思想的體現。

本次整理朱軾文集，以清代詩文集彙編影印清康熙六十年山西劉鎮初刻乾隆二年江西吴學廉續刻本朱文端公文集、清同治朱氏刻本朱文端公文集補編爲底本，除避諱字徑改外，其他字一般不作改動，一仍其舊。爲方便讀者閲讀，知人論世，故將朱軾後裔朱瀚編、朱舫訂補的朱文端公年譜附録於後。此外，收集朱軾神道碑、墓誌銘、行狀等傳記資料十二篇，一併附在年譜之後，以便參考。

楊　婧　張千衛

辛丑年三月廿四立夏日

目録

序……（一七）
朱文端公文集卷一……（一九）
稽古齋文鈔序……（一九）
上諭註解序……（二一）
林岡卿圖册序……（二三）
春秋綱領序……（二五）
周官析疑序……（二六）
陝西通志序……（二八）
史傳三編總叙……（二九）
孝經四本序……（三一）
張子全書序……（三二）
大戴禮序……（三四）
吕氏四禮翼序……（三五）
顔氏家訓序……（三五）
温公家範序……（三六）
廣惠編序……（三六）
歷代名臣傳序……（三七）
歷代名儒傳序……（三九）
歷代循吏傳序……（四一）
古文雅正序……（四二）
王疇五時文序……（四四）
張豈石時文序……（四五）
程啓生時文序……（四七）

公鼎時文序……（四八）
高氏族譜序……（五〇）
甘氏族譜序……（五一）
鄧氏譜序……（五二）
義學記……（五三）
白公堤記……（五四）
高安縣會館記……（五六）
石橋記……（五八）
碧落橋記……（六〇）

朱文端公文集卷二……（六一）

公孫弘論……（六一）
清談論……（六三）
昏禮不樂不賀論……（六四）
五宗論……（六五）
承重論……（六八）
養疾論……（六九）
居喪不作樂論……（七一）
思哀論……（七二）
節哀論……（七四）
爲人後者降服父母論……（七五）
師生無服論……（七五）
古不修墓論……（七六）
祔論……（七七）
妾母附祭議……（七八）
鄉飲酒……（七九）
太極圖説解……（八〇）
書張璁傳後……（八二）
書賀烈女傳後……（八四）
賑饑諭平陽諸生……（八八）

勸積儲……（八九）
募鑄金鐘引……（九一）
與王遜功司寇論氣質之性……（九二）
與蔡少宗伯校訂名儒傳……（九三）
與族人書……（九四）
與白中丞……（九七）
答白中丞書……（九九）
族譜闕疑……（一〇一）
族譜解惑……（一〇三）
族譜辨異……（一〇七）

朱文端公文集卷三……（一〇九）

冠者見……（一〇九）
笄禮……（一一〇）
擇婦……（一一一）
納采問名納書納吉……（一一二）
同牢合巹……（一一四）
醴婦饗婦……（一一四）
互餕互衽……（一一五）
廟見……（一一六）
同姓不婚……（一一八）
曾子問……（一一九）
變禮……（一二一）
追服辨……（一二二）
代哭辨……（一二四）
棺飭……（一二五）
喪具……（一二六）
停柩……（一二七）
返虞……（一二九）
喪次……（一三一）

魂帛木主畫像……………………（一三二）
三不吊説……………………（一三三）
嫂叔無服説……………………（一三三）
挽歌方相明器説……………………（一三五）
吊説……………………（一三五）
濫受贈賻……………………（一三六）
立後……………………（一三八）
異姓爲後……………………（一三九）
三父辨……………………（一四〇）
八母辨……………………（一四一）
作佛事……………………（一四三）
戒侈費……………………（一四六）
兄容齋七十雙壽序……………………（一四七）
敕封文林郎翰林院編修待贈□□大夫怡齋
李公暨熊大夫人墓表……………………（一四九）
少司寇王公墓誌銘……………………（一五一）
毛芝亭墓表……………………（一五四）
吴贈君名三墓表……………………（一五六）
三弟行狀……………………（一五八）
朱文端公文集卷四……………………（一六一）
恩科順天鄉試録序……………………（一六一）
恩科會試録序……………………（一六三）
甲辰科會試録序……………………（一六六）
丙辰科會試録序……………………（一六八）
策問……………………（一七〇）
策問……………………（一七二）
策問……………………（一七三）
策問……………………（一七四）
策問……………………（一七五）

策問……（一七六）
策問……（一七八）
策問……（一七九）
策問……（一八〇）
策問……（一八一）
策問……（一八三）
策問……（一八四）
策問……（一八五）
策問……（一八七）
策問……（一八八）

序

太傅朱文端公，理學名儒，光輔三朝，功德所敷，文章所被，罔不足以溉四海而紹千秋。濂始拜公於其家，慭愬摯意溢言表。既而兩奉行軒，追隨邸第，公餘退食，昕夕晦明之所持循而研訂者，道義卷帙。而外人世可歆可欲之事，不以宅諸心，亦未見其挂諸口。神則淵然，澄波千頃也；意則嶄然，壁立萬仞也；言則藹然，氣則浩然，芝蘭九畹，喬木千章也。德充者日休，道腴者神晬。周旋杖履，歷有年所，終莫窺其涯涘，而髣髴近似厓略。如此古大人，明良合德，正笏立朝，氣象言論，巖巖諤諤，從千百載後，抗懷遥企，恒若祥麟威鳳，渺不可追。即使誦其詩、讀其書而知其人，然亦羹墻焉耳，夢寐焉耳。何意當吾世而躬承其訓，親炙其光，居近篤維桑之誼，私淑無曠世之感，不大厚幸歟！

公自筮仕以躋宰衡，功德文章之昭在耳目者，當宁俞之史官書之。至其經國大猷，贊襄密勿，進則矢入告之誠，退則徇焚草之義，人固莫得而知，公亦不樂人知也。

是集所輯，乃參訂經義、論列古人、序言紀事、酬答往來諸著作。此雖吉光片羽，全豹一斑，而根柢性天，發揮理道，微言大義，昭如日星。不事雕鏤佶屈，固已媲秦漢而駕韓歐。奕世以降，讀公書，想見公之爲人，祥麟威鳳之思，寤寐羹墻之契，後之視今，不猶今之視昔也乎？

同里受業吴學濂百拜謹識。

朱文端公文集卷一

稽古齋文鈔序

稽古齋文鈔者，皇五子自訂其比年所作文若詩也。軾於雍正元年奉命侍皇子講席，九載於兹矣。凡皇子所爲文與詩，每脱稿，未嘗不流連諷誦不置也，用敢忘其固陋，綴言於簡末。

夫所謂稽古者，誦其詩，讀其書，論其世，而尚友其人也，豈徒泛觀博考，以資論説已哉？或問程子：「世有以爲文讀書爲藝者？」程子曰：「爲文謂之藝，猶之可也。讀書謂之藝，則所求諸書者淺矣。」嘗怪韓退之沉潛乎義訓，反復乎句讀，其於讀書也勤矣。然以沉潛反復之功，用之義訓句讀之間，不過求工於文，而擬之議之，以求其合而已，此程子所謂「求諸書者淺」也。夫文以載道，今人所讀之書，非即古人之文乎？無論六經四子之垂訓，如日月之經天，江河之行地，即諸子百家，其人不必盡合於道，而所論著，苟有關於人心世道，詎得概以文藝目之哉？今讀皇子之文，其論斷古人物賢否，是是非非，一衷於道，而闡明天人性命之旨，及漢唐以下興衰治亂之故，多前人所未發。即篇什歌行，和平温厚，情深文明，不爲風雲月露之詞。凡此皆有目所共賞，而不知皇子之得此，非易易也。

皇子於聖經賢傳、宋儒性理諸書，講求親切，旁及綱目古史、秦漢八家之文、六朝唐宋人之詩，無不廣搜熟誦，以博其旨趣，由是發爲文章，根柢深厚，有倫有脊。以視韓退之所云「沉潛反復，擬之議之，以求其合」者，蓋有間矣。然而皇子稽古之功，更有大焉者。昔楊龜山論讀書之法曰：「體之於身，驗之於心。」所謂體之於身者，自視聽言動、日用事物之間，以及施之倫紀，措諸民物，一奉古聖賢之嘉言懿行以爲準則。而幽獨隱微之地，尤必謹之又謹。凡經書中言存誠，言敬德，言克己慎獨，言强恕求仁，一一証之吾心，其有合耶則勉之，否則發憤猛省，頃刻不敢自安。日以古聖賢所論義理浸灌其心，使欲盡理純，而後所行不悖於古人。此豈尋章摘句之學所得而比擬耶！

仰惟聖祖仁皇帝，久道化成，功巍文焕。我皇上丕紹鴻基，神聖廣運，凡善政善教之昭布於宇宙者，莫非中正仁義、聖聖相傳之道法。嘗進群臣於廷，訓以修己治人之道，深切著明。雖以軾之愚魯，入耳警心，每退食紬繹，未嘗不感發興起，浩乎若有得也。况皇子以聰明純粹之資，日親聖德之光輝，敬承皇極之敷言，薰陶涵濡，日就月將，而又勤勤於學問自修，瞬有存，息有養，優而柔之，厭而飫之，久之而銷融其渣滓，和順於道德，凡耳目之所歷，心思之所游，無在不有深造，自得左右逢源之致。夫而後，本末内外，一以貫之，允懷於茲道，積於厥躬，又何有於藝與道之别哉！學至是，而後知稽古之功，宏且深也。皇子勉乎哉！

上諭註解序

古者月吉始和，懸法象魏，布教於邦國都鄙，遒人以木鐸狗於路，範民於五禮五常之内，陶民於六德六行之中，法至善也。後世政刑日繁，禮教漸弛，官吏虚文以相應，小民陷罪而不知。我皇上泣罪爲心，爰著聖諭十有六條，頒布中外，使大小臣工，用以宣揚教化。言約而該，事切而實，真化民成俗之良規，媲典謨而並隆，駕訓誥而更上矣。

夫人性皆善，汩没於氣習，苟有以導之，無不可以遂初復性，是有司之責也。然治天下必自鄉始。柳宗元曰：「有里胥而後有縣大夫，有縣大夫而後有諸侯。」蓋親民之官，莫如守令，以其與民不甚相懸，耳目較近，下情易於上達也。

軾起家縣令，筮仕得楚之潛江，思教民易俗，莫如上諭十六條，爰用楚中鄉語，註爲訓解，使婦人孺子，皆可通曉。朔望親集士民，宣講於明倫堂，又遴選鄉耆，優其禮數，使各解説於其鄉。軾偶以事出郊坰，輒召其父老子弟，爲之解説，環立如堵墻，人人傾聽。近年官奉天，旗民雜處之地，亦嘗於暇日宣講，垂白之老，有流涕者。嗚呼！誰謂人心不古，上理之治不可復見於今也！

今兩浙人文淵藪，歷代名儒大臣，理學經濟，豐功偉烈，炳耀千古，較四方爲盛，然而機械變詐之習，所以陷溺乎人心者，亦較四方爲深。軾以涼德謏才，謬膺簡命，來撫此邦，戰戰慄慄，惟懼不克負荷。思所以上體九重子惠元元之意，莫如教民爲善去惡，仍取舊解，稍爲删改付梓，頒發各郡縣，願與諸守令共宣揚天子之德意。諸守令仍各徧頒其邑中，多遴耆老，使各宣講於其鄉，務使兒童、婦女、樵夫、牧豎，咸得種善言於耳根，日積月累，自然淪肌浹髓，禮義廉恥之心，油然自生。從此人心近古，風俗還淳，獄訟不興，盜賊屏跡。與我父老子弟共遊於熙皥之天，庶不負我皇上化民成俗之盛心。軾與百爾在位，乃可不負職守矣！

林冏卿圖册序

士君子丕振先德，遡燕貽之所自，即一器一物，必什襲世守之，曰：「此吾先人手澤之所存也。」一木一石，亦珍重護惜，曰：「吾先人於是憇息攀躋焉。」矧衣冠容止，垂之丹青，謦咳如聞，動履欲活。後人苟非甚不孝，鮮不目瞿心怵，一瞻仰一涕零也。夫人生形貌，與時變易，前吾生者，不見吾老，後吾生者，不見吾少。況富貴貧賤，消息靡常，氣體之轉移，有莫知其然而然者，豈徒紅顔白首，判若兩人已乎。禮曰：「思其居處，思其笑語，思其志意。」又曰：「僾然必有見乎其位，肅然必有聞乎其容聲。」蓋精誠之所昭假，之死而生，之亡而存，商頌所謂「綏我思成」是也。假而萃畢生枯腴榮落，一一昭揭於乃子乃孫之耳目，其悽惻之情，較之想像恍惚者，不更有加乎。

善乎華亭林衷齋先生，次其父冏卿公自童子而博士、而科甲、而筮仕登朝、歸老林壑，歷歷著之丹青，此仁人孝子之用心，真可謂色不忘乎目、聲不絶乎耳者矣！按圖，公弱冠升庠序，一儒雅文士耳。而沉毅莊重，識者早望而知爲名臣，蓋所謂做秀才便以天下爲任，其素所期待者然也。迨後領鄉薦，擢禮闈，讀書中秘，衣被飲食，不異諸生時。宋王沂公云「平生志不在温飽」，冏卿有焉。閲二年，居太夫人憂。服闋，補諫垣。每建言，皆國家大計，數年，積五十餘疏，使盡見之施行，明治詎不隆盛哉！他若閲武校士，所在有聲，爲一時名公卿所推重。至奉使荆邸，時宗藩積玩，荆其最也。公至，獨相見凜凜。一日張宴，設樂伶人演蜀吴争荆州。公窺其意，面責之，色厲聲嚴，四座驚愕。荆藩氣沮，不能出一語。江陵初柄政，樹立卓然，公實左右之。迨後驕恣自用，公累疏及之，以此齟齬不合。乃奏改南都，已而遷冏卿。政暇心閒，衙齋似水，惟寤寐北闕，悵望咨嗟，卒悒悒不得志而去。公之歸也，罄歷官禄，賜散親戚故人之貧者，田數百畝，輸族黨爲義莊。廩無擔石之儲，蕭然一室，晏如也。年七十，精力强健。日進里中諸生，講周、程之學，孜孜不倦。暇則結社耆英，徜徉三徑，杖履優游，翛然有塵外之想。

迹公一生，芳型峻節，炳炳烺烺，史不勝書，而斯圖實括之。迄今傳八世百有四十載，繩繩孫子，每一展省，少者長者，仕者隱者，交相勸勉曰：「吾祖之少如此，長如此，仕而歸老如此。凡我苗裔，不思黽勉繼承，何面目對兹遺象乎！」是則林氏之寶斯圖也，世世子孫，不啻日過庭而聞詩禮之訓，又豈徒春露秋霜，致愛致慤，有相感於榱桷几筵之外者哉！

公嗣孫晴江太史，爲予門人，捧是册來丐言。予肅受展視，拜公遺範，緬公素履，心竊嚮往者久之。因思唐繪功臣像於麟閣數傳，而褒公、鄂公毛髮生動，僅見諸詩人之諷咏，又聞洛社耆英，各繪一圖，惟司馬氏手卷僅存，亦好事者彷彿撰擬。今林公圖册，載閱曾元，筆墨如新，非公厚德，安能垂之久遠，使後裔珍藏供奉，觀感興起，無墜家聲若此乎。抑聞衷齋之繪斯圖也，公覽畢，撚鬚微哂，題曰「塵寰一夢」，蓋自寫其澹泊寧静之素志，於禪宗身世幻影之義無與焉。自昔名儒，文章事業之炳耀，大抵從道學中發出。澹泊寧静，太上之所以立德也。然則所謂「塵寰一夢」者，正公之所以不朽與。

春秋綱領序

王介甫不知春秋之義，比之斷爛朝報。吾謂朝報所報者，朝事也，知朝報則知春秋矣。朱子謂孔子當日只欲備二三百年事，故取史文書之。若朝報，則一日備一日之事，一月備一月之事，積而一年之事備，又積而十年、百年之事備，是亦一春秋也。然則一月、一日之事備，亦即一月、一日之春秋也。曷取乎事之備，將以勸善懲惡也？一月一日之間，善足以勸、惡足以懲者，不少矣。以視乎史官之所書，其文無以異也，而介甫之詆春秋，乃以朝報相詬詈，是尚不知朝報，烏足與言春秋乎。

編年之書，繫事日月之下，有一事而散見於各年各月者，有數事而相爲本末者，見其始，昧其終，覽其終，遺其始，此斷爛之譏所自來歟？記曰：「屬詞比事，春秋教也。」謂學春秋者，必聯屬其詞之前後，比合其事之異同，什百千萬如一句一字，而後上下四旁，包羅膠轕，源流經緯，一以貫之，此孔門相傳春秋之教也。介甫不知春秋之教，而咎經文之缺失以爲斷爛，謬之又謬也。

蓋自三傳各立例類，而春秋之旨晦，唐啖助之徒，稍刊舊說；宋大儒劉原父、胡文定相繼辨論，歸於中正，而於春秋立教之旨，猶有未協者。皆由張皇大聖人假賞罰之權爲筆削，必有深意存乎其間，不知其事、其文之外，别無取義也。

吾友靈皋先生，自言讀春秋三十餘年，所見與先儒杈枒者，不一而足，因以所著綱領若干篇示予。予受而讀之，覺向之輾轉牴牾而不安者，今乃不待研求而瞭然心目之間。蓋春秋之真面始出，疑者謗者，無所置其喙。惜乎王介甫之不及見也。

周官析疑序

始吾讀周官，不能無疑焉。元聖負扆攝政，禮樂明備，而周禮一書，强半托之空言，若云未盡用而致政，則其書具在，聖賢如成康，何難次第施行耶？宋王荆公謂周禮半爲理財之書，今觀質人、廛人、泉府、門關之設司，緻布、廛布、揔布、巡考犯禁之舉罰，不售之斂，稱貸之息，非即熙寧坊場、白地、房廊、市例、免行、均輸之苛剥乎。山虞、澤虞、迹人、林麓、川衡，物物而厲禁之，角人、羽人、掌葛、掌炭之職，纖介無不取之民者。凡此一一，與孟子所言文王之治岐相謬戾，曾謂周公而爲此言、施此政乎？然張子、二程子深非荆公之新法，而於周禮則尊信而述之。朱子謂「非聖人不能作」；西山真氏極言其廣大精微，必有周公之心乃能行，有周公之學乃能言。今概指爲矯詐而訾棄之，此林碩、何休之妄與新義之瀆亂等耳。

善乎靈皋先生六官析疑之論，曰：「周禮，萬世無弊之良法也。新莽所用者，劉歆之書，非周公之舊也。自河間獻周官五篇於武帝，藏之秘府，諸儒莫之覩也。故歆承莽旨，得肆意傳説，以自蓋如廛人、質人之類不少矣。」此論先儒亦有見及者，未若靈皋知之真、辨之晰，既於總論暢言之，又逐節拈出言之，而後信者、疑者皆爽然自失矣。他如天官大宰、九職、九貢、九賦之制，地官遂人與冬官匠人經界之同異，春官大司樂、六律、六同、六舞之分合，感通之遲速，夏官司士諸子之率作考稽，凡歷代經術家所傳習謬訛者，莫不肌分理劈，經緯條貫，一歸於正。尤致嚴於王伯之辨，天人理欲幾微之介，何深切著明也。夫金雜於沙，玉淆於石，既簡別而存其真矣。又從而陶鑄之，琢磨之，於是金之光、玉之潤，凡有目者共賞焉。周禮雖列群經，而學士能通其讀者蓋寡。自斯篇出，而後大典精義，昭若日星，明經之功，顧不巨歟。抑予更有進者。聖人盡其性以盡人物之性，六典之周浹，莫非天理之流行。學者得其旨趣，而實體諸行事之間，於以禔躬淑性，求志達道，皆於是乎有賴焉，豈徒信古傳述已哉？

靈皋又手授編修鄧子周禮解，其於古經微言，實有得於心，非苟而已。鄧子，閩人，丁未進士及第，第二名，博聞强記，能文章，卒年纔三十有六。靈皋憐其才，凡所著述，悉爲表章，鄧子可以不朽矣！

陝西通志序

志書所載，義例不一，而所最重者，曰人物，曰風俗，曰山川形勢，所以辨疆域，昭盛衰，於是乎在。雍州山河壯麗甲天下，其民其俗，文、武、成、康之所遺也。二南尚矣，小戎、無衣，猶有忠愛之遺意焉。漢興，扇以仁風，導以恭儉，西京習尚，頗爲近古。唐承隋後，溺於侈靡，然長安冠裳文物，號稱極盛。宋、明人才輩出，若横渠張子、藍田吕氏，師弟子之倡學，與濂洛並稱，下逮吕仲木、韓宛洛、馮少墟諸先生，篤志純修，風流未歇也。

本朝重熙累洽，日月漸摩，我皇上壽考作人，化成久道，薄海喁喁嚮風，思皇之彦，霞蔚雲蒸。況此姬周故壤，三輔舊地，有不翻然競奮者乎？余奉簡命，視學兹土，徧歷三邊八郡，所在諸生，衣冠淳朴，無子衿佻達之習，制藝古文詞，未盡歸大雅，每有奇傑傲岸、不可磨滅之氣，吴季札所謂「夏聲」是耶。若夫二華、太白、朱圉、鳥鼠、崆峒之嵯峨，涇、渭、滂、滈、江源、漢脉之洸漾，古先帝王賢聖陵墓，以及韋杜、曲江、華嚴、石鼓、輞川諸勝蹟，莫不憑眺徙倚，悠然動懷古之思。而幽崖絶壑，穴居野處之民，垂老不覩長吏之面，聞使者至，往往扶杖牽袂，相與逢迎於秦碑漢篆間。爲道山川溪谷之遷變，指示古人居處遊歷之處，而歲時方社，吹豳飲蜡，與夫携筐挈筥，饁婦耕夫依媚之狀，歷歷車塵馬跡間也。古者輶軒採風，上之天子，今之學使，其即古採風之職歟？蓋全秦之人文風俗，山川形勢，凡官於秦、生於秦者之所未盡識，而學使者早已志之目以志之心矣。

今夏歸青門，適中丞永公補刻通志告成，授予爲序。予翻卷披閱，覺二年中所歷山容水態、民情土俗，畢呈於書策琴瑟之旁。又念奉命以來，日夕兢兢，畏此簡書，所至宣揚聖天子愛養元元、移風易俗之至意，父老子弟有聞而泣下者，人心之淳，窺見一斑矣。至黌宫士子，讀書勵行，亦已日月改觀。而使者之所望，猶不止此也。於是進諸生而告之曰：「教化之所薰蒸，山川之所鬱積，其深者釀爲風俗，其顯者著於人文。多士生邠岐豐鎬之墟，沭聖朝棫樸、菁莪之化，憤發振興，將必有如横渠、藍田、仲木、宛洛諸先生者出焉。夫克己修身，稱先則古，學不如古人不止，行不如古人不止，於以黼黻休明，主張世道，風化賴以蔚興，河嶽增其光耀，是則中丞之所期待乎諸生，而亦採風使者之厚幸也。遂書以爲序。

史傳三編總叙

史傳三編者，予與少宗伯蔡聞之先生所訂歷代名儒、名臣、循吏列傳也。自司馬子長變編年爲紀傳，後之作史者因之。凡傳一人，必叙其人之所學、所守、所言、所行、所值之時、所居之官，原始要終，無虚美，無隱惡，而後加之褒貶，以爲勸爲懲，猶用藥之按病症，折獄之比罪案，舍此不能臆爲論斷也。今考史記所載：帝紀、世家、列傳，凡百有十二卷；而儒林、循吏，以類爲目；其他名公巨卿，或分或合，其義例蓋有取焉。漢初儒者不概見，所傳惟文、景間明經數人。然等孟氏於荀卿，列子貢於貨殖，其所謂儒，蓋可知矣。汲黯與鄭當時合傳，而王陵之戇直，僅附見於陳平世家；子産、公孫休，孔子、孟子之所稱述，而與石奢、李離同列之循吏，毋怪後人之議其疏略牴牾也。夫以馬遷良史之才，父子相繼，勒成一家言，猶不免疏略牴牾之譏，他無論矣。

聞之先生嘗與予上下二千載中，學術事功之真僞純疵，於聖人是非之義，未敢自信爲有當，然如黄老之害道，游俠之亂政，必嚴加退斥，斷不敢附會史氏以疑誤學者。是則予兩人之志也。於是與同學諸子商確纂輯，録兩漢至元以儒稱、以臣顯、以吏著者若干人，各爲一傳。事皆本諸舊史，而詞之游者删之，義之疑者缺之，其嘉言懿行見於他書者，採而益之。蓋安溪李君世緻與其從子立侯、南城張百川、南靖張季良、漳浦藍玉霖爲之草創，而討論折衷，聞之先生實總其成。予不揣固陋，間出其一知半解與相參酌。書成，析爲十有八卷，顏曰「史傳三編」。

或云：「蓄之爲德行，發之爲事業，論道經邦，宣猷宰化，莫非性分内事。今區而别之，爲名儒，爲名臣，爲循吏，使人疑儒術之迂疏，而謂卓然樹立者，皆適逢其會，非有所本而爲之，其可乎？」予曰：「天德王道，原無二致，然淺深同異，視乎其人。士元才絀於百里，黄霸入相，功名減於治郡；申公、轅固生以宿儒應辟，卒無所建白而去。此由氣質之稟於天者，不能無蔽，是以優於此、絀於彼，見知見仁，各隨其性之所近，自非聖人，欲其體備而用周也，難矣。我皇上以天縱之資，亹亹翼翼，用人行政，一本於欽明緝熙之學，又日進内外臣工，教以省身、克己、存誠、主敬之道。而程能課績，雖有不逮，苟其中無他，必寬以目新之路。是以人思感奮，争相濯摩，臣品官方，彬彬日上。顧日月漸摩者，聖主之所以立教也；夙夜寅畏者，臣子之所以自勵也。有不能者，才之稟於氣；無不備者，性之根於命也。惟格物明理以啓其端，戒懼慎獨以踐其實，擴而充之，以化其氣質之偏，由是出其所學，上而輔佐聖君，爲萬世開太平之治，即效一官，分一職，亦必休養涵濡，登風俗於淳古。此一德泰交，唐虞師濟之盛也。漢唐以下，烏足道哉！」

孝經四本序

漢以來傳孝經者，皆顔卓所出今文本。朱子刊誤，獨據孔壁二十二章，豈疑今而信古歟？以爲誤皆誤也，朱子偶拈其一正之耳。元儒吴文正公因刊誤，參校古今文，從其長者，條章理節，則於朱子本時有更定。予始讀而駭，深味而嘆先儒讀書用意之精也。爰哀益舊註，附以臆見，編諸易齋三本後。易齋，予同年友；三本者，今文、古文、刊誤也。易齋於經學，宏衍邃深，折衷允當，豈予固陋所能贊一詞。顧念學者讀朱子刊誤，參以文正之所論定，於微言奥旨，不無發明。是文正固朱子功臣，而予一得之見，其諸易齋之河海細流歟。易齋將計偕過予，别出所校經、史、性理諸書示予，孝經三本其一也。

張子全書序

曩予巡學陜右，涖扶風，率諸生謁横渠夫子廟。車服禮器，鮮有存者，然登其堂，不覺斂容屏息，肅然起敬焉。既而博士繩武示予張子全集，曰：「是書漶漫久矣，重刊未逮也。」予自幼讀西銘、正蒙，每一展卷，恍如有會。既得讀全書，益歎張子之學之純，而其爲功於聖道不少也。大抵言性言命，使人心玩之而如其所欲言者，必身體之，而適得其力之能至者也。集中經學理窟諸篇，於禮樂詩書、井田學校、宗法喪祭，討論精確，實有可見之施行。

薛思菴曰：「張子以禮爲教。」不言理而言禮，理虚而禮實也。儒道宗旨，就世間綱紀倫物上著脚，故由禮入，最爲切要。即約禮、復禮的傳也。吾思禮者，天秩天叙也。本諸性而無不足，發於情而不容自已。堯、舜、禹、湯、文、武之所以垂教立極，舉天下智愚賢不肖之人，共遊於蕩平正直，而會極歸極者，禮而已矣。自春秋戰國，雜伯之學興而禮壞，至秦而大壞，然不過廢而不行已耳。老莊之徒，以禮爲僞，至欲剖斗折衡以爲治。而釋氏棄爾君臣、父子、夫婦、朋友之倫，視日用民彝，若將浼焉，然猶曰此釋老之教也。魏晉風流相尚，儼然自命於儒者，而以蕩檢踰閑爲放達，猶曰此僞儒也。後世明心見性之學，於聖賢義藴，未嘗不見其大略，而以清静自然爲宗。學其學者，希頓悟而賤實修，竟與佛老晉魏之糟粕禮教者淪爲一轍。世道人心，尚可問乎！張子有見於此，凡所謂修身立教者，一言一動，莫不以禮爲準。爲之徒者，亦恪守其師訓，而孜孜不倦。禮教明，而幻渺虚無之説息矣。或疑西銘涉於泛愛，不知萬物一體者，聖人之所以仁天下，而親疏厚薄之等殺，禮所生也。天高地下，萬物散殊，而禮制行焉。正蒙論天地太和絪緼，風雨霜雪，萬品之流行，山川之融結，即器即道，何莫非典禮之燦著乎！

史稱横渠以易爲宗，以中庸爲體，以孔孟爲法，與諸生言學，每告以變化氣質之道。學必爲聖人而後已，以爲知人而不知天，求爲賢人而不求爲聖人，此學者大蔽也。又曰：「爲天地立心，爲生民立命，爲往聖繼絶學，爲萬世開太平。」所望於學者大矣。而所從入之途，惟循循於下學。正蒙所謂「言有教，動有法，息有養，瞬有存」，數語盡之矣。是故學張子之學而實踐其事者，斯不愧讀張子之書而洞晰其理。予於張子之學，何能窺其萬一，因重梓全書，述所以拳拳教人以禮者，爲之序以示學者。請質之博士，當不以爲河漢歟。

大戴禮序

大戴記始三十九篇，終八十一，中間缺者五，重者一，合之隋志所載，少四十五篇。或云：小戴於八十五篇中擇其粹者爲書，其所不取，後人愛而存之，仍舊篇目爲大戴禮。果爾，則投壺、哀公問二篇，何以重出也？予觀小戴，語多補綴不屬；大戴篇爲一義文詞古茂，度數之昭晰，品節之詳明，亦未遽出小戴下。若夫明堂數語，規制悉備，視明堂位之徒張魯事，逕庭已。夏小正之於月令，璠璵碔砆也。昔人謂二篇馬氏所附益，顧不以大戴附小戴而他是求，融必不若是之陋。吴草廬補逸經，於是書取三朝事一篇，勉齋先生列之覲禮傳。然則此四十篇者，豈聖書所得而掩哉？獨是小戴列學宫，家誦户習，而大戴則罕能名其篇目者。余於年友滿制府案頭得宋刻善本，録而讀之，爲正句讀而付之梓。至其譌闕謬誤，韓元吉、吴幼清尚不能以意爲正定，余則何敢。

吕氏四禮翼序

寧陵吕叔簡先生，既定論四禮，又編輯蒙養至睦族凡八篇，名曰「四禮翼」。先生自序云：「冠、祭，一朝禮耳。昏自納采至親迎纔六日，喪二十七日而止。教無所豫，斯須何有？翼也者，豫於先而繼於後焉者也。」今細玩諸篇，深情至理，雖愚夫愚婦亦當悚然動念，此人心世道賴以維持，豈徒翼四禮已哉！先生嘗曰：「聖人之言，道之鑰也。」精微之藴，非鑰無以啓其秘；行習之常，非翼無以踐其實。翼之爲功，於道與鑰等。先生是書，雖與六經並存可也。

顏氏家訓序

始吾讀顏侍郎家訓，竊意侍郎復聖裔，於「非禮勿視聽言動」之義庶有合，可爲後世訓矣，豈惟顏氏寶之已哉。及覽養生、歸心等篇，又怪二氏樹吾道敵，方攻之不暇而附會之。侍郎實忝厥祖，欲以垂訓，可乎？雖然，著書必擇而後言，讀書又言無不擇。軾不自量，敢以臆見逐一評校，以滌瑕著媺，使讀者黜其不可爲訓，而寶其可爲訓，則侍郎之爲功於後學不少矣。

温公家範序

人知朱子集濂、洛、關、閩四子之成，不知涑水文正公亦朱子之所取則。朱子志在綱目，行在小學，資治通鑑實綱目胚胎，小學與家範又互相發明者也。顧通鑑、綱目二書並行，何小學列學宫，而家範不傳於世與？文正公嘗謂盡心行己之要在立誠，而其功自不妄語始。家範所載，皆謹言慎行、日用切要之事。公一生所得力，而其有裨於世道人心非淺焉。予偶得舊本，讀而珍之，爲校正重刻，以公同志。

廣惠編序

福利者，釋氏之説也；感應者，老氏之説也。事不經，固所弗道已。若夫任恤列於六行，惻隱首乎四端，孰能外此以自號爲人乎？

三晉歲飢，所司繪圖入告，聖天子宵旰憂勤，痌瘝在念，甚至不獲予辜，形於尺一，視堯舜之咨儆而彌切矣。綸音初下，甘霖萬里，天地鬼神，皆爲昭假，矧有血氣之倫，其誰不欷歔感動者乎！使者身在衰絰之中，謬膺拯救之任，畏此簡書，倉皇就道。所至蒿目憂心，罔知所措。幸此方尚義耆民，若蒲州之周起瑜，汾陽之張瑛等，暨一時賢士大夫，踴躍捐輸，相助有成，俾無隕越。非惟高賢古道，度越尋常，抑亦仰體聖心，分憂共患，忠愛之誠，出於不自已也。

今者，秋成有慶，哀鴻安宅，然瘡痍乍起，元氣未復。使者去矣，諸君子益相懋勉，慷慨者勿懈於將來，吝嗇者並懲其已往。轉此痍傷，共登仁壽，豈徒斯民之爲？即使者與二三司牧均拜其賜，惟是欒欒餘息，不獲效仁人之贈言。偶撮舊聞，稍加删節如左，付之棗梨，而洪洞劉比部復編次，使者先後疏草及所行書檄，彙成一帙。倘賢豪長者流覽及之，樂善之心，必有油然莫遏者。若謂是老生常談也，而置若罔聞，則有財而不善用，必非其財。「宛其死矣，他人是愉。」使者方將以哀飢民者，轉而哀夫人也，而又奚説？

歷代名臣傳序

名臣傳，始漢留侯迄元董搏霄，凡二百有奇。

或曰：「人才莫盛於虞、周，五臣、十亂盡之矣。夏禹、啓間，類皆先代之臣。殷伊尹、仲虺、伊陟、臣扈、巫咸、甘盤、傅説外，他無聞焉。今編名臣若干，毋乃濫乎？」曰：「必如臯、夔、伊、傅、周、召而後謂之名臣，則得與斯選者幾何？且取法乎上，僅得乎中。集中所載，皆上法古人而卓自樹立者也。孟子曰：『有安社稷臣者，有大人者，有天民者。』如汲長孺、魏文貞者，非所謂社稷臣乎？漢之武侯，唐之宣公，宋之韓、范、司馬，第其品，在天民、大人之間歟？」或謂：「武侯、宣公、韓、范、司馬之有功聖道者不少，何以不列於名儒？」曰：「天生聖賢以爲天下，未有功名不本於道德，亦未有道德而不發爲功名者。不幸而著書育才，以守先待後，非得已也。程朱之不爲名臣，有以夫？是故有堯舜而後有五臣，有文王、武王而後有十亂。漢、唐以下，遭際不同，聲績亦異。總其要歸，多由元首。」

我皇上嘗訓廷臣，謂：「非皋、夔、稷、契成堯、舜，堯、舜實成皋、夔、稷、契。吾君臣其交勉之！」恭繹聖言，夙夜警惕，自念遭遇聖明，不能感發刻勵，附日月之末光，垂榮施於無既，可謂上負吾君，下負所學矣。爰録歷代名臣列傳，都爲一編，審其所值之時、所行之事、所守之節、所建之業。或俊偉光明，直行己志，或委婉曲折，務達其心之所誠然而後已。雖不能與皋、夔、伊、傅、周、召等量而齊觀，要從此日以尚友千載，高山景行，其長人神識志氣者豈少哉！夫求珠者必於淵，求玉者必於山，適伯樂之廄者，纖離緑駬，惟駕所適。願覽斯集者，各取法於上，而設身處地，參觀效法，以自奮於堯舜之世。書曰：「汝翼汝爲，汝明汝聽。」詩曰：「有憑有翼，有孝有德。」行將旦暮遇之矣。

歷代名儒傳序

盡天下之人，别其業而命之，士、農、工、商四者而已。而士獨以儒稱重之也，亦責之也。戰國異端蜂起，其最甚者爲楊、墨，挾其爲我、兼愛之説，以誣民而與儒抗。顧其爲術淺陋，人人不深，孟子辭而闢之，二家之患亡矣。漢初學者，惑於黄、老之術，儒道大衰。迨後佛教興，其所論著，較老氏之恍惚杳冥爲尤甚，而信從者益衆。韓子曰：「古之民四，今之民六。古之教一，今之教三。」吾謂天下之人，不歸老，即歸釋。二氏之學徧天下，而儒教幾乎息。是教二而民五：農也，工、商也，緇流、衲子也。無所謂士矣。然非佛、老之過，儒者之過也。

今聖天子崇儒重道，超軼漢、唐，嘗謂：「朕所重者，大儒、真儒；所惡者，小儒、僞儒也。」覺世牖民之盛心，至矣、盡矣。孔子訓子夏曰：「女爲君子儒，無爲小人儒。」即此意也。彼佛、老方張大其説，以爲彌天蓋地而莫能外。又竭力殫心，以工其術。而儒者以其小且僞者當之，有不退然沮喪者乎？吾思大儒、真儒一也，而小與僞有别焉。聖人與天地相似，惟其公而已。彼小忠小信、小廉小謹、煦煦之仁、孑孑之義，皆挾私用智之爲害也。然小也，非僞也。一涉於僞，則無所不至矣。是故有儒而阿諛取容者，公孫弘、張禹是也；有儒而依權附勢者，馬融、王肅也；有儒而毁禮滅義者，王弼、何晏也。若夫不逞之徒，以邀名市利之心，假託仁義道德之説，以惑人聽聞，久之而一倡百和，别户分門，同者黨之，異者伐之，甚而恣其横議，變亂黑白，犬吠梟鳴，無所不至，猶自號於人曰：「吾儒也。」何怪乎學者以儒爲污，而相率入於二氏乎？

漳浦蔡聞之先生，嘗與予言儒之雜糅謬亂，痛心切齒。予曰：「堯、舜在上，黜邪崇正，千載一時。顧欲盡去雜糅謬亂之穢習，莫如表彰先賢，使學者知儒術之有真，而浮僞者不得而托。庶少贊一道同風之聖化於萬一。」於是倣大全編次諸儒之例，録漢至元儒者凡若干，各訂其本傳，彙爲一編，曰名儒傳。

書成，有難者曰：「何休之黜周王魯，王文中子之僭經，烏乎取諸？」曰：「過不掩功也。」「小戴以貪去官，劉向以獻書進，不録可也。」曰：「聖之去官，忤何武也。或曰九江太守德也，非聖也。向父得鴻寶秘書於淮南，向欲不獻而不敢，非以干進也。」「始於漢而終於元者何？」「漢儒拾殘經於灰燼之餘，有功於道術不小。晉、唐如范甯、孔穎達之徒，類能發明經義，以輔翼聖教。至宋而濂、洛、關、閩諸儒，直接鄒魯之傳。前乎此者，開其先；後乎此者，皆紹其緒者也。明儒未有史傳，故弗録也。」傳以『名儒』稱，何也？」「猶言純儒、真儒、君子儒也。學術邪正之分途，名與實而已。無所爲而爲者爲君子，有所爲而爲者小人也。學者誠能體察於身心之間，存理遏欲，進進不已，則聖人可學而至，何有於名儒乎？所貴乎儒者，爲其學而至於聖人也。明乎此，而章甫逢掖之士，能不顧名思義乎？

歷代循吏傳序

傳曰循吏，仍史目也。吏者，涖也，爲天子涖此民也。自牧伯監尹，下逮一州一邑之長，統謂之吏。吏得其人，則民安，民安則天下治矣。顧必如何而後爲得人？曰廉、曰才、曰慈惠、曰强幹，四者盡之矣。而史傳不以四者名吏，而標其目曰「循」。循之爲言良也。舍四者無所謂良，而卒不得謂之廉吏、才吏、慈惠强幹吏者。然則所云循良者，可會而知矣。論語記仲弓、子夏諸賢之爲宰，嘗問政於孔子，而其爲政無可考。子賤、子游以鳴琴弦歌傳，其他亦未有聞焉。漢史稱龔、黄、卓、魯之治郡，多異績，吾不知其爲政於聖門諸賢何如也？宋張觀自謂「守官以來，惟持勤、謹、和、緩四字」，又云「世間何事不從忙後錯過」，蓋爲其事而輒計其效，則進鋭者退必速。即幸而有成，而急遽苟且，終遺後日之悔。彼悃愊無華之吏，循守繩墨，而程能效功。日計不足，月計有餘，況煦育涵濡，以養以教，事不煩而民享和平之福，此王道之所以悠而久也。循良之目，其謂是歟？

顧吾猶有慮焉。庸庸者自托於簡易鎮静，以文其迂拙，固卑卑不足道。其或慕古人之雅化，而優游無爲，即使子賤鳴琴而理，而怨咨愁苦之聲不息。雖日奏南風之曲，能使阜財解愠乎？有恒産而後有恒心，假而終歲不飽，而欲使家弦户誦，吾知子游有所不能也。我皇上念切民依，勤求吏治，嘗謂：「司民牧者存一沽名市譽之念，將有廉而矯激、寬而姑息者矣。朕非教人以不廉，廉且不可，而況於貪乎？非教人以不寬，寬且不可，而況於嚴乎？惟中道而行，實政實心，上爲國而下爲民，莫善於是。」大哉聖謨，無以復加矣。蓋中者，堯、舜、禹、湯、文、武之所以傳心，施之於政事，即洪範「無黨無偏，王道平平蕩蕩」，商頌「不競不絿，不剛不柔，敷政優優」之謂也。由乎此，則處爲顔、孟、周、程，出爲皋、夔、稷、契。悖乎此，雖一郡一邑，可得而治乎？今傳循吏若干，其所爲治，雖未盡有合於聖訓，而優游無爲與矯激姑息以立異者，概不録焉。讀者循覽體察，庶於吏治或有少補與？

古文雅正序

宋史列傳分儒林、道學，豈非以文章博雅之士，非盡聖人之徒歟？雖然，游、夏之文，游、夏之學也。六經皆載道之書，而文章莫大於是矣。宋儒道學之傳濂洛而後盛於閩，數百年間，遺澤未泯。而安溪李文貞公復倡宗風，遊文貞之門而盡得其微言奥旨者，漳浦蔡聞之先生也自文貞殁後，先生講學鼇峰書院，毅然以斯道自任。聖天子雅聞先生名，特擢顯職，隨命授經皇子，而予亦蒙恩濫厠講幄，因得與先生討論宋儒之學，數年來殆無虚日，而未嘗一語及文章。然先生於師生友朋間，慰勞規勸，以筆代舌，動輒千言，洋洋灑灑，經緯縱横，一合於法，是非涵濡於史漢大家者，未易有此。嘗以此即先生，則云：「吾未嘗學爲文，然於古人之文，亦嘗偏觀，而擇其得失矣。」因出所選古文雅正示予。自漢迄元，凡二百餘篇，皆有關人心世道之言，而支離怪誕，世人所驚爲神奇者，概置弗録。然後知先生之論文，即先生之論學也。

明初，趙俶請頒正定十三經，屏國策及讖卜諸書，不列學宫。夫國策，雄於文者，而與讖卜諸書同屏，豈不以捭闔家言，吾儒所不道耶？當湖陸氏選國策文而摘其繆，題曰國策去毒，其用意良深矣。醫書言蠻方毒草殺人，而能已怪疾，顧制其毒而用之，服者猶多誤焉。國策之於學者，非如毒草之已疾，欲不用而不可得也。明知其毒而嘗試焉，是亦不可已矣乎？且即以文論，如雅正諸篇之瑰偉純深，豈詖詞詭論所得而並觀歟？曩侯官林西仲，以古文擅名，所選析義四集，玉礫並收，尤酷嗜漆園，至稱爲千古至人至文，異矣。吾嘗評閩中先輩：文貞之講學，私淑蔡虚齋；西仲之論文，祖述李卓吾。請以質之先生，以爲何如也？

王疇五時文序

王檢討疇五先生，奉簡命督學西江，念鵞湖、鹿洞之宗旨邈焉無傳，慨然以振興絶學爲己任。下車，月課諸郡，以達道五目，分句命題，又親爲文以示諸生，自記云：「學政例有條約，此五藝，使者條約也。」噫！先生之爲世道人心計，至矣。學校之設，以明人倫，而選士造士之法，即寓於是。王制云：「司徒修六禮以節民性，明七教以興民德。」六禮者，冠、昏、喪、祭、鄉、相見也。七教者，父子、兄弟、夫婦、君臣、長幼、朋友、賓主也。兄弟别出爲長幼，朋友别出爲賓主。七教即五教也。孔疏云：「所稟之性，恐失其中，故以六禮節之。」夫人受天地之中以生，所性粹然至善，惟爲氣稟所拘，遂有剛柔善惡之分，而發而爲情，不能協乎當然之節，此司徒之教所不容已也。今之督學，下逮教授等官，皆司徒屬也。博士弟子爲四民之首，所以導民而佐司徒之教者也，能終其身以導民，斯不愧選士、造士、進士之目。且司馬辨論官材，爵之禄之，爲國家開太平，爲往聖繼絶學，端是人也。所關不綦重哉？

西江士習，較他省爲近古。得大賢爲之振作鼓勵，所謂一變至道者，非耶？若夫道學之傳，自朱子設教白鹿洞始。先是金谿二陸，講學鵞湖書院。雖所論朱子不無異同，要不失爲聖人之徒。同時學朱子之學者，又實繁有徒。曾唯菴、李文定，其最著矣，自是大儒踵起。迄元而草廬吴先生考訂六經，澄汰百家，其爲學與濟陽、金華相頡頏。草廬族子康齋先生，倡道明初，敬齋、一齋俱出其門。西江理學於斯爲盛。迨後姚江良知之學徧天下，太和羅整菴先生大聲疾呼，獨抵狂瀾，斯文賴以不墜。他若舒紫溪、羅一峰、鄒泗山諸先生，闡發微言大義，爲孔孟功臣者，指不勝屈。朱子謂「西江大都，秀而能文，得人點化，是多少明快」，蓋有不得不以自任者。然則吾鄉理學之盛，有自來矣。迄於明季，典型凋謝，流風未泯。謝尚書之朴直、楊誠齋之介節，猶有存者。即以制舉業論，風會屢變，西江人士獨抱其峻削清剛之資，不易方以狥人，孔子所謂狂狷者，其謂是與？蓋嘗穆然高望曰：「安得大儒若朱子者，講學鵞湖、鹿洞間，俾此後生小子，得聞聖賢大道，以造於中行。」而今得之先生，爲可快也。

先生制藝，原本六經，輔以灝氣，海内能文之士，莫不奉爲準則。今彙其後先各稿付梓，命予爲序。予謂先生之文，有目共賞，無庸贅詞。用述先生所以興行教化、昌明道學者，以志慶幸，爲桑梓後進勉焉。

張豈石時文序

湘涌張豈石先生彙所爲時文若干篇，授予爲序。因述其幼孤，母氏撫育劬勞，自爲童子時，凡進退周旋語默，悉閑以禮。長而壯而仕，日丁寧告誡以修己治人之道，於昆季皆如是。所不本之慈訓者，惟時文耳。然延師教授、脩脯廪餼之供，皆從十指出也。言訖泫然。既復進而請曰：「文無足齒，願一言及慈母之訓，感且不朽。」

予思自昔名賢，得力於母氏之教者爲多，如程子之母上谷郡君、吕原明之母申國夫人，編諸史傳，歷歷可考。而過庭之訓，反多不傳，豈不以父之教子，固人情之常，而婦人自以懷抱恩勤，艱難鬻子，珍重愛護，煦煦姑息，惟恐少拘束，傷子之意，甚而導之放浪嬉遊，詘詭爲娱悦。即嚴父訓飭，不惜反目，曲爲之護，以致驕怠性成，流而入於小人。即不然，亦碌碌無所成就。皆慈母姑息之愛誤之也。若張太夫人者，誠無愧於古之賢母，宜乎先生昆季之顯且賢哉！先生自爲諸生，以文學知名，所爲制義詩文詞，亦既家弦户誦矣。然使太夫人如世俗慈母之溺愛，又以孤煢在疚，哀憫倍勤，因循驕養，教之不豫，先生縱負穎姿，含吐英華，卓乎有聲藝苑，不過風雲月露之詞，徒滋佻達浮薄之習，於身心家國，何益之有？今觀先生之文，研精晰理，直道其胸中之所得，而坐言起行，實可見之施用，爲家國光，非徒掞藻摛華，鼓吹休明而已。蓋其素所蓄積者然也。

先生自起家爲縣令，數年之間，薦歷卿貳，感聖天子知遇之隆，愈追念慈母之教育，平居撫膺，歎息涕零，思所以仰報聖主而顯揚所生，益發奮樹立，垂勳竹帛，爲世名臣。太夫人之賢且慈，豈不與上谷郡君、申國夫人輝映史册哉！

程啓生時文序

友人陶甄夫自少以能詩名，晚而發奮學道，其所得力，未易窺測。一日寓書，頗道其子婿程子啓生之賢。又嘗以予之迂疏告程子。於是，程子不遠千里，以詩文來質。予觀所爲詩，卓然拔俗，儼風雅之遺；制藝才情横肆，而理境未盡澄徹。

予謂國家用經義取士，凡以發明先聖先賢之微旨，非苟而已。先儒謂學者，必先讀四子書，而後可讀六經。蓋易道明陰陽，書言政事，詩勸善懲惡，春秋正人紀。五禮六樂度數威儀之周詳，其精藴皆具於四書。士自束髮呫嗶，以至遊泮宫，月校歲課，賓興而貢之禮闈，命題雖兼五經，必以四書爲首。或者遂謂朝廷立制，陽示士子以功名之路，而陰習之於仁義禮智，使浸潤涵濡於其中，而資深逢源，以無愧於聖人之徒，而爲朝廷備股肱心膂之任也。而吾謂不然。夫學術邪正之分途，誠與僞而已矣。張子曰：「無所爲而爲者，命之所以不容已，性之所以不偏，教之所以無窮。凡有所爲而然者，皆人欲之私，而非天理之存也。今既以讀書爲功名之路，欲其涵濡浸潤於微言大義，以習於仁義禮智，可得乎？往時士子，患在見聞空疏，本經而外，諸書概不寓目。邇來頗知誦習五經，然於四書義藴，究之毫無體會，雖博通經史，於身心何益乎？謝上蔡廣記博聞，程子以爲玩物喪志，而況詩文駢體，縱極工麗，徒滋佻達耶？夫詩以道性情，聖賢所不廢也。顧所謂道性情者，必陶鎔涵養，得乎性情之正，而後發爲歌咏，可興可觀。曾點舍瑟數語，分明絶妙歌行。宋儒萬紫千紅、月窟天根諸咏，莫非此意。豈如風雲月露之雕刻綺麗耶？李唐有詩人，無學人。長吉嘔心古囊，浪仙拊手驢背，東野之曹務廢弛，李洞周朴之癖，少陵之瘦生，以彼藻思逸才，殫精研慮，如此其篤，苟用之身心性命之地，何患不聞聖道？而僅以詩名，爲可惜也。或謂少陵老來詩篇渾漫興，頗得夫子與點意，然天理流行，活潑潑地，是何等氣象，寧第緩步微吟，蕭然托興已耶？程子氣宇軒豁，而恂恂善下，其於造道也易。

愚謂下手工夫，且從四子書中，體認聖賢精意，而後泛覽經傳史册，以廣其識，切問近思，以實體於身心，即爲詩爲文，亦原原本本，積厚流光，可誦可傳，豈徒博取科名已哉？請以質之甄夫，以爲何如？

公鼎時文序

公鼎，予孫行，而長予一紀。凡讀書、行文應童子試、遊泮水，皆在予前，而意氣之孚，雖束髮交，無以過。歲壬戌，肄業龍城寺，同人甚衆，獨公鼎與予相得益彰。予所爲文，公鼎未嘗不咨嗟歎賞。予於公鼎文亦然。越二年，公鼎受知督學渭師先生，才名噪甚，吾兩人俱以貧故，遊學遠方，每歸，必以所作相質，其相賞猶同學時也。

公鼎少豪邁，嗜酒，嫺吟咏，同人有玉樹臨風之目。而慷慨自命，動稱古人，每相與上下千載事，獨出論議，多前人所未及。文之縱横奔放，大約如其人。泮遊後，遇事謹飭，不輕可否，而文亦整以暇矣。自是爲諸生，垂三十年。歷試秋闈，得而復失，家日益貧，學識日益老，而後人與文，皆絲毫歸先民尺度焉。

今春，予以讀禮家居，公鼎彙輯所著，垂涕請曰：「老矣，百念俱灰。獨時文數百首，嘔出一生心血，未忍遽投水火，請爲我擇而存之。」予於擗踊之暇，間一展閲，覺公鼎平生心術、行誼，畢露行墨間也。顧念吾家自前明成、弘以來，文人才士，指不勝屈，厥後日漸衰微。二三耆舊，如介玉、明子、五瑞、正敷諸伯父，日相與欷歔歎息，冀幸後學之振。時族中少俊不少，惟枚及兄與公鼎爲諸伯父所賞，卒之黽勉發奮，以文學齊名膠序。又數年，而予與諸昆季繼之，久乃英英日上矣。然則守先待後，枚及與公鼎之功，豈淺鮮哉？

顧予尤重有感焉。枚及，予受業師也，違世已十餘年，公鼎亦日就衰頹。以二賢之才，窮愁困頓，老於諸生。枚及一子，已賦采芹而夭。公鼎一子，雙瞽廿餘載矣。噫！天之所以待文士者，何太刻耶！此予讀公鼎文，不禁搔首問天也。

高氏族譜序

燕晉士大夫，不能言五世以上祖，而吾鄉田夫野老，動曰「吾宋祖某、唐祖某、周秦漢祖某某」，大都皆帝王聖賢，澤被後世，文章節義，昭垂史册，爲後儒仰宗。噫，異矣！豈今之林林總總者，盡帝王聖賢、文章節義之後裔，而歷世泯泯無聞之人，皆一傳再傳而止耶？木之升也以本，木之長也以源。顧源又有源，本又有本，必欲遡其最初，則鑿而無稽，又與於忽忘本源之甚者矣。

永豐之高氏，巨族也，其譜上遡神農，下逮宋宣仁太后，中間爲姜、爲吕、爲高，源流遠矣。而所述炎帝、尚父、子羔，北齊遺事有齊世家，北齊書所不載者，還以質之高氏子孫，恐難信其確然而無疑也。或云自申國進高氏世寶，太宗詔學士孔穎達、虞世南删而文之，一續於昌黎文公，再續於宋司馬温公，苟非信而有徵，數公者豈誣高氏乎？雖然，中國紀古名族，一百九十有三姓，使盡如高氏譜，恐罄竹不盡編載矣。宣仁之命文正也，日用蘇氏譜式爲之，蘇譜具在，何其簡而當也。然則所謂高氏世寶者，非盡孔、虞、昌黎、司馬之書明矣。老泉譜序云：「自一人分而至於途人者，勢也，無可如何也。幸而未至於途人，則使其無忽忘焉，可也。」今高氏散處吉、臨，不下數千户，果未盡至於途人耶？又何暇上遡唐虞，以上合晉、衛、吴、楚之人，而昭之穆之乎？

高氏之自序也，謂仕宦不顯，自曾仙誤改祖兆始。夫形家風水之説，儒者不道，矧譜牒所記，如文海、文鼎之忠烈，宜方、珽之孝義，孟輯、西坡之文學，豈以科名官職重者乎？高氏近祖南平先生，七世同居，其子姓淳朴，無外慕，里名仁壽，水稱澮川，良有以也。爲語高氏諸賢，南平遺教，今有存者乎？積厚者流自光，吾知後來之英，有勃然興起者矣。

甘氏族譜序

吾鄉奉敕修通志，凡節孝、義烈、文學諸傳，多采家乘。吾謂家乘録近事詳，遠事未必盡有徵也。善乎甘副憲耕道之序其家譜也，曰：「郡國府史遺文，班班可考，家則經數傳後，子孫之聚散遷處、生殁娶葬，紛然不可究詰。故修譜難於修志，而修數百年未修之家譜，則尤難。甘氏自晉時，由丹陽徙新吴，歷隋、唐、五季，世次罔稽。宋紹興十四年，有名宜慶者，就其所可知，譜自十三公始，厥後惟慶續之，天鐸烜又續之，至今副憲太翁□□先生，四百年矣。先生憫舊牒之殘闕，無以興仁厚俗，爰告族人，遠搜歷孜，别世分系，彙爲一書。先生爲發凡正謁，參較互證，傳信闕疑。自爲諸生，以迄司鐸餘干，調章貢信州，二十餘年中，未嘗一日釋諸手也。耕道以名進士，年未四十，歷官御史大夫，爲世名臣。先生與其季子、冢孫，一科三世，同舉於鄉，遠近傳爲美談，家門之寵盛，極矣。末世人情寖薄，一登顯仕，輒疏遠其族黨，有欲一親顔色而不可得者。先生族姓數千，村落相距數十百里，平時登堂笑語，酒食慰勞，周恤扶持，隨其力之所能爲。而譜牒之修數十年，編摩未嘗釋手，用心亦良苦矣。

吾聞甘氏多文人賢士，其朴者安於耕鑿，言孝言慈，爲聖世良民，其感化於先生之教導觀型者，深矣。他日國史傳芳行，垂之百世，裨益風教，豈淺鮮哉？

鄧氏譜序

里中之圳上鄧氏，將譜其世系，請予爲之序。予惟鄧氏始祖，爲東漢高密侯，嘗自謂一生未嘗妄殺人，後世必有興者。侯子訓，孝和皇后父也。東京賢后，馬、鄧並稱，然鄧不及馬，先儒有貪權不舍之譏。比崩，山陵未畢，鄧氏一門，竄死者七人。所謂後有興者，安在歟？詩曰「綿綿瓜瓞」，言生民之繁也。周南之美文王后妃也，曰「子孫繩繩」，蓋盛德之裔，繁衍衆多，視顯名厚實，一發而無餘者，有間矣。

自漢迄今，二千有餘年，凡鄧姓莫不祖高密，而圳上之譜，尤歷歷有據焉。圳上自新建分派，傳十餘世，而族益衆，丁口以千計。秀者游心藝林，作息之儔，各安於耕鑿，無外慕，由來舊矣。今二三長老，思以文學潤色椎魯，一變而歸於禮讓信義，乃譜其世次，溯流窮源，昭昭穆穆，井然無紊，明示以親疏厚薄之倫，隱動其木本水源之思，從此人敦孝弟，族尚婣睦，譜之爲功大矣哉！

予聞太和之氣，蒸鬱醖釀，必有特達瑰異之材，出而爲國家光。爲語鄧氏長老，果馴習椎魯，一變而歸於禮讓信義耶？賢哲之篤生，斯其時矣，豈苐子孫繁衍衆多也哉？

義學記

吾族之興，自誥封奉直大夫漢公始。公當元明之間，避亂江州，流離瑣尾四十年，而後復我邦族。斯時閭井空虛，田廬荒穢，方救死之不贍，而公卒能課諸子，以文學知名。仲公弱冠魁於禮闈，爲一代名臣，雖天資學力之過人，亦得力於義方之訓者素也。自是，文章禮樂，代有傳人，科名之接踵，無足道矣。最後稍凌夷衰微，然田夫野老，無不識字通文墨，此軾少時所及見者也。數十年來，乃有文理矗明，中道而廢者，有終身不學，不識一字者，是殆非子弟之過，而父兄之過也。

長老爲予言曰：「生齒日繁，計口授田，十不足一，終年枵腹，何暇課其子弟耶？古者黨有庠，里有塾，是以出而負耒，入而横經，閭井蔀屋，絃誦之聲不絶。今欲使族之子弟，盡力於學，以幾於成，非設義學，聚而教之，不可。」予曰：「然。」於是謀之諸昆季，措捐百金，典田若干畝，歲可收穀六十石，以二年所入，附祭田生息，爲師生膏火飲饌之需。雍正己酉年爲始，延師設教，歲收租稞，以供脩脯，無缺也。童子年十二以上，熟讀四書、小學，而家貧不能從師者，得入學肄業，三年不通曉文義，則去之。其或性情凶悍忤逆，不時遣之。有負資穎異不凡者，雖幼亦收而課之。如此，則寒畯得力於學，而素封子弟，亦争相鼓勵，十年之間，風氣蒸蒸日上矣。

今聖天子加意右文，既廣蒐羅於貢舉，又增弟子額於膠庠，薄海内外，無不喁喁向化。是舉也，育人才以應昌運，紹祖德以弘家聲，是所望於首事之伯叔兄弟焉。

白公堤記

樹德於民，而藉言以傳，非德之至者也。德之至者，不傳以言，而言以傳。此吾於白公堤，樂得而有言也。堤曰白公者何？中丞白公捐資築堤，民德之，遂以名焉。中丞爲國撫民，爲民興利，宜也。民之德之，以食福於是堤者衆，而向之困於無堤者，甚且久也。

堤屬臨之清江某里，而南昌之豐城、瑞州之高安接壤焉。袁、贛兩河之水，交會於是，沿河數十里，土田汙下，以堤爲命。歲辛巳，堤決，水大至，漂没田廬無算。厥後旋築旋圮，迄無寧歲，居民莫敢托足，膏腴千頃，草維宅之。而按畝徵賦，格於常制，無能寬假。上下交困，乃十有八年於兹矣。

我白公甫下車，諮詢利弊，以次興除，尤惓惓農田水利。凡溪港支派，瀦蓄堤防，宜濬宜疏，宜閘宜築，飭所在有司查察。於是吾三邑人士，以斯堤請，公單車親臨閲視，慨然嘆曰：「民病若此，不識涖此土者何以爲心？」乃量度料物工徒，捐俸數千金，擇於丞倅中，得南安司馬毛君，令董其事。毛君體公意，櫛風沐雨，經畫盡瘁，始事於康熙戊戌孟冬，迄己亥季夏，凡五閲月而工竣。

於是向之彌望汪洋者，原隰井然矣。向之哀鳴嗷嗷者，其究安宅矣。向之蕪穢不治者，黍與與而稷翼翼矣。三邑之人，德公無已，田而食，曰：「此我公賜之食也。」蠶而衣，曰：「此我公賜之衣也。」屋而居，曰：「此我公賜之居也。」閭井洽比，父老子弟歲時斗酒相勞，則曰：「吾儕之保聚而安全者，公之惠也。」而實無非此堤之功，則又指其堤曰：「此非前此之堤，而我公之堤也。」此白公堤所由名乎？猶未已也，且將勒碑以紀之。馳書走二千里，乞余爲言。余以桑梓受庇，所以德公，豈有異情？矧兹不朽盛事，微鄉人請，能已於言乎？

且夫工築之役，固非易事。守土者每畏而委之曰：「非我咎也。」否則，「非予一人任。」不然，則曰：「爲之無資，奈何？」嗟乎！國計民生之不可問，盡此三言中矣！今公切飢溺由己之思，捐清俸以衛民，務爲久計，無遺後患，盡反乎三者之見。人之度量相越，豈不遠哉？抑予聞是堤，屢修屢潰，每風狂雨驟，若有怪物蠢動，頃刻木石俱沉。公自爲文祭禱，而後興工。工成歲餘，風雨不爲堤患。是又至誠之所感乎，非偶然也。余吏於浙，憫浙人之久罹海患，築塘爲捍，經畫累年，卒未有效，以是益嘆公之才德爲不可及，遂忘其固陋，而不禁有味乎其言之也。自今以往，常有公之堤，則亦常有公之德，常有公之德，則亦常有予之言。予言何足傳，其亦藉公之德以傳也。

公諱潢，號□，奉天籍。歲戊戌，以中丞節巡撫江右。毛君名□，字□，浙江遂安籍。南安丞，時署瑞守篆。備書之者，重公之知人善任，而毛君能不負所使也。是爲記。

高安縣會館記

帝都爲千百國之所會歸，仕者、商者、賈者、藝者，攘攘熙熙，望國門而至止，如江河之朝宗焉。夫人離家數舍以外，出門惘惘有難色。信宿所至，謂之逆旅，而適都門者，則不啻瑣尾流離之復我邦族也。雖然，商者、賈者、藝者無論已，彼挾策觀光之士，弛擔釋屩於十丈軟塵中，欲得一畝之宫，如故鄉之甕牖蓬户，可得乎？古者奉詔而館，謂之公館。自適其館，爲私館。今以師師濟濟之英，欲聚而處之公廨，勢必不能，況六街九衢，茫茫如海，即使借頓僑居，而蕭然無與，不無離群之嘆。此會館之設，所以聚一郡一邑之人，使得周旋洽比，緩急相需，無異比里族黨之姻睦。而且講道論文，相規相勸，以成其德業，其有裨於士人，抑又多矣。

前朝惟吾鄉會館最多，而高安之館有二：一在内城，燬於明季；一在外城，爲匪人所鬻。邑紳士謀醵金復搆，念年矣。今皇上御極之元年，陳木齋先生自京尹晉貳農卿，總倉政，予亦蒙恩轉階，於是友人況子銘伯，進而言曰：「二先生爲一邑顯者，不能建數椽以惠後學乎？」予二人相視而笑。銘伯曰：「患無資乎？吾邑有公捐建閣銀若干兩，以資京館之費，邑人所樂聞也。」予曰：「諾。」於是買宅於前門之燕家衚衕，計十架，坐北向南，有堂有廳，有内外室，有廚，有厩，有鋪面，月得賃資若干文。時邑人之賈於京者，相與竭力經理，垣墻之舊無者築之，圮者補之，門窓之朽壞者易之，地之窪凹者墊之，又製桌椅床榻若干，及釜甑槽道之器無不備。蓋自是吾邑之客都下者如歸焉。

顧吾猶有言者。邑人之舍於館者，賢愚不齊，而況賓朋酬酢，往來雜踏，浸假而有小人溷跡其間，終日皇皇，走名若鶩，幸而詭獲，則自矜得計，以爲不如是，是甘心淪没也。夫士人懷求名之念，處争名之地，與走名若鶩者爲伍，目濡耳染，潛移默導，於是長厚者亦習爲浮薄，而拘謹者共目爲迂疏，此倡彼和，互相標榜，夤緣朋比，無所不爲，究之得失有命，枉爲小人，不亦傷乎？吾邑前賢素敦名節，其尤著者，如宋秘書監道原劉先生，夙善王荆公，及荆公用事，面刺不應，遂絶之。明尚書文端吴先生，爲嚴介溪同鄉後進。介溪子世蕃，介大學士李本欲與爲婚姻，不許，以是忤介溪，被劾致仕歸。以同鄉親故，如荆公、介溪之權勢，呼吸成禍福，尚屏叱而絶焉，其他可知矣。爲語邑中紳士，登斯堂者，其必景仰前賢，交相砥礪，爲聖朝賢臣良士，是則予與木齋之所冀望於後來之英也已。

館中不設專司之人，凡吾縣挈本張肆於京城，樸實老成，素爲衆所推服者，每歲鬮一二人管理，每五月十三日，邑人來會，遂更替焉。紅契五紙，交高安縣學師，收存文昌閣。

石橋記

距吾家五里許，爲往來四達之衢，村人列肆而居，刻日爲市。數十里中，貿易布粟草蔬、竹木陶冶諸器，胥於是環聚。溪流縈洄如帶，其東南交會之處，每秋夏水漲，奔濤泛駛，不可方舟，行人望洋興嘆，萬不得已而涉，輒有濡首之患。先大夫目擊心惻，於庚子歲之孟春，募匠砌石爲橋。越二年而工竣，督工僧人進而請曰：「此舉造福無量，請勒石以垂不朽。」先大夫曰：「區區者爲力幾何，而冀倖獲報？是豚蹄盃酒，祝篝車也。世人一木一石之工，於物少有濟，必鐫名其上，以圖垂久。其爲善人，後人將指而目之曰：『此善人也。』其不善，則曰：『此不善人也。』夫既人知其爲善人矣，是不以鐫名傳也。不善而使人指目之，是自暴其不善也。他若泯泯無聞者，後人莫知誰何，又何貴鐫名碑板中乎？爲善而存一要譽之心，雖善亦惡，而況所爲者，本不可謂善乎？」

軾侍立拱聽，退而紬繹，恍然悟學術邪正之分焉。萬物無一非我，而漠然置之度外，絶物乎？自絶乎？此楊子之義也。等一本之親於陌路，殘忍孰甚？而侈言博愛，其誰信之？此墨子之仁也。其始托於煦煦之仁，孑孑之義，以濟其沽名市利之私，其流遂至於無父無君。究之内失己，外失人，所謂利與名者，安在耶？天下事無難易大小，莫不有一定之則，此理具於人心，但行其心之所是，而人己各得矣。先大夫之意，蓋謂橋以利涉，不可不建，而吾力又足以建，吾意遂不忍不建，以能爲之力，爲不可不爲之事，亦自行其心之所不容已而已，他何計乎？彼有所爲而爲，有所爲而不爲者，皆楊、墨之徒也。嗚呼！學術邪正之分途，誠與僞而已矣。可不辨乎？

碧落橋記

壬辰夏，族中諸長老謀建碧落橋，爲疏募之，里中慷慨襄事者，寥寥無幾。越癸卯孟秋，屆吾母八十壽辰，軾奉命歸省，聖天子洪仁錫類，賞賚便蕃。母曰：「君恩渥矣，其以賜金完碧落橋大工，俾過斯橋者普戴皇仁於億萬斯年，可乎？」軾敬諾。以告族之長老，皆曰善。於是選匠鑿山，牽船運石。石必巨、必堅，砥之平，琢之方，縱横鱗砌，中邊罅縫，灌以油灰，外用鐵釘、鈎匝連屬。計長四十丈，墩十四，甕十有三，寬可容並馬。始事於康熙六十一年夏，迄雍正二年冬而竣。乃勒石永誌聖恩，而捐助諸君子，附識姓名、銀數於後。至經營調度，不憚勞瘁，以成厥功者，叔努光、姪必因也。而某等直倡其事云。

朱文端公文集卷二

公孫弘論

公孫弘以布衣應文學科，位至宰相，封平津侯。開閣延士，而自奉清約。汲黯以弘禄厚而布被脱粟，譏其詐。傳稱晏子相齊，敝車羸馬以朝，齊國之士待以舉火者三百人。事與弘同，而人品之邪正，殊焉。

予讀史，考弘遺事，而知弘之欺世盜名，其術最工而心最苦也。夫人爲一事而熟思審處，曰：「如此而人是之，吾必不爲；如此而人非之，吾不必不爲。」此矯世絶俗之士也。弘固不以爲然矣。爲一事而熟思審處，曰：「如此而人是之，如此而人非之。」於是舍其爲人非者，就其爲人是者，此亦好名之人也。而弘又不以爲然。弘若曰：「人是之而爲之，非之而不爲，於吾富貴爵禄，損乎？益乎？其有益無損也，而弘且不必爲，不必不爲。曰非者何如使之是？是者何如使之不非？如此而於吾有益無損也。而後爲其所欲爲，而不爲其所不可爲。其或一事而是者半，非者半，則較量於是非之間，必使是者有解於非，而非者無辭於是，而後舍非而就是。且使是吾而吾不喜，而是者益信吾是；非吾而吾不辨，而人自以非者爲非。而後決然而爲之。爲兩事，而彼事之是於人者，或以形此事之非；此事之非於人者，適以成彼事之是。如此者又不爲，必是於此事者，益見彼事之非非。非於彼事者，見此事之非非，而因以知彼事之未嘗不是，而後擇其有是無非者爲之。」弘之欺世盜名，其爲術工而用心苦，類如此矣。

弘與轅固同徵，固曰：「公孫子無曲學以阿世。」弘不爲動念，而仄目事之。董子與弘同治春秋，嘗謂弘希時從諛。弘心銜之而不言。汲黯於帝前切責弘詐不忠，弘不辨。此三子者，落落寡合者也，而重惡弘，此弘之所以取容於流俗也。或謂弘嘗毁西南夷，沮卜式，非盡從諛也。天子以開西南夷之便發十策，弘不得一，弘之屈諛也，毁於前而屈於後。毁爲屈地也，毁亦諛也。其沮卜式，亦猶是也。凡弘所爲，大抵本同而不妨見異相反，而其實相成。薄於自奉，而厚於施予，其大較然也。

後人有鑒於弘而脂膏自潤，坐視困窮而莫惜者，以爲吾恥爲公孫子之巧佞也，謬矣。夫儉，美德也。吐握延士，大臣之所以爲國也。如弘所爲，使出於中心之誠然，豈非忘身報國之君子哉？

清談論

謝安謂簡文、惠帝匹，清言差勝耳。夫以簡文之文采風流，而比之惠帝，然則晉史稱惠帝戇騃，其説非歟？程端伯嘗云：「問蛙鳴，諷言官也。何不食肉糜，責怨咨也。」是皆絶妙清談。誰云惠帝不慧乎？吾謂魏晉之清談，天下之至愚，亦即天下之大惡也。

清談不始於魏晉，道德五千言，王、何之濫觴歟？至逍遥、齊物，抑又甚矣。天下萬事萬物，莫不有當然不易之則，是是非非，何等顯易明白。老氏明不足以燭理，知不足以處事，創爲清浄自然之説，以求勝於先聖先賢。沿襲至漆園，乃滅禮毁義而不顧，學其學者，其才辨又不及老莊，於是隱約其旨，詭異其詞，以自飾其庸陋。如鄒衍、公孫龍、慎到之徒，是非魏晉之清談耶？他如縱横、法術、俳優、佞幸，逞其辨説，以惑人主之聽，莫非老莊之支流，魏晉之胚胎。噫！剖斗折衡之論出，必至於焚書坑儒；堅白異同之辯興，必至於指鹿爲馬。爲禍烈矣哉！故曰：天下之至愚，亦即天下之大惡也。

若夫文人學士，以文章爲游戲，如六朝唐人之詩賦，宋元之詞曲，不足道矣。即一字句間，稍涉於詼諧，詭於正道，其弊必中乎人心。歐陽永叔朋黨論謂君子有黨，小人無之。嗚呼，何言之謬也！巫馬期曰：「吾聞君子不黨。」孔子曰：「君子羣而不黨。」黨者，天下之惡名也。而永叔以九官、十二牧、十亂爲黨，其得罪於聖賢大矣！今聖天子道宗堯舜，心契孔顔，凡所昭示臣民者，無非大中至正、無偏無黨之訓，御制朋黨論，極斥歐陽修之非，爲移風易俗計者，至矣！學者生蕩平正直之世，沭菁莪棫樸之化，可不發奮鼓勵，崇正學，黜異端，以佐一道同風之休哉？

昏禮不樂不賀論

禮云：「昏禮不用樂，幽陰之義也。」又曰：「娶婦之家，三日不舉樂，思嗣親也。」古無昏禮用樂之事，今舉世用之，以不用爲怪，不大惑乎？關雎之詩曰「琴瑟友之」「鐘鼓樂之」，蓋宫人得賢后妃，極言其欣喜歡樂之情，非真考鐘伐鼓、彈琴鼓瑟也。借曰有之，詎於來嫁初昏時耶？碩人、韓奕之詩，備言朱幩翟茀、盈門百兩之盛，假而昏禮用樂，詩人豈無一言及之？東晉升平八年，符問迎皇后大駕應作樂否？太常主者，按儀注云：「皇后入自閶闔掖門，鳴鐘鼓露仗。」王彪之議云：「鳴鐘鼓，所以聲告内外。吉凶之常，非樂也。昏禮三日不作樂，經典明文，宜如舊儀。迎皇后大駕，不應鼓吹。」由此觀之，皇家納后，尚不鼓吹，況士庶人乎？郊特牲曰：「昏禮不賀，人之序也。」而曲禮又有賀人取妻曰：「聞子有客，使某羞之。」文吕氏曰：「賀者，以物遺人而有所慶也。」著代以爲先祖後，人子之所不得已，故不用樂，且不賀也。然爲酒食以召鄉黨僚友，則遺問不可廢也。故其辭曰：「聞子有客，使某羞。」舍曰昏禮而謂之有客，則所以羞者，佐其供具之費而已，非賀也，作記者用俗之名稱賀焉耳。男女婚姻，爲嗣續也。父母具在，猶之可耳。若孤子當室，追思父母之心，顧爲有家。自吾初生已然，而今婦入而親不逮矣，承筐饋食，醴婦饗婦之儀何等鄭重，而止博廟中之一扱。言念及此，悲且不勝，何有於樂與賀乎？而況子有家而父母老，雖一堂歡慶，而人子之心，能無懼乎？曾子問昏禮，既納幣，有吉日，而遭喪，使人致命於女氏曰：「不得嗣爲兄弟，豈迫於禮制哉？」亦行其心之所安焉耳。若不樂不賀，非有格礙難於行者。世俗不足責，士大夫明知非禮而安然爲之，弗思甚耳。

五宗論

大傳：「別子爲祖，繼別爲宗，繼禰者爲小宗。有百世不遷之宗，有五世則遷之宗。」別子者，適長之母弟；無母弟，則庶弟之長者。如周公，文王之別子也。周公自爲祖，繼別者，魯公也。不獨凡、蔣、邢、茅、管、蔡、郕、霍宗之，自文、武以下世世子孫，莫不以魯爲大宗焉。「繼別」云者，謂繼別者世世爲大宗也。爲祖即爲宗，非待再傳而後爲宗也。凡此皆爲諸侯公卿世爵者言之。若今始遷始貴而爲祖者，即以始遷始貴者之適長爲宗，而世世繼之爲大宗焉。「五世而遷」者，繼高祖者也。如戊乙衆子也，其子二，長己己，次己庚，己庚宗己己，此繼禰之宗也。己己、己庚又同宗，其世父戊甲之長子己戊，此繼祖之宗也。祖亦庶也，則己戊、己己、己庚共宗其伯祖丁丁之適孫己丁，此繼曾祖之宗也。曾祖亦庶也，己丁以至己庚，俱宗其曾伯祖丙丙之適曾孫己丙，曾伯祖丙丙之適孫，高祖乙甲之適玄孫也。此繼高祖之宗也。至己丙之子庚庚，則高祖乙甲當祧矣。祖遷於上，則宗易於下。諸己之子，各以其親爲宗，不復以庚庚爲宗矣。

繼禰繼祖、繼曾、繼高爲四宗，合大宗爲五。凡此五宗者，不獨昆弟輩宗之，即諸父以上，莫不宗之。宗者，尊也。尊大宗者，尊吾始祖；尊小宗者，尊吾高曾祖父也。以尊治卑。小宗之治，治以高曾祖父；大宗之治，治以始祖也。一人之身，同父之宗治之，同祖之宗治之，同高曾之宗治之，同始祖之大宗又治之，且不翅始祖四親之治之，欲爲不善，可乎？記曰：「尊祖故敬宗。」今人即狂誕無忌，見祖若父，未有不肅然斂飭者。即祖父之見子孫，雖褻，亦必斂容以待。人能以敬祖父者敬宗子，宗子亦必以敬祖父者敬宗人，而宗人又莫不交相敬，鄉鄰風俗之美，孰有過於是乎？自宗法廢，上之人欲家喻户曉，使相勉於孝弟婣睦，難矣。宗法既不可復，爲收攝人心計，莫如立祠堂，聚會合族之長幼尊卑，以祀其先，自高曾以上遡始祖，原原本本，瞭然在目，而餕餘介福，備言燕私，親愛之心，油然而生，所裨於世道人心者，大矣！

吾鄉雖樵牧，能言十世以上祖，三家村必立祠堂，以祀其始祖。大家又立小宗祠，以祀四親。大宗祠以族之派尊而長者主之，雖非正體，而儼然一族之長，舉什伯子姓，相與仰而承之，而此族長遂爲一族之統紀，是猶宗法之遺意歟？若小宗，則非如大宗法之必不可復。乃吾鄉四親之廟，亦以所屬長者主之，無論於正體傳重之義有乖，且所謂四親者，自宗子言之也。若所屬之長者，或爲宗子之叔，或爲宗子之叔祖。爲宗子之叔祖者，高祖之孫，曾祖之子也。是所祭者祖與父，非四親也。宗子不得祭其高曾，猶可言也。而使其祖若父不得享正祭，而比於無後之祔食，又何貴有此四親之廟乎？何如不祭之爲愈乎？

朱子謂：「當立小宗法，祭高祖以下，親盡則請出高祖，就伯叔位，服未盡者祭之。」此亦未爲確論。親盡而祧者，情無窮而禮有制也。喪祭無二主，可攝而不可易。今以當祧之祖，移祀於伯叔之位，勢必伯移於仲，仲又移於叔，叔又移於季。假而富貴貧賤之不齊，祭以大夫者，易而爲士與庶人，以士庶人者，復易而爲大夫。此義理必不可通者也。祖遷於上，宗易於下，禮也。既祀祧祖於伯叔之位，則凡同高祖之親之服未盡者，皆駿奔於高祖之廟，將又以主高祖祭之伯叔爲高祖之宗乎？且此伯叔之祖若父，皆別子爲祖者也，既移祧主於其廟，則別子不自爲祖，不惟高祖之宗亂，而曾祖祖父之宗皆亂矣。如此而謂之小宗法，可乎？今功令嫡，孫承祖重，主喪主祭，伯叔皆隨其後。承祖重者，即承高曾之重也，是小宗法未嘗廢，所廢者，收攝統紀、相維相制之道耳。自遷祧之説出，所謂承重者，亦將格而不行矣，又安能復宗法乎？

承重論

萬氏斯大辨承重之義，反覆數百言，大都謂祖後父没而曾祖在，適孫不得承重。予謂「重」之義有二。宗廟祭祀之重，宗子主之。此萬氏所謂歷世相傳之重也。三年斬衰之喪，虞祔祥禫之祭，適子主之，子主父喪，謂之主重，不可謂承重。承重者，父歿而子承高曾祖之重喪、重祭於父也。承祖重者適孫，承曾祖重者適曾孫也。萬氏謂子代父重，其説謬已。禮有「攝主」，謂適子不在，或幼，而暫爲之攝也。父没而子爲主，謂之攝，可乎？且第曰代爲之主耳，則庶子可也，庶孫亦可也，何必適孫乎？若謂代父服斬，衆子與適子同。衆子死，衆子之子，亦將斬衰三年乎？又云：「禮家子之喪，父主之，曾祖以衰老，而使曾孫代之耳。」若然，則是代曾祖，非代父也。借使曾祖自爲主，不令孫代，將不服重服乎？萬氏不明兩重之義，故愈辨而愈窒耳。至云喪服傳「有適子者無適孫」，孫婦亦如之，此就適孫而言。無適孫，亦無適孫婦也。舅没，姑老而傳，不以年計。父死，母爲内主者，唯子幼未娶者則然，已娶未有婦不爲主者。此説先儒所未及，予向亦疑之，今細繹禮意，而知其説之不誣焉。婦人以從夫爲義，易云「利牝馬之貞」，謂不自爲主也。後世有母后擅權，爲國家害者矣。制禮者有見於此，故云「舅没，姑老而傳」，明老而傳之，不係乎年而係乎舅之没也，防微杜漸之意深矣。若夫孫婦承重而姑服衆婦之常服，爲各盡其道。假而有承曾祖之重者，姑服孫婦之服，於義豈爲允協？蓋老而傳者，傳適婦之重也，重雖傳而適婦之名自在，欲不服斬衰，可得乎？

養疾論 并序

比歲病憊，多由飲食藥餌失宜之故，乃增訂舊著養疾論，以示兒子。雖然，所求乎子，以事父，未能也。

養疾之説，見於記，吕叔簡先生部分條晰，至數千言，而其最切要者，則戒聲、戒動，與飲食醫藥數者而已。其曰戒聲也，在病室，入如竊，出如竊，立如寐，坐如尸，無噓噴，無咳咯，無履聲，無衣聲，無安置器物聲，無喘息聲。門之闔闢有聲者，漬其樞；户之見風自掩者，杙其扉。其曰戒動也，增減被服，無令知覺，揮扇無風，揮風無力，寐勿呼，安勿動，誤勿正，欲勿違。凡此，不獨視無形，聽無聲，即人子之視聽，亦幾泯焉，非至敬至愛者，能如是乎？若夫飲食醫藥之道，吾得而廣其説焉。所貴乎飲食者，時也，新也，備也，欲也。飲則飲，食則食。記曰：「饍飲不離於閣。」無疾且然，況養疾乎？病人胃弱，一物屢進，則厭之矣。所取乎備者，惟其新也，惟其欲也。人情之於飲食，有一生之欲，有一時之欲，有病中無定之欲。其或忍而不言，必體其意而進之，問所自來，則曰某某所饋也。所愛子弟若侍者，必使餕其餘，命藏之，則復進，其不可進，易之而弗以告也。問食物價，曰：「賤甚。」問食宜否，窺其所欲食，曰：「宜也。」藥必躬親嘗而後進，水火之宜，雖有篤實僮僕，勿敢信，甘苦辛平，必嘗之而後知，勿誤。不如是，人子之心不安也。況養得其道，則疾平而生，否則劇而死，無論生而疾平也。即親常疾，子常養至十年數十年，以視乎無親可養者，其情何如也？嗚呼！可不慎歟！縱使決無生理而人子常冀幸於萬一，至於氣絶，而復而襲而斂，猶望其生，況疾時乎？

或曰：「家貧乏醫藥之費，奈何？」曰：「鄉鄰可乞也，身可傭，子可鬻也。愚夫割股食親，雖非理之正，然即是推之，凡可以養其親者，何所不至哉？」

曰：「有父母俱疾者，有祖父母父母俱疾者，甚而妻若子俱疾者，煢煢孤影，别無期功之親，顧此則失彼，可奈何？」曰：「祖父母、父母一也，一時俱疾，即一時俱養。於彼於此，竭其力之所能爲。若妻與子，死生付之天命，不得以分其心焉。」

曰：「有父母疾，身亦疾者，奈何？」曰：「身疾未甚，則力而致養焉，否則厚其酬，而使親屬及外親養之，而時告其親以己疾漸愈狀。藥餌祈禱，則先親而後身。凡此委曲周詳，皆本乎惻怛之至性，非他人所得代爲謀，視乎人子之自致耳。」

抑予聞徐勣爲姊躬親湯藥，庾衮憐兄不畏癘疫，不獨父母當養已也。人有疾病，行道之人猶憐之，況骨肉之親乎？

居喪不作樂論

喪大記九月之喪，不食肉飲酒，不與人樂之。五月三月之喪，比葬，食肉飲酒，不與人樂之。期功之服且然，而況三年之喪乎？雜記父有服，子不與樂；母有服，聞聲焉，不舉樂；妻有服，不舉樂於其側；父母妻有期功以下之服，爲子與夫者且然，況身有服乎？然猶曰父母也、妻也，若大功至避琴瑟，於凡人之有大功者皆然，不必所親也。猶曰將至也曲禮：「鄰有喪，春不相。里有殯，不巷歌。」不必有服者之至吾前也。又云：「居喪不言樂。」言且不可，而況聞之而作之乎？人即不肖，未有不痛其親之死者。作樂以自娱，天下必無此禽獸不如之子。若以宴樂吊賓，不知賓之來吊，哀乎樂乎？子於是日哭則不歌禮吊日不樂，況當吊時乎？或曰：「以娱幽魂。」其説尤謬。死而無知則已，其有知，能不自悲其死乎？即不自悲，見子孫哭泣，有不惻然心傷乎？幽明一理，絲竹管弦，樂者聞之則樂，悲者聞之益悲。爲子者，何取嘈雜喧沸，以悲其親也？律載十惡不孝一曰居父母喪作樂黄佐云凡喪不得用樂及送殯用鼓吹雜戲紙幡紙鬼等物，違者罪之。愚民縱不可與言禮，能毋畏法乎？

思哀論

論語曰：「喪思哀，思則哀。不思則不哀矣。親喪固所自盡也，苟哀慕不至，雖衰麻啜粥，與食稻衣錦何異乎？蓼莪之詩曰：「無父何怙，無母何恃。出則銜恤，入則靡至，孝思之誠篤，於斯已極，然皆人子必至之情也。子之身，父母之所生也，怙於父，恃於母，怙恃於所生也自何怙何恃，而人子無生矣，非無生也，無生我者，生猶不生也。故曰不如死之久也。人窮則呼天，疾痛則呼父母，即父母已没，常若呼之而輒應也。杳迷恍惚之頃，常若父母之顧之復之也。蓋子之身，即父母之身；子之疾痛，即父母之疾痛也。地下有靈，吾知子一呼號，父母一呻吟也。父母而外，皆與我分形者也，誰復知我疾痛者乎？今試於何怙何恃之日，追念依依膝下之時。子雖長且老，父母視之，依然孩提也，子亦不自知非孩提也。父母呼而子應耶，子呼而父母答耶，猶是孩提之稱也，猶是孩提之稱其父母也，融融泄泄之狀，有不知手之舞之足之蹈之者矣。言念及此，終天之痛恨可勝言乎？若夫自幼而孤者，與之言天倫聚順之樂，其傷心刺骨，爲何如也？四牡之詩曰：「不遑將父，不遑將母。」陟岵之詩曰：「瞻望父兮，瞻望母兮。行役之悲，亦良苦矣。而無父無母者，雖陟岵陟屺，而茫茫宇宙，不知瞻望於何所，無可將而後知不遑將之情景，爲不可得也。此所謂出則銜恤也。問喪云其往送也如慕，其反也如疑，求而無所得之也。入門而弗見也，上堂又弗見也，入室又弗見也，喪矣亡矣，不可復見矣。此謂既葬反哭時也。而悲哀之情，則雖歷十年數十年，以至於死，無時無刻而不然矣。邵氏居喪雜記曰：「父兮母兮，不可作矣。不惟生之日不可再得，死之日亦不可再得矣。大哉！天地問日復一日，予安所求哉？痛哉斯言！送終之慘，莫甚於彌留屬纊，以至飯含殮殯之時，然且持手足候喘息也。既絶而撫尸呼號也，襲而含而殮，聲不可得而聞，面目猶可見也。掩而冒而殯，面目不可見，柩棺猶在也。既葬矣，欲撫柩而哭，可得乎？而況遊子天涯不親含殮，未嘗見親之死也，不解吾親之何以不在也，真耶？夢耶？入門惘惘之狀，不自知其心之何所繫，而身之何所著也。問喪所云反哭而弗見者，其哀猶淺。惟入門而如見也，上堂入室又如見也，無處而不見，而實無所見，此人子之所以終身悲愴而不已也。詩云入則靡至其此之謂歟？獨是顧復罔極之思，人所共知也。王裒而後，未聞有讀蓼莪而不勝其哀者。誰非人子乎？弗思矣耳。

節哀論

檀弓曰：「喪禮，哀戚之至也。節哀，順變也，君子念始之者也。」夫人生可哀可戚之事多矣，未有如親喪之至者也。至矣，無以節之，勢不至於滅性不止。節者，節其哀也，哀不可得而節，於其飲食衣服居處節之。孔子曰：「戚容稱其服。」言中心之戚，視外以爲之節，節其外，即所以節其内也。節與除異，節從重而輕。除從有而無，重變爲輕，有變爲無，皆變也。將變有爲無，先變重爲輕，斯其變也，順而易。如三月，變食粥爲疏食，變三升四升爲六升七升之受服，變倚廬爲剪屏拄楣。期年，又變爲菜果，爲功衰，爲堊室。大祥而食醯醬，服纖縞，復寢猶未也。禫而素端黄裳，而醴酒，而乾肉，而後復常焉。當其三月而變也，人子之心弗忍也，然稍節焉耳，禮在不得不然也。當其小祥而變也，人子之心又弗忍也，稍節焉耳，禮在不得不然也。至於大祥可以除，而不能使之遽除也。且三年中，以漸而殺者，不知凡幾，而練去首絰，祥去絰杖，則前此之變而無受者也。迨夫復吉而除，則所待除者無多，故亦勉而爲之。假如初未變而從輕，至三年而驟奪焉，烏可得哉？經曰「順變」，謂順其性而遞變之，亦若漸積引導，使之不自覺者然也。噫！先王制禮，行道之人，皆不忍也，而必抑之使俯而就者，君子念始之者也。夫不忘吾身所自始，過且不敢，而況不及乎？彼忘哀短喪者，尚得謂有心人哉？

爲人後者降服父母論

爲人後者爲其父母服期，非降也，服以期爲斷，三年加隆焉耳。不加隆於所生者，專其隆於所後也。或云：「所生與所後本兄弟也，自爲人後者視之，則伯叔也，故以伯叔之服服之。」若然，則再從三從者，將服功緦之服乎？且父母也，而伯之叔之，曾不若嫁女猶存父母之名也。律有僧道不拜父母之條，僧道矣，猶父其父，母其母，況身在倫紀之中者乎？宋人濮議、明人大禮議，有爲此說者，皆一偏之見，未爲通論也。

師生無服論

五倫無師生，統於朋友也。儀禮朋友之喪麻朱子家禮三月緦而師獨無服，非缺也。君子之所教者五，其恩誼之淺深有差矣。下逮僧道藝術之流，莫不有師焉，概而曰師生耳。欲制爲一定之服，可乎？朋友之異乎師生者，師不同而友則一也。同德之謂友，同業之謂友。相勸也，相規也，友得我而德日進，我得友而業日修。若是者，闕里諸賢而下，若二程、張、邵、韓、范、司馬以及晦菴、敬夫、伯恭，庶幾無愧。不如是，不謂之朋友也。豈若弟子之於先生，雖一技一業之傳，不可不謂之師乎？然則今律何以無朋友服？曰：近代之無朋友久矣。而五倫必不可缺，姑就其相知相好者，而予以朋友之名，其誼之厚薄，未可以概論，故律不爲制服，猶之師之無服也。顧予更有説焉。廉、藺之交曰刎頸，雷、陳之合曰膠漆。自有刎頸、膠漆之友，而道德之友亡矣。雖然，獨不得聖賢爲之師耳。以彼情誼之篤摯，使得遊於孔、孟、程、朱之門，則夫相知相好者，皆相規相勸之良友也。此先儒所以惓惓於師道之立歟？抑予聞李白禫服痛哭，泣盡繼之以血；范式素車白馬，留止塚次，爲修墳樹。故人之情厚矣。彼翻雲覆雨者，可不愧乎？

古不修墓論

甚矣，丘墓之不可不慎也。不慎而待修，不慎而待遷，與舉而委諸壑何異？雖然，高陵深谷，有時變遷。人事物理，常出意外。假而灌木叢蔚，可不芟乎？狐兔是穴，可不驅乎？日久樹根近竄，可無掘除乎？有盜一坏之土者，可不培覆乎？水溜石崩，可任暴露乎？城郭道路之必不免，可聽之乎？又有家貧子幼，或緣他故而藁葬者，可無改圖乎？章子母櫬馬棧，君命改葬而不從，以無父命也。吾謂章子之事親，生則責善，死則將順，其過不惟不孝於母，并不孝於父。

祔論

祔之論不一。「祔，已反於寢，練而後遷」，鄭疏也。「祔，藏於廟，祭則即祭之」，呂氏説也。「大祥祔而遷」，伊川、横渠之論也。練而後祔者，殷道，夫子之所善也。朱子從禮疏，祔於卒哭，準程、張遷於大祥，折衷具有深意，而後儒乃以兩祔爲疑。徐氏乾學謂既葬迎精而返，魂魄惟祖考是依，祔祭重在合享，不重在入廟。祖考之靈，無乎不在，至欲祔祭於寢堂。夫祔，附也，亡者附祖，非祖附亡者。今使祖考之靈，就亡者而受祭，於禮安乎？要知「祔而遷」者，主高曾之祀之宗子也。死而無知，可不祭；其有知，身則已矣，而四世神主猶書孝子孝孫曾玄某也。烝嘗大典，再期不舉，死者能無恫然？卒哭而祔，蓋體死者痛念祀典之缺，而祔而祭之也。他若别子爲祖，並不得與祖考並列廟庭，回思生時，趨蹌共事，隱痛何如？卒哭之祔，固所樂得，而惟恐其不早也。夫何靳焉？至喪事即遠，謂始死由室而阼階，而客位，而中野，自近即遠，不以柩返也。若謂主出不得返，何以魂帛既出，待返虞而埋耶？

妾母附祭議

河間某生者，妾出子也。父亡，適兄旋殁。某發憤讀書，爲諸生，乃立祠堂，以祀其父及適母，將以生母附，而族人不可，告學師及有司，亦不可，告觀察，又不可，某號痛憤恨而縊。時人謂此生孝而不知禮，吾意生固未必知禮，謂生不知禮者，實不知禮之甚者也。

喪服小記曰：「妾祔於妾祖姑，亡則中一以上。」祔者，卒哭後祔祭於廟也，如謂妾母不當祀，烏得祔於廟乎？又安得有妾祖姑及中一以上之祖姑可祔乎？

或曰：「中一以上爲高祖，是妾母之祭至玄孫而不廢也。而小記又有『慈母與妾母不世祭』之文，其故何歟？」曰：「小記『妾母不世祭』之義，先儒之論不一。以意釋之，慈母，謂父命爲母子者也；妾母，或未有父命，而身受慈恩，與慈母同，殁後爲壇以祭，及身而止，決非所生之母也。」

曰：「然則妾母世祭者，其惟爲後之庶子乎？」曰：「庶母之祭，附於嫡母，主之者宗子也。何論所生之爲後與不爲後乎？又王制『士一廟，庶人祭於寢』，某之父，庶人也，其兄亦庶人也，其得爲父立廟，以某爲士也。宋史禮志：廟爲衆子立，宗子主之；宗子没，其子不得而主，得立廟者主之。今某兄卒，則某得主祭矣，而黜其所生之母，可乎？近世士大夫有以庶爲嫡者，皆惑於庶母不祭之説也。使知妾母世祭之禮，又何用借嫡歟？」

鄉飲酒

世之惑人者多矣，而酒爲甚。古人祭祀、燕賓、養老外，無飲酒者。論語記孔子「惟酒無量」，即鄉飲酒禮所謂無筭爵也。飲無筭爵而不及亂，惟聖人爲然。然孔子嘗曰：「不爲酒困，何有於我？」是聖人且不敢自必其然也。夫以聖人所不敢自必者，而欲以責之常人，難矣！故欲無亂，不如不飲。

而或且曰：「酒忘憂也，嗜酒者有托而逃也。」抑知人之所以異於禽獸，獨此心耳。心難覺而易昧，悚惕之，震動之，猶懼其未也，無端而昏之以酒，不大惑歟？孟子曰：「生於憂患，死於安樂。」忘憂是忘生矣。小宛之次章曰：「彼昏不知，壹醉日富。」此遭亂相戒免禍之詩也，未聞終日酩酊，而能脱然於亂世者矣。

吾嘗謂陰司果有地獄，其必何晏、王弼輩居之。蓋自曠達之説起，一時輕薄之徒争相趨效，而學士大夫又美之以文章風雅之目，而淑慎爾儀之君子，反詆爲鄙吝，蓋至是而酒之中於人心風俗甚矣。獄訟繁興，猶其後焉者與。先王知飲食之欲，不可以盡錮，而思所以遏其流，於是制爲飲酒之禮。一獻之禮，賓主百拜，終日飲酒而不得醉焉。不醉則不亂，不亂則無惡於酒，此鄉飲酒之禮，不可不亟講歟！

太極圖説解

乾坤者，對待之體；六子者，流行之用。筮卦之數，陽極於九，陰極於六。陽主進，進至於無可進則退，九退而爲八，八，少陰也；陰主退，退至於無可退，則進，六進而爲七，七，少陽也。圖極所説，動極而静，静極復動，動静互爲其根者，即筮卦九六進退之謂也。動極、静極者二，太陰生於動極，陽生於静極者，六子也。圖説不言四象、八卦，義已見於是也。此陰陽流行之用，總不外乎兩儀對待之體。先言用而後及體者，一生於兩，一見而後兩立也。

或問：陽變陰合而生五行，五行非即四象八、卦乎？曰：四象、八卦，乃兩儀之倍。分五行，則兩儀之所資以爲用也。文圖離坎居乾坤之位，後天入用故也。五者之氣，彌淪充塞，播於四時。凡陰陽之流行，皆此五者行之也，此水、火、木、金、土之所以名行也。二氣、五行同出於太極，生則俱生，而無極、太極之藴，即在陰陽五行之中。同出於太極者，亦各具一太極也。無妄之理，與不二之氣，渾淪融洽而無間，其合也，其妙也，妙合者一也。五行一陰陽，陰陽一太極，氣含乎理内也。五行之生，各一其性，理行乎氣中也。理氣之絪緼，分之無可分，兩非兩，五非五也，一而已矣。一故妙，妙故凝，凝則生生不息矣。乾，天也；坤，地也。言乎其質，則五行生成於天地；言乎其氣，則二五實生乾坤。乾道成男，坤道成女，男女分而形交氣感，萬物化生。天地者，萬物之大父母也。人與物同具此太極之理，而所稟之氣，有清有濁，人靈於物，而人之中又有頑秀之别焉。五性動而善惡分出，吉凶悔吝，所以紛然多故也。惟聖人定以中正、仁義而主静，人極立，而三才位焉。定之者，定此感動之性也。感於物而動，性之欲也。定之以中正、仁義，所謂先立乎大，其小者不能奪也。中正者，仁義之中正也。先儒以中正爲禮智，禮所以節文。斯二者，智則二者之正而固也。言禮智不足以盡中正，言中正而禮智在其中矣。

通書云：性者，剛柔、善惡中而已矣。剛惡、柔惡故非中，剛善、柔善亦未必皆中。剛柔者，仁義之偏也。凡物立於偏陂之地，則脚根不定，中則得所止而定矣。大學曰「知止得止」，易曰「艮止」，定之謂也。求止之功，在於格致誠正，而其要不外於主静。静者，動之本，易所謂「無思無爲，寂然不動」是也。廓然大公，性也。無極，太極也。物來順應，情也。太極之理，藴於中而發於外也。天稟陽動而静，地稟陰静而動，而要皆根本於太極。太極之理本静也。聖人主静而性以定，定則動静隨時，而因應不窮。聖人一天地也，極者至也。道理至此盡頭，更無去處，故推行變化而不可測，皆自極生也。自氣言爲陰陽，自質言爲剛柔，自人心而言爲仁義。動極者，純陽也。動極而静，乾卦所謂「用九」陽而陰，天極也。静極者，純陰也，静極復動，坤卦所謂「用六」陰而陽，地極也。主静而動以定者，聖人洗心藏密，吉凶與民同患，仁而義，人極之所以立也。曰陰陽，曰剛柔，曰仁義，對待之體也。曰陰與陽，柔與剛，仁與義，流行之用也。「與」云者，自此及彼，一而二，二而一，張子所謂「一神兩化」也。原始反終，無終無始者，精氣游魂，屈伸往來之妙也。大哉易乎！聖人立教以裁成輔相，君子修德以趨吉避凶，孰有外於是乎？

書張璁傳後

張璁以議禮驟貴，怙寵恣睢，剛愎猜忌，屢興大獄，世宗之罪人也。然所議大禮，則實有可取焉。禮：爲人後者爲之子。降其父母期，何爲降其父母期？天之生人，使之一本，不可以二考也。是故世宗考興獻，則必伯孝宗矣。考興獻而伯孝宗，孝宗之尊親如故也，慈壽太后之尊親如故也。不以稱伯而有損，亦不以稱考而有加也。若考孝宗，則叔興獻矣。爲人子而以父爲叔，可乎？繼世之君，臣其諸父，天子之貴，不以屬通，以所生爲伯叔，是爲天子而臣其父矣。若特加殊稱，尊爲帝后，則未聞有姪爲天子，而帝后其叔父叔母者也。當日禮官，屈於璁、桂之論，乃議加稱爲本生皇考。夫謂之本生者，對所後而言也，所後者不可不爲之後。世宗可不爲孝宗後，徒以入承大統，强立父子之名，外其父母，以爲本生，是亦不可已矣乎？且所貴乎爲後者，重祀事也。天子祀四廟，皆繼統之先君，不必親祖親父也。親祖父而不爲天子，不得附太廟。漢宣之四廟，文、景、武、昭也，而悼考不與焉。光武之四廟，元、成、哀、平也，而南頓君不與焉。孝宗假不立嗣，固無失四親之饗。興獻既不附廟，自無干正統之嫌，何所取而必以孝宗爲考，又何所禁而必不以興獻爲父乎？廷臣議以益王子崇仁，主獻王祀，他日仍以皇次子後興國，改崇仁爲親藩，是世宗舍其父而父孝廟，又使崇仁舍其父而父興獻，他日復奪崇仁而以皇子爲祖後。父子大倫，展轉更置，此何禮也？或云天子以宗社爲重，不得顧其私親，是已。然所謂宗社爲重者，重繼統也，統不絶，則宗社無恙矣。繼嗣何關重輕乎？宋司馬光、韓琦以仁宗無子，請擇宗室子，豫建於青宫，蓋將付以大統，必早定父子之名，以慰臣民之心，是宋人以繼嗣者繼統。嗣子之建，爲付托計也。明臣乃欲以繼統者繼嗣，將謂大統之付，特爲故君嗣續計乎？試問遺詔迎立世宗，爲祖宗統緒乎？抑以天下爲孝宗易嗣子乎？世宗之入繼繼大統乎？抑以其身爲孝宗嗣，而易天下於武宗乎？從繼統而言，謂父母爲私親可也；從繼嗣而言，所生之至性，豈勢位所得而奪乎？天下有死而無嗣之人，未有生而無父之人。羣臣不忍孝宗之無嗣，何忍世宗之無父乎？世宗之繼統，繼武宗也。武宗無子，而以世宗後孝宗，即此可知繼統之非繼嗣矣。幸而世宗爲孝宗猶子，假令憲宗之子入繼，亦將以爲孝宗後乎？舜有天下，祖顓頊而宗堯，是亦繼統也。使舜以堯爲父，而委瞽瞍之祀於象，吾知舜視棄天下猶棄敝屣矣。衛輒不父其父而禰其祖，當日國人有爲衛輒者，亦持宗社爲重之説。而聖人言爲政，必以正名爲先，名不正則言不順。以此折衷大禮，可息盈廷之議矣。至禮經大宗爲後之文，爲大夫士言之也。士大夫之尊，不得加於諸父，故無嫌也。必大宗而爲之後者，大宗者，百世不遷之宗，亦歷世相承之宗也。不幸而宗子無嗣，必以同宗之支子繼之。若兄終弟及，則與五世而遷之小宗無以異矣，此所以爲大宗後者爲之子也。豈所論於繼統之天子乎？大君者，天地之宗子，非族人所得而私，烏有所謂大宗、小宗乎？禮曰：别子爲祖，繼别爲宗。周公别子也，繼别者伯禽也。姬姓世世以魯爲大宗，非以周天子爲大宗也。今以大宗爲後之文，爲天子繼統之禮，宜乎諸臣之嘵嘵不已？夫至世室之號，世宗自謂皇考亦當敦讓，且云：「朕奉天法祖，豈敢有干大廟？」自豐坊倡爲明堂之説，嚴嵩和之，乃至稱宗配帝，大亂常經，使後人追咎璁、桂之濫觴，是則豐坊、嚴嵩者，又璁、桂之罪人也。

書賀烈女傳後

賀烈女，山西崞縣人。未嫁夫亡，奔喪守志，越三月，偕其婢安氏，投繯以没。賀氏兄生員某，走京師乞言爲表章。予傷二氏之死，又追念吾女之守義而卒，與賀等，於是舐筆而書曰：

人情所最苦，而甘之若飴，百折不可奪者，莫如女子。許聘夫亡，守志而繼之以死。功令年未三十而寡，迄五十得旌其門，獨室女未婚守節，及以身殉者，例勿旌。説者遂謂此詭僻之行，顯悖乎禮教，至比之異端邪説之爲世道害也。謬哉！夫所云悖乎禮教者，吾聞其説矣。曾子問云：「三月廟見，稱來婦也。」又曰：「女未廟見而死，則不遷於祖，不祔於皇姑，歸葬於女氏之黨。」未婚三月矣，徒以未廟見而不成婦，死而葬於女氏之黨，則未嫁者之不爲夫婦可知矣。又周禮媒氏所掌「禁遷葬與嫁殤」，釋云：「遷葬，謂成人鰥寡者。嫁殤，謂嫁殤死者。」不言娶可知也。然則未婚守節，固周公制禮之所禁歟？爲此説者，讀書泥於文辭，而不求其理之安者也。吾得而辨之。昏禮之最可疑，無如三月廟見。左傳：鄭公子忽如陳逆婦，陳鍼子曰：「先配後祖，是不爲夫婦。」夫先祖而後配，是未婚即廟見矣。或云鍼子所謂祖，乃告而親迎，非廟見也。信斯説也，既以親迎告矣。婦入而遲之三月而後見，事死如生之義，固如是乎？解者曰：三月之内，恐有可去之事，故不廟見。然則廟見矣，雖有可去之事，將不去乎？竊意春秋於親迎書「至」，至者，以婦之至告諸廟而見之也。是至日廟見之明證也。婚三月矣，擇日而祭於禰，亦云廟見者，前以新婦見，至是乃以主婦見也。禮曰：「若舅姑既没，則婦入三月乃奠菜。」註云：「如舅姑存時，盥饋特豚於室也。」又云：「此謂適婦供養統於適也。」然則衆婦與適婦之舅姑在者，將終不成婦乎？未三月而死者，歸葬乎？否乎？即就曾子問言之，親迎在途，而壻之父母死，改服布深衣以趨喪。釋云：「若冢婦則主喪拜賓，如以爲未爲婦也，安用趨喪乎？又安得而爲之主乎？」又曰：「取女有吉日，而女死，婿齊衰而吊，夫死亦如之。」夫婦人不出疆而吊，今以室中處子，於素不覿面之人，斬衰而哭，不謂之夫婦可乎？周禮禁遷葬與嫁殤，語不可解，意自周公制爲合葬之禮，遂有已葬而遷祔者，有未嫁長殤而葬於夫族者，此以私意牽合附會，而於義無所取。故禁之以防其流，非未婚守節之謂也。或疑詩書史傳所紀，未聞有此，是殆古人所不爲歟？抑有之，而載筆者擯弗録歟？曰：正史以格於令式而缺焉未備，其他雜見於傳記小説，則儒者所不道也。然易、詩有之矣易歸妹之「上六」曰：「女承筐無實，士刲羊無血。」朱子本義謂「約婚而不終者」。夫不終矣而猶歸，儼然婦贄於舅姑也，而婦之義則虚矣。柏舟之詩曰：「髧彼兩髦，實維我儀。」兩髦者，剪髮垂眉，本童子飾，成人弗去，示人子事親，已長，不忘孺慕也。詩蓋曰：「彼垂髫者，孰謂非我匹乎？」小序謂「衛世子共伯妻作此以自誓」，豈有世子妻寡而可奪而嫁者乎？况考史記衛世家，共伯之死，已立爲君矣。序與史記俱不足信。要之此詩爲節女誓志而作，無疑矣。且古今禮俗，固有未可概論者。古者風俗淳厚，所重在禮；今世人情反覆，所重在信。非謂信行而禮可廢，不使不信者藉口於禮之未備也。律載已報書及有私約而悔者笞，别聘者改正，豈不以一言許諾，夫婦之倫已定，而終身不可易。夫是以貧富貴賤之中更，以及流離瑣尾，兩不相知，至於愆期，而卒不敢他乎。夫生而悔者，嚴其罰，死而不二者，斬其旌。國家立制，夫豈苛刻於節女，其謂此非常之事，聽有志者之自爲，若樹之風聲，將有作而致其情者矣。夫國家無旌法，則無所冀幸；詩、書隱其文，則無所效法。無所冀幸效法而爲之者，發乎至情，而不容自已者也。予長女許嫁李氏，既有吉期，而婿死，女守節十有三年而歿。矢志之初，有引禮經難之者，曰：「吾知非禮，吾志不可强也。」將歿，曰：「勿請旌，本無可旌也。」吾女自以爲不合於禮，而不能强其志之所不爲。若賀氏者，則不知有所謂禮，而直率其性之所欲爲而已。斯所謂無所冀幸效法，而發乎情之不容已者乎？獨是殺身所以全節也，賀既得行其志矣，奚以死爲？曰：賀欲爲夫立後而不可得，而族人之眈眈者，且以郝老方卜宅於賀之北鄰，將謂賀氏以節爲名而據其夫家之産，污孰甚焉！以是憂憤激切，而之死以畢其志也。悲夫！抑更有異者，賀之守爲夫也，安何爲乎？賀之死殉夫也，安何殉乎？賀初聞喪，以守志告其父母，父母不許也。安氏從旁贊曰：「悟姑可爲，誰不可爲者？我願偕往相依。舉世嘵嘵之口，不足聽也。」言訖，二女瞠目相對，激昂之狀，形於面顔。維時鄰里族黨之愛憐賀氏者，一室嘈雜，各以不入耳之言相勸勉，及聞安氏語，舉座凛凛，不能置一喙。而賀氏父母，惟熟視二女，欷歔太息已耳。夫以賀之至性孤行，固不待將伯之助，而力排姑息之論，以成就乎不朽之節者，安之爲功，於賀不少矣。然則賀死而安之志畢矣，即不從死，於賀乎何負？於安乎何損？而安之意，以爲賀之守節而死，吾則成之，賀死吾生，是厚於人而薄於己也，豈徒事主不終已哉？賀爲夫死，安爲賀死，各行其意之所是，而安之慷慨殉義，尤創前人所未有，實奇而不失其正者也。賀生詣予，得叩二氏，自幼至死，貞静幽閒之狀甚悉。漳浦蔡少宗伯已爲之傳，予不贅。安氏所謂「悟姑」者，賀之同里人，未嫁夫死，守志以養其舅姑，以孝聞。

賑饑諭平陽諸生

各屬饑册數百萬户，而生儒不與，初怪有司匿不報，既而思士子讀書勵行，首先立志，若蒙袂輯履於有司之前，與凋瘵齊民比肩乞賑，得請則嗟來，不得則麾去，辱身賤行莫此爲甚。此諸生所以寧死不願登名饑籍歟？雖然，國家設學校以養士，苟坐視捐瘠而莫之救，司此土者，咎將安辭？使者經過地方，親見諸生尫羸之狀，不禁惻然。嗚呼！硯田之豐稔無期，藝圃之逢年尚遠。向隅獨泣，實切傷心，於是酌量周恤，除平日多事及有産業者不給外，其實在饑困之廩增附生，每名給米若干，計平、汾二府及沁州、陽城四十八學，共需銀若干，使者暨兩院司道府州縣分别捐湊，先飭所司，查明册報，發學給領。越旬日，平守率諸生來謝，相見問饑困狀，咨嗟嘆息，伏地不能措一語，於是離席而告之曰：「士之品有三：其上者，吾性吾命足乎已無待乎外，雖簞瓢屢空，樂在其中，富貴貧賤，何足動有道之中乎？其次則讀書談道，立志卓然，以天下爲己任，才猷生於動忍，氣骨鍊於艱貞，窮困之來，天之玉我於成也，夫何患下逮文人才士，曠達風流，雖半菽不飽，而蕭然高致，歌笑自如，饑寒所勿惜焉。諸生學孔、顔之學，樂孔、顔之樂，處爲真儒，出爲名臣，震世功名，不出講道論德之外，而文人才士之曠達風流，不足道矣。若夫俗士希榮慕寵，凡可以爲身家温飽計者，何所不爲？至如袒褐疏食，對客赧顔，鮮衣美食，則揚揚得意，孔子所謂恥惡衣惡食者，未足與議也。山右風氣剛勁，多志節之士，聞吾言，其必有勃然發奮者，則此升斗之給，所以振諸生道義之氣，非徒資一口腹之養已也。

勸積儲

晉人習慣貿遷，不知重農積粟，往往家累鉅萬，而廩無一歲之儲。使者奉命糴賑，惟見山農野老，負擔和糴，平日挾重貲操奇贏之術者，朝買暮炊，與窮民等。古稱唐魏之民，長顧遠慮，今何貿貿也？使者一片婆心，不憚諄諄勸諭，凡爾有力之家，尚留心積儲，歲屯千餘石，十年之間，可得萬石，晉地高燥無霉蒸之患，遞年出易，有增無減，遇荒歉，則稱貸鄉人而蠲其息，自贍贍人，兩利之道也。

或曰：「徵賤徵貴者，商賈之故智也。如公言，將有假積粟備荒之名，爲龍斷罔利之計者。

平時一出一入，乘人緩急，而低昂其值，窮民陰受剥削者，不少矣。即使稱貸於荒年，而權衡子母，較量錙銖，勢必盡窮民之田廬子女罄歸富室，而又因以市德於鄉人，任其横暴凌虐，而莫與抗，爲害非淺也。予曰：「不然。物價之貴賤，物操之，商賈聽命於物者也。糴者多則不賤，糶者多則不貴，此常平所由名也。縱使權衡子母，較量錙銖，不愈於坐視捐瘠乎？且吾所以勸諭富民者，非徒爲窮人計也。每見富商大賈，驕淫恣睢，無所不爲，曾幾何時，有身罹水火盜賊牢獄之慘者矣，有一再傳而子若孫，沿門丐食，展轉溝壑者矣。多財者怨之府，而況以刻削得之耶？然則爲若輩計，有可以免於禍，而亦不失其爲富者，莫如舉悖入之財而順出之。順出者，非必傾所有以予人也。宮室臺館、裘馬優妓、宴遊逸樂之暴殄，歲盈千萬，省其一二，可活饑凍垂死若干人。天生財以養民，止有此數，而富豪暴殄，以供宴遊逸樂之用，是所暴殄者，民命也，非財物也，有不干天譴者乎？若以其暴殄者活垂死之民，於己無損，而邀福於天者必多，利孰大於是乎？商賈能體吾言，方惶悚股慄，求所以懺其愆尤而免於天譴，所謂乘人緩急以爲利，而權衡較量剥削其鄉人者，不禁而自息矣。商賈利察秋毫，而於其大者反不知務，無有以禍福之説告之者也。今而後，將以吾言爲龍斷矣。」

募鑄金鐘引

自辟雍鐘鼓之化衰，而浮屠以空虛寂滅之學，鼓簧東漢，愚夫愚婦，趨附響應，以迄於今，安得大成金聲，一發猛省耶？雖然，世固有釋其名而儒其行者，不大愈於儒名而釋行者乎？此先儒韓文公，所樂得而稱道也，定慧僧□□，殆其人歟？□□本儒家子，自幼薙髮爲僧，稍長，涉獵儒書，氣宇春容爾雅，如文人才士。一日詣予，乞爲募鐘引，予不文，又不樂爲僧道募疏，拒之再，而□□請益固，不得已，爲握管焉。夫五行各有定質，而金獨從革，革而爲鎛銍，爲鋤犂，農資之爲斤爲削，工資之爲斧錡錢刀錐錯。凡民日用資之，而其上焉者莫如樂器，而樂器又莫如鐘。鐘之音宮，律應黄鐘，而爲八音之主。蓋天地之中聲，於是乎在也。顧鐘之用不一，而明堂，而清廟，而郊壇瞽宗，懸以虡業，飭之崇牙，□乎莫以加矣。次則更樓戍閣，以警夜而衛民，其功良不淺。若夫梵宫佛寺，與木魚紙幢伍，價斯下矣。吾聞釋氏鐘鳴，則百神合忭，鬼下拜，斯説雖誕，而於幽格鬼神之義爲近似。又聞崖谷多魍魎及蟚虫爲民害，聞鐘聲則警而遁。由前之説，幻而近實。由後之説，則確乎有據。持此以募金，固不必侈福田利益之説，而踴躍襄事者衆矣。夫錫曰飛，花曰雨，皆憑虚幻影，而鐘之用，獨不失乎其實，是猶釋名而儒行者之入而不濡乎？□□之詣予也，奇聲爲之介。奇聲工吟咏，喜論古今得失事，是又釋而深於儒者，其以吾言爲何如耶？

與王遜功司寇論氣質之性

論性而言情與才，自孟子始。才者，才力也，才幹也。性發而爲情，才則效能於性情者也。仁能愛，義能敬，禮能讓，智能知，凡天下萬事萬物，莫非此心此理之良能。而有不能者，非不能也，不用其能也。此孟子之所言才乃天命之性之才也。成性以後，理麗於氣，氣有清濁之分，才亦隨之。姑息非能愛也，而不可謂非仁。鹵莽非能斷也，而不可謂非義。善反之，則其所不能者，正其所以能也。此程子之所言才乃氣質之性之才也。氣質之性之才有不善，而天命之性之才則無不善。故曰：爲不善，非才之罪也。集中有云，孟子所謂才，即程、張所謂氣質。淺見於此，不能無疑。變化氣質，固存乎人，然當其始，則氣質固不能無咎焉，豈得謂非其罪乎！況孟子既以情驗性而斷其爲善，若以才爲氣質，則當云，若夫爲不善乃氣質之故，不當云，非氣質之罪也。至云善正從相近處見，相近亦正從善處見，二語最爲醒豁。顧愚更有進者，善不但從相近處見，亦可於習而相遠處見。所謂相近、相遠者，如分途各出一上一下，上者愈上，下者愈下，漸行漸遠，或相什伯，或相倍徙，或相千萬，而無算者，其原頭總從一路上來。若原是兩路，又何從較其遠近乎？周子通書云：「性者，剛柔善惡，中而已矣。」有生之初，剛善柔善者，去中無幾，即剛惡、柔惡，亦未至於甚遠。迨習焉，而各隨其性之所近，而一往莫返。不但惡者益惡，而善者亦流於惡矣。然姑息鹵莽，都由仁義而起，非仁無緣得愛，非義無緣得斷，非愛與斷，無緣得姑息鹵莽。惡者，善之惡也，知惡爲善之惡，益知性之無不善矣。因讀大集，觸類及此，未知有當否？

與蔡少宗伯校訂名儒傳

檢閱名儒傳，似宜少爲增損。西京儒者，掇拾斷簡於灰燼之餘，厥功甚巨。如高堂生之傳儀禮，杜子春之傳周官，微二儒者，後世欲聞先王禮制，可得乎？毛萇説詩本大小序，與尚書、左傳、儀禮往往相合，朱子亦多採其説，明經之功，詎在鄭賈下？此三儒自唐宋來配食瞽宗，不謂之「名儒」不得也。若東漢桓榮，雖博綜經術，而論著無傳。兩漢如桓比，固自不少，録之不勝録也。又傳中稽古之力，爲學之利，語甚鄙陋，未可爲訓。他如曹褒慕叔孫通定漢儀，志趨卑陋，謂之禮經功臣，可乎？荀淑亦可不存，或列荀爽於名臣，荀淑附見，可耳？黄憲言行無可考，而當時諸賢達無不悦服，奉爲師表，然以十四齡童稚，比之復聖顔子，其誰信之！竊意魏晉名士，風流清遠，見者無不絶倒，憲豈其濫觴歟？陳蕃云：「三日不見黄生，鄙吝復萌。」凡放曠者以拘謹爲鄙吝，故卞壺謂「執鄙吝者，非壺而誰」。然則陳蕃、周舉之於黄生，其所悦服者，蓋可知矣。論古而苛求刻駁，固非厚道。然録名儒傳，則不可不慎。郭泰言論風旨，亦微近曠達。漢末諸君子，風節凛凛，雖過涉滅頂，不失爲舍生取義，必以置身事外者爲賢，亦未爲通論。況泰已隱居不仕，而周流列郡，日與諸名流交相標榜，其不罹黨禍，幸也。王充之論衡，徐幹之中論，與六經之旨有無發明，是未可知。二儒立傳，則宋以後之遺漏者多矣。以上漢儒，宜增者三，宜删者七。自漢以後，學者崇尚虚無，以儒爲弊，典文放棄盡矣。東魯范宣，獨能於波靡陸沉中，毅然以儒自命。同時豫章太守范甯，亦力闢老莊，而宣之刻苦勵行，尤勝於甯。甯已立傳，宣宜並録。又梁皇侃經明行修，所著禮經解，孔疏多引用之。南北朝儒術陵替，存此以備一綫，可乎？

與族人書

范文正公自政府出歸姑蘇，搜外庫，惟有絹千疋，録親戚及閭里之舊，散之皆盡，曰：「族黨見我生長幼學壯仕，爲我助喜，我何以報之哉？」予嘗讀此，不禁流汗面赤，自予總角入塾，輒爲族中長老所愛憐，明子伯嘗語塾師曰：「此吾家千里駒也，爲我善教之。」年二十泮遊，舉族來賀，長老咸謂：「所望於子，不止是也。」丁卯迄癸酉，三次試鄉闈，斗米隻雞之贈甚夥。吾家赴試者不少，而予獨爲族人所親厚。比計偕北行，長老送予門外，慰勉丁寧，依依不忍舍，迄今一記，憶不覺淚下也。越十年歸里，舉族爲置酒食，自後歸省者三，丁艱者再，族衆爲醵錢，助喜賻喪，不一而足。而予歷官三十餘年，曾無尺帛之贈，此所以汗流面赤於范公數言也。

或云：「世有挾富貴以驕宗黨，宗黨欲得一見其面而不可得，如錢公輔所云者。公和平坦易，親親長長，如未仕時。見人急難，欷嘘歎息，解衣分食以恤之。又立祭田、學田，率族人以報本追遠，培養後學，公何負於族黨歟？」予曰：「不然。禮曰：『問疾弗能遺，不問其所欲。見人弗能館，不問其所舍。』註曰：『辭口惠而實不至也。』予於族之急難者，歎息欷嘘，卒無濟於其人之饑寒，非所謂口惠而實不至乎？又與於挾貴驕人之甚者也。先人倡捐祭田，族中踴躍佐助者甚多，學田所資纔百金，經營生息皆諸伯叔昆季之力也。予何與焉？

雖然，予聞贈人者，或以財，或以言。予何以贈族人？於貧者則曰：勤且儉以自力於衣食，貧不足患也。於富者曰：隨分周恤，冥冥中有佑之者矣。或曰：公不能恤族，而勸人周恤，徒貽口實，誰其從爾？曰：予之不德，予知之矣。所以勸勉族人者，爲貧者計，實爲富者計也。幾見有好善樂施，而不長子孫者乎？況族人雖歷數十世，其初則一人之身也。凡人父母祖父母没，則以不得侍養爲恨。有及事其高曾者，則又相與羡之。至於五服之人，多坐視其困而莫之惜，甚而身享温飽，而親兄弟有饑且寒者。吾以爲此人即有父母祖父母高曾祖，必不能養，縱令能養，而高曾祖父之子若孫饑且寒，高曾祖父食能下咽乎？由此推之，上至於百世，苟懷木本水源之思，未有不惜其族人者也。

比聞吾鄉連年歉收，族中枵腹待斃者，十之一二，而倉庾陳朽，閉而不發者，亦間有之。噫！何其忍也！顧咸正賑荒問答云：饑民一日得米數勺，可以不死，計一歲每一石，可救一人不死。荒年珠粒，僅有此數，不在饑民腹中，則在富室廩庾中。今閉一石不發，必有一人死者，閉十百千石不發，必有十百千人死者矣。然則除日給外，其餘廩庾中陳陳堆積者，皆堆積死人皮骨血肉腦髓也。夫省一酒食之費，可活幾人？省一交際之費，可活幾人？省一簪珥衣被之費，可活幾人？省一布施僧道禮拜神像紙錢牲牢之費，可活幾人？以種種活人之物，而靡費於無用之地，以爲豪舉，是合數千百死人之皮骨血肉腦髓以爲豪舉也。忍乎？不忍乎？

吾嘗推其説，以爲穀粟者，天所生以活人，偶寄吾廩庾中耳。而吾乃竊據天之所以活人者，轉而殺人，殺人者死，而況殺數千百無辜之饑民，罪深孽重，必有奇禍，近於其身，遠於其子若孫，是廩庾中陳陳相因者，非徒堆積饑民之皮骨血肉，實堆積其身及子若孫之不測奇禍也。由此言之，則救災恤患，施之泛泛途人，所不容已而況吾一本耶？予嘗書此以自警，併示諸子弟，以動其惻隱之心。今以勸勉族之伯叔昆季，較金帛之贈，爲何如也？

與白中丞

江右文章節義，代有傳人，邇雖日就衰替，而後來之秀，可造者不少，所賴當事諸君子培養而振作之耳。然禱祀求而未得者，好之不真，爲之不力，且百慮攖心，置千秋盛事於膜外，求其好士右文，實政實心者，戛戛乎難之。

先生自臨莅以來，軍國要務，吏治民生，鴻纖畢舉，亦既户頌而家祝矣。頃乃遴選十三郡能文之士二百有奇，肄業豫章書院，其不在所選之中，而願來學者，又百有餘人，一體給與廩餼而教育之。又特疏請增賓興解額，比於京闈。凡以鼓勵人才，廣國家菁莪棫樸之化，意良厚也。非好之真而爲之力，安能若是乎？

顧惟士所貴乎讀書者，窮理格物明善以復其初耳，非欲其博聞强記，以資口説，工文詞已也。國家以制義取士，雖程朱亦不能廢此而不爲。然制義之設，所以闡發六經之微言，必於聖賢義藴，研精熟習，體察於身心之間，而實有所得，而後能津津言之有味。此取士之法，所以寓課行於衡文之中，以求得真才實學而用之也。今之士子，朝夕諷誦，未嘗一體察於身心，及搦管爲文，則多方揣摩，曰：如此而元，如此而魁。是以文章爲邀榮之階，儒其名，市井其心，可恥孰甚乎？習俗日久，人不自知其非，必得名賢爲之師，一言一動，以身示教，而又懃懃懇懇，諭以義利公私之别，以動其羞惡之良，使反其揣摩舉業者，日孜孜於聖賢之學，斯可挽回積習，無負先生教育人才之至意矣。昔胡安定教授藕湖，凡遊其門者，不問而知其爲先生弟子。象山於白鹿洞講「君子喻義」章，聞者爲之涕零。是故非擇生徒而教之難，擇教生徒之人爲難也。先生嘗寓書聘錢塘沈位山先生矣，位山浙之名儒也，位山辭，而後别聘，其人必位山匹也。而先生於政治之暇，又時臨講習，諄切開諭，分别勤怠，學有進益者，輒加獎勵，不率教者黜之，從此人思策勵，有造有德，西江人文，彬彬日上矣。

抑弟更有請者，明儒配食瞽宗者四，餘干、新會，皆出崇仁吴康齋先生之門。先生研精義理，玩心高明，霽月光風，有「吾與點也」之意。胡之主敬，陳之主静，蓋學焉各得其性之所近。而静之流弊，至於專尚自然，則朱易而紫，非青出於藍也。顧餘干祀，新會亦祀，獨崇仁不與，豈非缺典？正嘉間，陽明良知之學徧天下，吉州羅整菴先生大聲疾呼，力排異説。先聖微言，賴以不墜，厥功巨矣。乃學宫舍整菴而列陽明，其何以訓？今聖天子崇尚正學，濂洛關閩之道，昭垂日星，倘蒙大賢特疏題請，吴、羅二公，配享文廟，定蒙俞旨，此千秋斯文之幸，非徒西江之光也。而樹之風聲，以勵後學，使法其鄉先生，以無背於正學，其裨益學校非淺矣。

復聞纂修通志，徵文考獻，顯微闡幽，俾山川文物，昭垂史册，誠盛事也。吾謂忠孝節義及山林隱逸之士，所在不少，必博採廣搜，登之志乘，以發潛德之光，斯爲盡善。然有司視此爲具文，教職以是爲利階，而芳行碩德之得達於上憲者少矣。吾謂即以咨之書院諸生，使各舉所知，既得其人，而後訪之輿論，行令有司，查明事蹟，具册結報，倘所舉有未盡實，則諸生之賢否，亦於此得其概矣。

答白中丞書

蒙諭里長之弊，及革除之法，不揣冒昧，請言其概：

里長者，一里之催頭也。十甲爲一里，按年輪充。以一甲之人，催九甲之糧，投歇取保，三日一次應比。按限守櫃守倉，奔走往來催攢之耗財耗力，已屬難堪，況兩稅經承有費，區書啚差有費，修倉鋪墊有費，領散歸補出陳倉穀有費，拆封有鋪堂費，上役退役有費，科場有棚廠费，新官到任有修理衙署費，種種誅求，約一百五六十金不等。即以敝縣論，向來均役，每甲以糧三十石人三十丁爲率。歲久盈虛消長，參差不齊，有浮於原派二三者，有虧缺十之六七，僅存數石數丁者，有糧多丁少者，亦有丁多糧少者。舊例差費丁糧各半，如需銀壹百，丁派五十兩，糧派五十兩，亦有以一丁並糧一石出費者。如石糧出銀一兩，一丁亦出銀一兩，糧猶可也，丁之苦不堪言矣。弟家五服以内，承充一二兩甲。五十一、二兩年，弟家居，正值連年里長，眼見族中有孤子無依，田無寸土，屋無寸椽，派銀至三四兩者，雖鬻其身不足以償。其他變産供役者，不知凡幾。此高安里長之大概也。若新昌，則紳衿例不承役，一切費用，盡出窮民，苦累尤甚。然苟幸一年役滿，無正項拖欠，無未完雜徭，無鞭撻桎梏牢獄之慘酷，則亦相與額手稱慶，謂不幸之幸，實意料所不到也。是故衣食粗足之農民，先二三年，輒省衣減食，銖積以待。其貧者屈指咨嗟曰：「不數年而大差又值矣，爲之奈何？」南方春夏之交，時氣傳染，每有瘟瘧之證，幸而不死，孱羸僅存皮骨，俗名此疾爲當里長。即此可知里民之苦難矣。

十三郡中，役費之輕重多寡不同，未有脱然無累者。惟建昌之南豐，南康之建昌，向來革去里長，地方至今蒙福。他邑有無革除，弟離家日久，未能盡悉。

或云：「但須禁止陋弊，止令承催守櫃。」然勢有不能者。吏役之奸黠，雖賢明父母，難於盡察，且循良不可數得，弊端久而復萌。莫若盡革里遞，使役不見民，民不見役，爲拔本塞源之上計也。來書云「有小民願充里長」者，此必多丁多糧之里甲。丁糧雖多，出而任役者，不過五六人，愚農不能任，商賈藝業之人不暇任，紳士不許任，其任者類能書能言身閑無事之人。有爲衆人推引，辭之不得者。有慷慨樂事，衆人阻之不能者。辭之不得而充者，費力而不費錢。慷慨樂事者，豈惟無害，且以圖利。派多用少，假公營私，其爲里民累，抑又甚焉。又多事紳衿，及在城不肖之徒，結官交蠹，每以革去里遞爲失利。

向來瑞守李公祖，亦有詳革之議，爲此輩流言所惑，遂爾中止。所望先生鴻才獨斷，法在必行，萬世之利，在此一舉。至革里遞，用滚單，必先有花户細册。信如尊諭，敝鄉聚族而居，花户細册，開造容易。但令本年里長，逐户查編，先出示曉諭，嚴禁册費，有抗違者，嚴拏究處，不數月間，册可取齊矣。弟至愚至拙，於吏治實無所知，惟念敝鄉凋殘日久，幸得一代名賢，秉節在上，未及三載，釐奸剔弊，百廢俱舉，出湯火而登衽席，百餘年未嘗有此，是以前札冒昧瀆陳，不蒙督過，而殷殷下詢，敢縷述數年前所見陋弊。迂拙之私，欲爲桑梓久遠計。若此時風清弊絶，役猶不役也，雖不革除，亦何害焉？

族譜闕疑

里中之社山水港，港西林山，皆吾同姓巨族，而社山與吾家居比廬，耕並壠，啓户而出，比肩錯趾，喜相慶，憂相吊，有無相通，歲時臘社相宴樂，學士文人，晨夕與居，相切摩，數百年中，未嘗一人一事牴牾，而譜牒卒不通者，前人當兵燹瑣尾之後，掇拾殘闕，補綴成書，子孫各保其先代之説，無所援據而歸於一也。吾家譜作自參政慕菴公，序云：「將歸謀之宗人社山水港，會而正之。」蓋其時，公以兵曹督税山海關，譜成，不自必其爲信書也。社山譜，自太僕密所公序云：「里中有祖孫父子科甲蟬聯者，相傳並爲一本，稱宗爲十三念子孫，蓋謂吾家也。」又云：「廷評公譜載念二十三兄弟，僉曰念所謂十三念，或在兹乎？」按社譜茶院環公下，爲廷儁，爲致魯，爲惟甫，惟甫子愛擇、愛振，孫貴納、貴絢，數傳而至夢炎，爲高安祖。吾家譜：廷儁生昭元，昭元生惟甫，惟甫又名景，生光庭，數傳而至弘毅字夢炎。社山誤以弘毅公字爲名，遂至前後錯舛。然夢炎之爲字爲名，究無稽焉。浙中多朱姓，最著者，海昌之花園，蓋紫陽裔也。嘗索其譜觀之，茶院迄惟甫，與吾譜同。惟甫子二，長迪、次振，振子絢，爲徽國祖無致魯愛澤名又惟則生托及掞，掞字光庭，此又與吾譜同而異焉。頃吴中士人，以朱氏宗譜四手卷求售，一繪唐茶院、宋集賢、忠靖、徽國，凡四像，一誥敕，唐迄宋合二十通，一記序，皆宋名儒爲忠靖、徽國作也。一系圖，載涔生瑋及環，瑋五世孫爲光庭，生子諤，諤生忠靖，下注某年卒，賜葬會稽剡山，子八人，而吾譜所稱弘毅公不與焉。考史傳，諤又名緩，秀州華亭人，其非偃師之子、蔡州之父可知矣。吾家舊譜，相傳忠靖手編，合宋儒序引具在，意參政公重輯時，舊譜雖殘，猶有存者，即不然，以公之賢而文，豈漫無考據而爲狄武襄之所不爲耶？顧有疑者，史稱忠靖出知洪州，改江州，都督淮陽，呂頤浩力引，入拜尚書僕射，同平章事，以憂去，起復右僕射兼知樞密院事。又數年，秦檜秉政，自劾罷，家居八年卒。而吾家譜，載公知洪州，遣子夢炎贅筠之雷氏，公從以老，卒葬石坑，似不若賜葬會稽之説爲近是已。太僕譜本豐城，豐城本歙州，然致魯愛澤已不啻魯魚之謬，矧豐城之與歙州，其同其異，未可知歟？嘗閲吴松沈莊譜，自南度始始祖，下至前明，中間名諱多逸，沈莊爲江南朱姓之望，代有名儒，由明迄宋，爲時未久，無難廣搜博考而缺焉不備，蓋慎之又慎也。今吾里中同姓，一本無疑，欲倣沈莊例，會校諸譜，同而信者仍之，異而疑者闕之，第云自某公至某公若干世，此合而不妨分，分而未嘗不合之道也。請以質之社山水港諸昆季，以爲何如？

族譜解惑

予作譜，例嚴以正，詞簡而盡，庶信今而傳後焉。而有未協者，如立後之説是已。

禮曰：「何如而可爲之後，同宗則可爲之後。」同宗者，同大宗也，必大宗而後可爲之後明乎小宗之不可爲之後已。何爲不可？爲人子者，舍是父而父人，非得已也。小宗有四，祖遷於上，宗易於下，非若大宗之百世不遷也。父之宗子無後，即以宗子之親弟，主祖之祀。若祖曾皆宗子，則祖曾之祀皆主之。而無後之宗子，附祭於父，再傳與其弟並祭於廟，亦至五世而遷焉。若高祖之宗子無後，則曾祖之宗子主其祭，曾祖之宗亦然。是高曾祖父之宗子，可不爲之後也。可不後而爲之後，是亦不可以已乎？同宗則可云者，爲爲後者計所後之人也。其人可爲之後矣，而後與計爲後之人。故又曰：「何如而可以爲人後？」支子可也。何取乎支子？適子自爲小宗，不得舍其宗而後大宗，故取支子。

或曰：「宗者尊也，族人之所尊事也。以平日尊事小宗之庶子，一旦立爲大宗，向之爲所宗者，今皆俯而宗之，亦覺不倫。況世禄之家，統緒相承，正宗絶而旁親入繼，必取庶而舍長，勢必越親而及疏。有如甲爲宗子無後，弟乙惟一子，將舍乙子而立從兄弟子，抑或從兄弟亦止一子，將立再從、三從，或親盡無服之子。以親屬所遺之爵禄，移之疏遠無服之親，此争端所由起也。況此疏遠者，又非一人者乎？」予曰：「就後代人情言之，不無此患。然人子之心，惟知有父，苟始祖之祀不絶，則天性之至愛，有非他端之所得奪矣。先王制禮，以順仁人孝子之情，而不强其所不能。禮制定，而不肖者亦範圍於其中而不敢過。彼較量尊卑疏戚之倫，爲世爵世禄計者，由禮教之不明也，禮明而此患息矣。」

或曰：「均子也，天性之愛，適庶何以異焉？」曰：「子雖百而爲後者一也。支子非樂違其父，然本不爲父後，不得已而後大宗，猶之可耳。知此之猶，可明乎非此之必不可矣。」

「顧猶有慮者，同宗無支子奈何？」曰：「以長子後大宗。諸父無後，祭於宗家，後以其庶子還承其父。此通典田瓊論也。漢石渠議亦云：大宗無後，族無庶子，當絶父以後大宗。竊意絶父以後人，人子之所大不忍也。古者天子諸侯之繼統，宗社爲重，無論長幼適庶，擇其親而賢者立之，雖絶其父後，所不恤耳。若士大夫之家，雖大宗不可無後，而所生必不可棄。禮云喪有無後，無無主。宗子無子，而同宗無支子可立，則以長子攝主喪祭，俟後有支子而立焉，可也。即支子必不可得，立同宗之庶孫爲宗子適孫，亦可也。又何用絶人之後以爲後乎？何必奪人之宗以繼宗乎？今宗法廢，立後者不分宗與庶，貧無立錐則已，但有田數畝、屋數楹，則必擇子而繼，而旁親之利所有者，且争爲之後，甚而累訟不休。風俗之惡，無過於此。孔子等爲人後者，於賁軍之將、亡國之大夫，先儒每以爲疑。嘗試思之，屬毛乎？離裏乎？有三年之愛乎？孰非人子，獨降爲期，於女安乎？而有不得不爾者，後大宗子也。後大宗子者，後宗子之父之祖之繼别之宗也。父厭於祖宗，故隆彼而降此。不然，而後非所後，是父人而自絶其父矣。比之釋氏之空桑、妾婦之外成，何異焉？其可恥且不止賁軍亡國已也。

田汝成云：昆弟異居者，當立後，幽以慰死，明以養生，敦彝倫，彌禍亂也。竊謂生雖異居，死得祔祭，烏用立後？即夫亡遺妻，以從子養世叔母，無不可者。邱文莊謂有大名顯宦不宜絶，此寓賢賢貴貴於親親之中，庶幾近是。然必實有德業聞望，爲國家光，若不虞之譽，非分之榮，無足算也。惟生時以序繼養者，鞠育之恩，等於毛裏，即爲之後而降其所生之服，猶之可耳。然有繼後自生子者，爲後之子，得歸本生。所後父母卒，無論親疏，服不杖期。抑或出繼後親兄弟没，本生父反無嗣者，亦當歸宗，而附所後於廟，他日以衆子嗣所後爲適孫。

又吾族有貧而鬻子於族人者，名曰乞養，乞養子者，不必已無子，有子而猶乞養，欲資其力以衛家耳。親子成立，養子當還本生。今乃一概書繼，不知繼者絶而續之謂也。有子而書繼，不祥莫大焉。先曾祖未生先祖時，養叔房朝信公爲子，向亦混載曾祖下。今欲改歸本生，而朝信之父不可考，不得已，書撫叔房子，而族之乞養子者，遂執此爲例，惑矣。曩赤城公欲以吾叔弟煨，後伯君馭公；仲弟焜，後伯子彙。子彙乃先叔祖縉雲公養伯房子爲後者也。今立譜，族人以子彙可不繼，君馭不可不繼。吾意亦以爲然。乃請嚴命，則曰：「若所謂非禮之禮也。長子不可絶者，以傳重也。吾兄卒時，先人方壯盛，後十年始生吾，又六年先人卒。兄雖適長，未傳重也，夫何後焉？況非大宗子，於禮原不得立後耶？」衆默然。然卒不能以是律族人也，至世族應繼之論不一。有謂後伯必仲之仲子，無則叔之仲子，不得越仲而及叔，亦不得越次子而及三四子。後諸弟必伯之仲子，伯無仲，乃以次及仲、叔、季子。亦有謂繼兄弟子，必從其多者。又謂長子外惟所欲繼。凡諸臆説，不載經傳，而於理無大謬。惟長兄子，有時年長於繼父，以之爲後，似屬不倫。至若一人而兩繼、三繼，一子而繼彼、繼此。又或獨子繼人，無子繼孫，此皆從財賄起見，滅情悖理之甚者也。今立譜，於此類再四譬曉，正其五六而有未能遽争者，姑從之而爲之解。

族譜辨異

族譜刻將竣，進諸子姓而告之曰：

自宗法廢而譜尚矣！顧吾竊懼夫譜立，而族屬真僞，益雜然莫辨也。寒門以趨勢而冒宗，世家以納賄而賣族。一議立譜，主者坐而居奇，附者趨若走市。列昭分穆，硬排生插，勢不至胡帶令、諸繫葛不止。吾族自漢司農公，至宋忠靖公，凡三十二世。雖舊譜詳載世次，而考之史志多不合，故概從闕疑。自忠靖公傳六世爲十三建，子孫支派繁衍，稽考爲難。向來紀系者，獨譜吾坡山，而他不與，蓋慎之又慎也。坡山自始祖茂翁公，迄軾輩，爲世十五，某爲某祖，某爲某孫，無難歷歷指數焉。雖然，吾烏知吾後人之不附世而冒宗乎？吾烏知吾後人之不納賄而賣族乎？是不可不慎其防而嚴爲辨也。如智夫、傑夫二公，爲上房祖，厥後轉徙，莫知所適，今有冒二公裔而來者，將以爲是乎？非乎？他若季房聚族於楚，韶公支某某商滇，華公支某某商黔，指不勝屈也。萬一有稱某某後而歸者，將信以爲然而收之乎？漢昭帝時，有男子乘犢詣闕，自稱衛太子，公卿雜識，不敢發言，雋不疑後至，叱從吏縛之，曰：「果爲衛太子，亦罪人也。」先儒稱其處事應機，合於古人。夫無故而捐親戚，棄廬墓，使其先餒而莫饗，是不孝之尤也。縱使復我邦族，亦何顔入先人之廟？况歷世已遠，漫無所據，能必其果爲某某子某某孫耶？義甫公住沙州裏，其爲吾親族無疑，然自公迄朝瑚、朝慶，中間八世，名諱失傳，惟朝慶生歡光。赤城公草譜，載生葬居址甚悉。今并其子孫，收入義公支下，令入廟與祭。此外有稱義公後者，皆僞也。叔房居下碧田者，僅存朝和、朝積昆季。其比屋之外六宅，世司龍舟，爲吾族役者也。又世恩録載港西□□□西郎墻□桐墅，則伯長房應熺公所暫居，後仍返祖宅，非他房所得而托也。種種疑似，不勝釐辨，而可類推。自今以往，傳之世世，子子孫孫，溯流窮源，脉絡井井，不獨他氏弗得冒，即遠宗亦不妨同而異。其有不肖輩，附勢納賄，妄爲紐合攀援者，吾祖宗當誅而殄之。是爲辨。

朱文端公文集卷三

冠者見

見即拜也。未有往見而不拜者，故不言拜而言見。不然，冠時兄弟具在，烏用見爲？或曰：「拜，兄宜也，弟可言拜乎？」曰：「兄弟云者，就所見之諸昆言之。凡一從、再從者，俱統之以兄弟云。故後入見姑姊，不言妹。敖氏集説謂『妹未冠，不與爲禮』，則弟亦不與爲禮可知。然則何以云答拜？冠者拜兄，兄以其成人也而禮之。再拜者，兄與冠者互拜也。冠者答拜，則兄受而無辭。答者，謝也，謝兄之與爲禮也。卑幼見尊長，率由是。至北面拜母，非送脯也，而適當執脯，□就脯言之，意冠者取脯適東壁，北面跪奠脯，再拜興，執脯進於母，母使人受，子又拜，母亦起而拜，有似乎拜受拜送者。然取脯而進之母者，告冠也；母受脯而拜者，知子已冠而禮之也；母又拜者，禮婦人俠拜，非子既拜，而母又拜之也。考周禮九拜曰：稽首、頓首、空首、振動、吉、凶、奇、褒、肅。稽首者，頭至地而留也。頓首者，頭叩地也。稽、頓，頭俱至地。稽則留地稍久，頓至地即舉，若以首叩物也。空首，拜頭至手，書所謂「拜手」也。振動者，戰栗變動，書曰「王動色變」是也。吉拜，拜而後稽顙，謂先作頓首，後作稽顙，期以下拜是也。別於三年之喪，故曰吉、凶拜，稽顙而後拜，斬衰拜也。奇讀「基」，與褒對，一拜也。褒，報也，謂再拜也，肅俯下手也。九拜稽顙最重，空首輕，肅尤輕。冠禮所謂「母拜」，肅拜也。

冠者見於母，母起立而與爲禮也。古人席地而坐，有所敬，則伸腰而起，兩膝抵席，拜則俯下手，頭不至地。樂府所謂「伸要再拜跪」是也。今不地坐，但起立曲身，叉手引下，前裾沾地而已。見於姑姊，如見母。注云：「如見母者，亦北面，亦使拜。」竊意見姑姊不當北面，且母拜受冠者拜送就脯言之，見姑姊則無所謂受與送也。姑雖尊，不得比於母，姊則猶乎兄也。不但見姑姊不如見母，即見姊亦不得同乎見姑。禮經謂「姑姊之俠拜如母」，非冠者見姑姊如見母也。

又禮無見父之文，豈有見於兄弟、見於姑姊、見於鄉先生，而獨不見其父者乎？若云父主冠，故不見，則兄弟具在，又何以見也？禮已孤而冠者，掃地祭禰，而後見於伯、叔父，豈父存而反不見乎？孟子曰：「丈夫之冠也，父命之。」今終冠無父一辭，可知禮經殘闕，非復周公之書矣。

笄禮

儀禮：「女子十有五年許嫁，笄而字，雖未許嫁，年二十而笄，禮之，婦人執其禮，燕則鬈首。」注：「婦人執其禮，明非許嫁之笄。謂未許嫁而笄，則不戒女賓，而自以家之諸婦行笄禮也。」疏：「既未許嫁，雖已笄，猶以少者處之。故既笄之後，復去笄而分髮爲髻紒也。」予謂所貴乎賓者，謂老成典型，堪爲小子師耳。故戒賓辭曰：「願吾子之教之也，願吾子之終教之也。」不然，正纚加冠，一僕隸任之有餘，烏有賓爲？女之笄，猶男之冠也，許嫁而笄，與未許嫁笄，均笄也。婦之賢而習禮者，求之姻親中，恐不易得，今以家之諸婦執其禮，能必其賢而習禮乎？將不擇而使之乎？不待嫁而笄者，欲早責以成人之道也，而苟簡若是，是不以禮教也，何如不笄且與其使諸婦也？何如母自爲加？竊意經言婦人執禮，謂加笄母爲主，而賓以女父不與焉，非未許嫁不戒賓之謂也。燕則鬈首者，謂笄後有事則笄，燕則卸之。若云已笄猶以少者處之，則何不待許嫁而笄乎？今俗親迎有期而後冠笄，似乎可從，蓋婦人外成，未嫁尚可少寬其責也。

擇婦

虞翻與弟書云：「長子容當爲求婦，遠求小姓，足使生子。天其福人，不在貴族。芝草無根，醴泉無源。」竊謂此論，可破世俗扳附之妄。然必求小姓，則亦未當。鄭公子忽辭齊婚曰：「齊大國，非我匹。」所謂「匹」者，惟其稱而已。勝我者非匹，不如我者亦非匹也。芝草不生糞壞，醴泉不出污泥，此必然之理也。

大戴禮云：「謹爲子孫取婦，必擇孝弟世有行義者。如是，則其子孫慈孝，不敢淫暴，黨無不善，三族輔之。故曰：鳳凰生而有仁義之意，虎狼生而有貪戾之心，兩者不等，各以其母。」晉武帝爲子擇配，曰：「衛氏種賢而多子，賈氏種妬而少子。」即戴記「各以其母」之謂也。擇婦者可不愼歟！

納采問名納書納吉

儀禮：賓至納采，致命出，擯者出請事，賓入問名。是納采問名一使，一時事也。納采者，以男名進而告之女氏，使采擇也。辭曰：「惠貺室某。」某者，男名也。然女擇男，男亦擇女，故問名，而主人曰：「以備數而擇之。」

或曰：「既以媒妁通言而許之矣，夫何擇焉？」曰：「擇者，擇吉凶也。婚姻大事，雖年相若，德相稱，人事本無可擇，猶必待命於鬼神。」

曰：「然則女氏亦卜筮乎？」曰：「在古有之。懿氏卜妻敬仲，晉獻公筮嫁伯姬於秦，是也。士禮無之，謂男之吉，即女之吉也。故納采致命，女氏無答辭。納吉乃曰：『子有吉，某與在，某不敢辭。』疏曰：『夫婦一體，夫既得吉，婦吉可知。』故曰：與其卜筮者，爲男擇女，亦爲女擇男也。納吉，則擇定而婚禮可成矣，故從而納徵。徵者，証也，成也。束帛儷皮，假物爲証，以成其婚姻也。故納徵又云納幣。」

曰：「前此不嘗以雁往乎？」曰：「雁非聘物，乃賓贄也。贄必以雁者，取不再匹之義。士贄應用雉，今用雁，爲婚姻也。故禮云『下達用雁』，無貴賤一也。」

曰：「納采問名，一時事也，何以再用贄？」曰：「重婚姻也。且納采、問名，兩事也。」「然則卜筮不吉，將奈何？」曰：「不吉，則男氏以所卜筮告之女氏，女氏將曰：『某之子不教，今卜筮不從，敢辭。』此所謂采也。」

曰：「周官：婚禮必先問年月日，而後及乎名。儀禮問名不問生年日，何也？」曰：「爲卜筮也。卜筮必以男女名告鬼神。名者，別也。子非一子，女非一女，故男名待告，女名待問。若生年月日，媒氏已通言而知之矣。禮辭曰：『敢請女爲誰氏。』疏謂不敢必其爲主人子，故問之，不知納采已云某之子矣，何問焉？」

又曰：「問所出之母也，取其女而問其母，亦屬無謂。詩曰：『仲氏任只。』氏，即名也。誰，何也。問女何名也。然則禮何以無答詞？」曰：「婦嫁則稱氏。女子不以名行，故不以名面告使者。意必書而致之也。」

同牢合巹

禮：「婦至，主人揖婦入。及寢門，揖入，升自西階。」按主人謂婿婦至，婿道自西階入，義取倡隨，故主人不於東階也。贊者徹尊，舉者陳鼎於阼階，贊者設醬，設豆，設黍稷，告具，揖婦對筵坐，告者贊揖者。婿也，陳設雖於阼階，既具移於室，贊出户，婿乃揖婦坐，所謂爾黍授肺者，意必贊唱於户外也。三飯卒，贊洗爵，酳婿婦，婿婦拜，贊答拜於户内。可知未酳，贊在户外，洗爵酳酳，乃入户内也。所謂户内，亦必遠於筵，非即筵而拜也。然贊酌婿婦，贊復自酢婿，婦答贊拜，贊又答婿婦拜。是非同牢也，合巹也。一室獻酬，婿婦與贊爲禮也。禮：非祭，男女不交爵。女子已嫁而返，兄弟不與同器而食，而况贊乎？而况新婦乎？此禮家之謬也。至媵御餕餘而贊酳，更屬無謂。

醴婦饗婦

昏禮：「夙興，婦沐浴以俟見。質明，見婦於舅姑。執笲棗、栗、段、脩以見。贊醴婦。婦祭醴，成婦禮也。舅姑入室，婦以特豚饋，明婦順也。厥明，舅姑共饗婦，以一獻之禮，奠酬。舅姑先降自西階，婦降阼階，以著代也。」按婦見舅姑，舅姑禮之；婦饋舅姑，舅姑又饗之。禮何頻也？尊甒俎鼎、黍豆酒醴、脯醢特豚魚腊肺脊醬湆之陳設，拜、送拜、受祭、洗爵、奠酬、飯錯、周旋、升降之儀節，何其縟也。一堂之上，有贊有御，有娣有媵，舅有宰，姑有司，紛紛籍籍，而婿不與焉，不知置婿於何地也？贊何人斯，而見婦酌婦。婦東贊西，相面也，相拜也，相答也，男女之別謂何？同牢而御媵互餕，謂取陰陽往來之義，猶之可也。御餕姑餘，媵餕舅餘，此何説也？

互餕互衽

儀禮：「主人脱服於房，媵受。婦脱服於室，御受。姆授巾。御衽於奥，媵衽良席在東，皆有枕，北上主人入，親脱婦之纓。燭出。媵餕主人之餘，御餕婦餘。贊酌外尊酳之。媵侍於户外，呼則聞。」呂叔簡先生曰：「互餕，誨嬻也。婿從必男，婦從必女。新婦口餘而男餕之，可乎？若兩從皆女，奚取互哉？」又曰：「媵侍户外，呼則聞，禮家之猥也。婦脱服，婿從者受之，禮家之陋也。賓在客位，女賓在中堂，而婿婦脱衣燭出，禮家之謬也。」

按褌褷枕席，婦所有事，夫婦始接，情有廉恥，故使媵受婿衣，衽婿席，爲婦執事也。御之受衣衽席，答婦也。媵餕婿餘，勞之也。婿勞媵，故婦亦勞御。御不侍户外者，以婦爲主，故不用御也。呼者，呼而使令之，此居室之常，無足異者。且媵不於户外而於何歟？媵，送也，送婦者也。御，迓也，迎婦者也。上文「婦至，御媵沃盥交」，疏云：「以其與婦入爲盥，非男子之事。」明乎御亦女使也。豈有男御而爲婦沃盥衽席者乎？細玩禮文，周詳慎重，下逮媵御，莫不矜莊嚴肅，閨門之内，無狎無褻，相敬如賓，初接而已然矣。吕氏反謂其嬻而猥，何也？至云賓在客位，女賓在中堂，不應脱衣出燭，不知所謂賓在者何據？豈以贊酌外尊耶？贊非賓也，酌而酳者，媵也，御也，非賓也。朱子增禮賓一條，於同牢之後謂禮送者於婦至之日，非必待燭出而後禮賓也。脱衣者，脱去上服也。燭出，爲媵御餕餘，非必室中無他燭也。固矣哉，吕氏之爲禮乎！

廟見

禮：「婦入三月而廟見。」解者曰：「歷三月而婦無可去之行，而後廟見而成婦。」若然，則廟見矣。雖有可去之事，將不去乎？若猶去也，何取乎三月而後見也？父母之於子婦，祖父母之於孫婦，未有不欣喜愛憐、相見依依而不忍捨者，死猶生也。若必遲之三月而後見，此三月中，祖父母、父母有知，悦乎？否乎？子心安乎？不安乎？冠禮：既冠，掃地祭禰，而後見於伯叔父。昏禮何獨不然？婦入三月之内，見於宗黨親戚者遍矣，婿見外舅外母矣，而獨靳廟中之一扱，事死如生之道，顧如是乎？朱子家禮改三月爲三日。程子議以婚之明日。是皆以意斷，而於禮制終有未洽也。夫必明日、三日而後見者，豈非以未同牢合卺，尚不爲婦乎？自母以女授婿，御輪三周而來，已不爲女而爲婦矣。春秋於文公、宣公、成公夫人之至，皆稱婦。蓋婦者，有姑之詞也。何待同牢合卺而後爲婦乎？鄭忽昏於陳，先配後祖，鍼子曰：「是不爲夫婦，誣其祖矣。」鍼子之意，謂不祖而配，無異野合，而猶以婦見，若未配者然，是誣罔其祖也。

或曰：「鍼子所謂祖，告親迎也。」信如斯説，既以親迎告矣。迎至而不見，何如不告乎？昏禮納采納徵，皆告而往，歸而復，以告。何獨親迎不然乎？春秋於婦入書至，至者，以至告諸廟也。哀姜不書至而書入，傳曰：「不至者，不可以見宗廟也。」此至日廟見之明証也。議禮不衷於春秋，而遷就附會乎漢儒之説，未見其有當矣。記曰：「三月祭行。」祭行，即廟見也。不曰祭而曰見者，前以新婦見，至是以主婦見也。必三月者，鄭注謂三月天道一變，乃可以事神。且三月之内，人事紛錯，不誠不敬，必三月而後可齋戒潔蠲以祭也。又曰「擇日祭於禰」者，猶父母存者，既以棗栗段脩見，又饋特豚於室，故不嫌數也。凡此皆爲冢婦言也。若衆婦至，日一見已耳，三月祭行，奠菜於四親也，擇日祭禰，則不及其祖矣。

或曰：「婦至次日，乃以禮見舅姑，廟見何必不於明日、三日乎？」曰：「見舅姑之必於次日，猶廟見之必於至日也。禮緣義起，各適其宜而爲之制，而禮得矣。」

同姓不婚

律禁同姓爲婚，分别問罪離異。禮云取於異姓，所以附遠厚别也。故買妾不知其姓，則卜之。又曰：「同姓雖遠，男女不相及，畏黷敬也。黷則生怨，怨亂毓災，災毓滅性，是故娶妻避其同姓，畏亂災也。家語曰：「同姓雖百世婚姻不得通，周道然也。

今世古道不講，同姓爲婚者，士夫家時復有之。獨吾江西，則村野田夫、奴隸下賤，亦知其不可。吾謂禮失而求諸野，其必於吾鄉乎？友人王帶存嘗云：「姓氏有分别。同出一祖者，爲同姓而或異氏。不同出一祖者，爲異姓而或同氏。」鄭夾漈謂：「氏同姓不同者，婚姻可通。姓同氏不同者，婚姻不可通。」愚意同出一祖者，如魯出周公、晉出叔虞是也。同祖而異氏者，魯之孟季、晉之欒郤是也。異姓同氏者，其氏偶同，非真同氏，如晉有欒、齊亦有欒，魯有季、楚亦有季氏是也。自宗法廢，人有不知五屬之親者，何從别其爲姓爲氏之異。今有季人、欒人於此，考其果爲魯爲楚、爲晉爲齊耶？吾家之比鄰，有魯氏者，本葉姓，其女子出嫁稱葉，愼婚姻也。然不婚葉，并不婚魯，謂夫魯本出葉，而他魯之是葉非葉，不可知也。三代以後，有賜姓，無分氏，今人即氏即姓。雖有好古者，不能以無徵之言，爲之辨晰源流，不如據見在同姓不婚之爲確也。

曾子問

曾子曰：「昏禮既納幣，有吉日，女之父母死，則如之何？」孔子曰：「壻使人吊。如壻之父母死，則女之家亦使人吊。父喪稱父，母喪稱母，父母不在，則稱伯父伯母。壻已葬，壻之伯父致命女氏曰：『某之子有父母之喪，不得嗣爲兄弟，使某致命。』女氏許諾而弗敢嫁，禮也。壻免喪，女之父母使人請，壻弗取而後嫁之，禮也。女之父母死，壻亦如之。」

按男女婚姻，時爲大，禮次之。摽梅之迨吉，畏强暴也。綢繆之詩曰「見此良人」「見此粲者」，若謂不圖今夕得見，出望外也。以是知愆期之患匪輕矣。況室家嗣續，所關綦重。年三十二十矣，父母之心，能無汲汲乎？又或親老待養，井臼之供不可缺，女父母老且死，無期功之親可依，必待婚姻於三年之後，豈徒情有未安，勢亦有所不可。不寧惟是，天時人事，常出意外，假而鋒烟乍起，飢饉荐臻，轉徙流離之不免相待也，不相負乎？壻之辭，爲女計；女之辭，爲壻計也。古人之厚道也。

或曰：「納幣矣，因喪而易之，貞婦義夫，當其不然。」曰：「同牢而後成妻，廟見而後成婦，未親迎，尚未爲夫婦也。未爲夫婦，何不貞不義之有乎？女子已嫁，爲其父母降服期，既爲人婦，不得而子之也。若在室，則服斬衰，猶然子耳。知禮君子，忍以己喪累人子乎？」

曰：「果爾，何以許而不嫁？既不嫁，又何以許爲？」曰：「不嫁者，禮之常也。苟有故，如所謂女無依，男不能待，鋒烟飢饉之出於意外，則竟嫁矣。許諾者，不敢必三年中之必無故也。幸而無故，不敢遽嫁，此女氏之自處以禮也。男與女各盡其道，於此見古人之厚、禮意之周焉。曰女不敢嫁，婿何爲而不取？曰致命而諾矣，又從而取之，何以處夫有故而嫁者？曰請而取，於義無害乎？」

曰：「始而謝之，禮也。女氏再請，則復行納幣禮，如新議婚，誰曰不宜。待而弗嫁者，經常不易之道。有故而輒嫁者，權也。苟非有故，斷不得假愆期之説，而別嫁別娶。故曰諾而不敢嫁，禮也。」又曰：「請而弗取，而後嫁，禮也。語意最斟酌無弊。」

或曰：「末俗有喪中嫁娶者，亦皆不得已而爲之乎？」曰：「制禮之意，正謂喪中嫁娶，人子之所必不忍，不得已，寧致命而辭。女氏不得已，寧別嫁。所以全人子之至性，而防後世隱忍遷就之弊。爲萬世名教計至矣。曾子之問，孔子之答，非爲婚姻言之也。」

變禮

曾子問曰：「如婿親迎，女未至，而有齊衰、大功之喪，則如之何？」孔子曰：「男不入，改服於外次。女入，改服於内次，然後即位而哭。」曾子問曰：「除喪則不復婚禮乎？」孔子曰：「祭，過時不祭，禮也，又何反於初？」黄叔陽曰：「親迎未至，猶未成婚也。舅姑與廟，猶未見也。齊衰、大功之喪，視舅姑與廟，孰爲輕重？豈有舍成婚見舅姑與廟之重，而遂改服即位以哭其輕喪者乎？且除喪不復婚，則將苟合已乎？終廢見舅姑與廟見之禮乎？」愚按合室衰麻哭踊，而婿與婦盛服成婚，苟有人心，奚忍出此？改服即位，天理人情之正也。至「除喪不復婚禮」，所謂「禮」者，注云：「同牢饋饗，相飲食之道。」非廟見及見舅姑之禮也。古者廟見於三月之後，若除喪而婚，婚之日即廟見，無待三月，況婦入門，雖未成婚，無不見舅姑之理。舅猶可也，寧有期年九月之久，婦姑隔絶不相見者乎？既相見矣，能不一拜、再拜乎？意既殯喪事稍就，以深衣見舅姑，除喪合巹，不事陳設贊拜。注言「飲食之道」，正謂陳設贊拜之儀，非謂同牢之禮，盡可廢也。

追服辨

禮經及先儒，論追服之制詳矣。然事境之變遷無定，有非禮文所能盡者，試約舉數端言之。曾子曰：「小功不稅。」是遠兄弟終無服也，而可乎？或曰：「聞喪在五月之外，則不服。五月之內，則服其殘月。」或云：「既稅則當全服。」吾謂小功之别於大功者，一間耳。苟念骨肉之親，聞喪能不悲哀乎？孔子曰：「戚容稱其服。」悲哀矣，而不爲之服，可乎？豈惟小功，即緦麻之親，亦骨肉也，不稅可乎？且使此小功緦麻之親，别無主後，其葬其祭，身爲之主，不服其服可乎？喪小記云：「生不及祖父母諸父昆弟，則父稅喪，已則否。」注：「謂子生於外者也。」不稅者，不責非時之恩於人所不能也。夫綱常倫紀之地，不可以恩之厚薄論。至尊至親如祖父母，而以不及見而等之路人，於心安乎？然則有生於祖父母既卒之後者，在期年之外，固無稅服之制。若卒後未周而生，將必服此未周之月乎？

曰：「除未生之月，所服月數，或多或寡，成何服制？且服未周之月，是降殺其祖喪也。何如不稅之無害於禮乎？然有不可概論者。假而父没子隨母歸，母追服三年，而孫承祖重，拜賓主祭，可晏然食稻衣錦乎？又有父在爲祖期，已除而父歿者，適孫承重，斬衰三年，不待言矣。然期後父没之前，此數月中，未嘗持服，稅乎不稅乎？或父亡祖在而曾祖没，三月五月之外，祖又亡，則祖之適孫，即曾祖之適曾孫，以三月易三年，非若期與再期之相去未遠也。不知練祥禫以死之日計月，抑以承重之日爲始乎？」

曰：「承重者，承喪祭之重也。祭之重終其身，喪則再期而止。父祖存日，變除無缺，固不待追。且已服三月期年，非若外出者之始聞喪，而情有不容已也。又荀伯子與何承天論亡未周而立後者曰：出後晚，異於聞喪晚而税服，應以亡月爲周。難者曰：假令甲死已再期，弟乙携二子遠歸，始聞喪，以長子丙後甲，丙弟丁爲伯父追服期，丙以出後之故，反緦縞，旬日而除，深淺舛錯，不是過也。荀伯子曰：甲死，婦女持服再周，將即吉矣。而來繼之子，門庭凶素，此婦女無由避此凶居，别卜吉宅，又不可使婦女歌於内，而嗣子哭於外，以此知追服亦未爲便，不若待服除出後爲當。予思喪無無主，已議立後，刻不容緩，若待即吉，何如不立，且萬一服未除而母又死，將奈何？此事理之必不可者也。婦女雖已除喪，所天不復，縞素嫠居，何有於吉？假使親子遠出，父卒數年而歸，將以不便於母，竟不制服耶？以義斷之，先服本服，未及期先五月九月而出後者，以亡月爲周，本服已除，或本無服，自當以出後日爲始，追服三年。抑更有説焉。世有既歿十年數十年始爲立後者，日月已遥，哀思不至，税服則文不稱情，不税則此出後之子，於所生父母，既降爲期，而於所後，又不得伸一日之服，得毋有難爲情者乎？」

曰：「爲人後者，受祖宗之重，非專爲所後父母也。男子之出後，猶女子之出嫁，豈有新婦而爲久没之舅姑追服者乎？凡此數者，倉卒不無疑義，然度理度情，自有一定之則。但行其心之所安，而禮得矣。獨是自宗子法廢，而族無統紀，仕宦商賈，家居之日少，而貧窮失業之人，又遷徙無常，五服之喪，有不相聞者矣。即聞而年月已久，有漠不動念者矣。如韓退之所云『不稅小功而憂形於色』者，有幾人乎？是故非知之難，而行之難也。」

代哭辨

士喪禮「代哭不以官」，代，接續不絶也。即中庸「日月代明」之「代」。言無不哭之人，無不哭之時也。非替代、交代之謂。鄭注云：「孝子始有親喪，悲哀憔悴，禮防其以死傷生，使之更哭，不絶聲。」是以喪爲不可不哭，而孝子又不能常哭，故使人代之也。哭生於哀之不容已。親喪大故，於此而不用吾情，烏乎用吾情者？哀盡而哭，猶屬不可，況使人代之耶？鄭注又引周禮縣壺之説，以証代哭。考周禮挈壺氏「縣壺以代哭」者，此所云「代」，代之也。未大斂，守尸達旦，有更漏，則守尸者得相更遞，親屬守尸，無不悲傷，故曰代哭者，此指期以下而言，若主人兄弟，則無所庸代矣。

棺飾

古之葬者，厚衣之以薪，後世聖人，制爲棺槨。棺，關也，所以藏尸也。槨，廓也，槨土使無親棺也。有虞氏瓦棺，夏后氏堲周，殷人棺槨，至周而其制繁矣。棺有櫬，若水兕革，若椑，若屬，統謂之棺。棺裹爲朱，爲玄，爲緑。鐕以金，以骨，尊卑有差。而棺外之飾，抑又縟焉，有褚，有幃，有荒，有池，有齊，有紐，有戴，有披，有翣。褚若素錦，若布，不飾，帷之飾龍雲，荒飾黼飾火飾黻，齊色采綴，貝池有振容拂魚，揄絞，紐若纁若緇，戴纁若玄，披纁，翣飾雲黼黻，君各二，戴圭。大夫士，注羽爲緌。大夫無黼，士無黼黻。大夫有拂魚，無振容。士揄絞。君池三，大夫二，士一。士二披二戴，大夫各四，君六，紐如之。褚障車襲帷，荒覆之，荒頂隆起，繪采班然，相間如瓜，分施貝絡，是謂齊，亦謂柳，柳聚也。荒帷之續，紐連之，戴值也。内繫棺，外繫柳，使相值焉。披貫於戴以牽車，池狀小車，笭挂荒之瓜端，如承霤懸魚。垂采繒，行則魚拂，旛采振颺，若水藻繽紛，而錦鱗遊泳其間也。揄，翟也，畫雉於絞，其異於振容者，施之池上耳。翣木爲之，似扇在路障車，脱車障柩，車旁有引曰紼，又曰綍。前有御，君輴車四，綍四，碑御有葆羽。大夫二綍，御茅。士御功布。有乘車，鹿淺幦，載旜，載皮服，貝勒，懸於衡。有道車，載朝服。稾車，載簑笠。有旐，有旌，有抗木，有茵，有明器。笣二，筲二，甕二，甒二。用器：弓矢，耒耜，兩敦，兩竿，盤匜。役器：甲，冑，干，笮。燕器：杖，笠，翣。弓矢之制，必新，有弭飾，有柲，設依撻，有韣。有琴，有瑟，有笙竽、鐘磬。有奠席，若豆，若籩，若酒醴，若牲牷。有方相魌頭，有祝史。御者若而人，執紼執披者若而人哭而送者若而人。陳器陳抗陳茵陳窆陳碑陳主陳旌陳旐陳奠者，數十百人。惡車幾乘，遣車幾乘，送車幾乘，玄纁幾束，幾握，幾帟幾婦帷。吊而賵祖而奠者，又不知凡幾人易矣。是殆周文之敝，非真先王之禮也。鄭氏謂飾棺以華道，恐人之惡之，陋矣。孝子哀痛迫切，暇爲飭觀計乎？考古者其辨之。

喪具

檀弓曰：「喪具，君子恥具。」具也，而恥乎哉？注曰：「辟不懷也。」然則何不曰不忍具。具，豫也，備也，惟豫故備也。無論限於分，屈於財，而不得備不能備，即此沾沾求備之心。若曰如是而可無憾，君子以爲存一如是而無憾之心，則其爲哀已淺也。物以表哀，哀不足而物是務。具物也，具文也，施之他人他事，且不可，親死之謂何，而忍出此，尚得謂有心人乎？此則君子之所爲恥也。顧人非甚不肖，誰不知哀其親，其忘之者，有移之者也。夫孰有重於親者，而使得移之，則亦未嘗返而求之心焉耳。

朱子語類：「或問哀慕之情，自是心有所不能已也，豈待抑勒？只是時時思慕，自哀感，所以説『祭思敬，喪思哀』。只是思著，自是敬，自是哀。」予謂一思字，曲盡孝子深情。思慕也，生而愛，死而哀，均慕也。帝舜大孝，只是終身慕父母。少艾妻子利禄，舉無足以奪此心者，斯之謂不忘其親。没而哀亦猶是也。今友朋相與，忽而生死睽違，雖日月已遥，回想生平笑語，不禁泣下，矧人子抱終天之痛乎？入户而思所歷也，登堂而思所作也，居處思所安也，飲食思所嗜也，出無所告而思，反無所面而思也，無所省無所定而思，無間乎晨夕也，無時無事而不思，斯無時無事而不哀矣。阮籍初聞母喪，留客圍碁決賭，飲酒既醉，嘔血數升，哀毁骨立，彼獨非人情乎？始則制其思而哀弗動，繼乃不能已於思，而哀劇矣。忘哀者人子之通病，思則治病之要藥歟？吾願爲人子者，生事死哀，念念不忘父母，毋徒習爲具文已也。

停柩

停柩不葬，人子莫大之罪也。近世士大夫家，有累世不葬者，有累數柩不舉者。詰其所以，則有三焉。

一曰家貧不能葬。孔子不云乎：「苟無矣，斂手足形，縣棺而封，人豈有非之者哉？」葬之需，儉於斂殯，未聞有家貧而委其親不斂不殯者，亦既斂而殯矣，何獨至於葬而難之？

一曰不得葬地。古者按圖族葬，未没而葬地已定，夫何擇焉？孝經言卜地，卜也，非相也。風水之不足信，昔人言之詳矣。

一曰時日不利。三月而葬，禮也。老聃黨巷之葬，日食而返。鄭葬簡公，毁當路之室，則朝而窆；不毁，則日中而窆。是不擇日擇時之明証也。

竊意不葬之患有四：

古者塗殯，以防火也。今中堂三月，尚須慎防，況可久淹乎？若厝之荒野無人之處，保無意外之虞乎？此其不可者一也。

木性受風則裂，膠漆乾久而脱，甚至蛀嚙腐朽，至於檢骨易棺，子心其何以安？此不可者二也。

葬者，藏也，欲人之不見也。今人有金銀寶貴之物，囊之篋之，又從而緘縢扃鐍之，未已也，必藏之密室，或深埋土中，而後乃無患。殯而不葬，是猶緘寶物而置之道路也。人子之愛親，曾不如物乎？始死而襲，而斂，而棺，而椁，凡爲葬計也。衣衾覆尸，棺覆衣衿，椁覆棺，統而覆之於土，而後其藏也密而固。今棺而不葬，何異不棺不斂乎？與其不葬也，毋寧葬而裸。此其不可者三也。

禮，既葬而虞，謂送形而往，迎精而返，虞以安之也。不葬矣，又何虞焉？不虞則卒哭、祔，俱無所用之。不知停柩不葬者，將不虞乎？不卒哭乎？祔乎，不祔乎？祥而禫乎，否乎？服不除不祭，禮也。將蒸、嘗之祀，可終廢乎？葬而後有虞主，祥而後有練主，主附廟，則遷其當祧之祖，而改承祀之名。既不葬矣，將終不遷乎？此其不可者四也。

張文宗齊家寶要云：「今國律雖有停柩之禁，卒無舉行者。若禮官援禮『棺未葬不除服』之文，而申暴露之罰，特請於朝，著爲令甲。凡服除未葬者，仕宦不准補官，生儒不許應試。其補官呈詞，必須明開某年月日成服，某年月日安葬於某處，某年月日除服，仍取宗族鄰佑及墓地人等結狀，方准補官。其或未葬而詭言葬者，如有首發，俱以匿喪論罪，連坐結狀之人。若夫庶人服滿不葬者，許宗族鄰里首其暴棺之罪。庶乎人人知警，無有不葬其親者矣。」

旨哉斯言！有心世道者，其毋忽諸。

返虞

按禮注「骨肉歸於土魂氣無所不之，孝子爲其徬皇，三祭以安之」，此語非精於禮者不能道。蓋葬矣，亡矣，魂氣之徬皇，不可見。以孝子之心之徬皇，想見死者魂氣之徬皇，此時悲愴瞀眩，莫知所據。先王知其然，爲制卒葬之祭，而名之曰虞。虞者，疑也，危也。於彼乎？於此乎？無不之而無之也，危也。虞之者，安之也。何以安之？立之主而主之也。主之斯安之矣。

非必神之果主於是而孝子之精誠主之，則死者之魂氣，亦遂主之矣。虞祭之設，所以致孝子之精誠也。檀弓曰：「葬日虞，不忍一日離也。」葬矣亡矣，得如生時之依依膝下乎？而謂不忍離乎？離之象，恍兮惚兮，若遠也，若近也。離矣，不可即矣，虞所以即之也。離而即之，危而安之，此其情爲何如，而能一日已乎？虞爲祭之始，自此而袝，而奠，而祥禫，而蒸嘗禘祫，凡所爲焄蒿悽愴僾見愾聞者，皆虞之意也。敖氏謂柔日曰用，其非葬日矣，祝云「夙興夜處」，與葬日不同明矣。此不惟不識孝子皇皇汲汲之深情，即禮文亦未甚解。凡祭俱用柔日，所不待言。此云柔日者，以别於三虞之用剛日耳。葬日即柔日也，夙興夜處，謂孝子之心，刻不即安，所謂徬皇是也，豈越日之謂歟？日中虞者，虞必於葬日内，不拘早暮，但葬畢即虞，非大事用日中之謂，故下文緊接葬日云云。古葬不擇時，必以朝，未有朝葬而暮不畢者。若待盈坎成墳，一日未能卒事，尚當虞於葬處。禮反哭而虞，亦就葬日言之。若出家經宿以上，必待返哭。古人有廬於墓者，豈竟不虞耶？周公太公葬於周，必返齊魯而虞耶？愚謂路遠初虞再虞，於所館行禮，儀節不妨少省，三虞待返哭可耳。孔子善衛人之葬，曰：「其返也如疑。」子貢曰：「豈若速返而虞乎？」孔子不言速返之非，第曰：「小子識之，蓋如疑者，迫欲返而如疑也。」以迫欲返虞之情，當窀穸未卒之頃，若或驅之，又若或繫之，此孝子之所爲踧踖躊躇也。藉非迫欲反虞，則亦可以從容暇豫，熟視成墳，何如疑之有？

喪次

儀禮喪服斬衰：「居倚廬，寢苫枕凷，不脱絰帶。既虞，翦屏拄楣，寢有席。既練，舍外寢。」疏云：「居倚廬者，孝子所居，在門外東壁。翦屏者，三虞之後，改舊廬西鄉開户。舍外寢者，練後不居舊廬，還於廬處爲屋。」又云：「天子五門，諸侯三門，有中門。大夫、士，惟有大門、内門兩門而已，無中門。」鄭氏云：「中門外者，士喪禮及既夕，外位在寢門外，其東壁有廬堊室，若然，則以寢門爲中門。據内外皆有哭位。其門在外内位中，故爲中門，非謂在外門内門之中，爲中門也。」

按後寢前堂中爲門，故謂中門，即士喪禮所云殯門也。倚木爲廬者，兩木相倚，上合下開，夾草爲障簷，就地，後有障，前北向，不爲户。既葬，去倚廬，傍東廂爲披屋，開户西向，有楣有柱，翦屏塗泥，以終三年，可也。乃既練更爲屋，而堊其墻，黝其地。堊黝者，屋之飭也。喪廬而堊黝，毋寧歸寢。今既不塗殯，安柩中堂，孝子自應苫凷柩旁，既葬而居别室，可耳。至喪服傳「既虞，寢有席」，間傳又謂「小祥寢席」，此皆禮文之參差，未可盡信，所當詳加折衷者也。

魂帛木主畫像

檀弓：「重，主道也。殷主綴重焉，周主重徹焉。」方慤曰：「重設於始死之時，主立於既葬之後。」則重非主也，有主之道爾。殷雖作主矣，猶綴重以縣於廟，不忍棄之也。周則作主而徹，重，不敢瀆之也。予按重與主，皆所以依神。有柩又設重，故謂重。有廟而立之主，故謂主。鄭氏以天子諸侯有木主，大夫士無木主，故引曾子問主命之説，疑以爲可用幣。許慎乃有束帛依神，結茅爲菆之論。不知有廟即有主，大夫士既得立廟，寧禁其不立主乎？主作於既葬之後，未葬則止設重。温公以魂帛易重，亦取鄭、許束帛依神之義。然彼所謂神帛以代主，非温公代重之魂帛也。今既葬作主，不用神帛，未葬從温公，以魂帛代重，可乎？若夫生時繪像，死而藏於廟中，祭則懸之，以示子孫，此古人所未有也。温公謂婦女使人執筆爲像，非禮。程子以一髭髮不當，即是别人。愚謂繪像之非，不止於是，幽明隔絶，可思也，不可即也，可格也，不可狎也。向令死者忽幻其形聲，以與人居處笑語，雖其子孫，有不相顧錯愕者乎？子曰：「敬鬼神而遠之。」祖考亦鬼神也。祭義云：「思其居處，思其笑語，思其所嗜。」思之至，而僾乎見，愾乎聞，聞見不以耳目，而以孝子之心，故曰：愛至存慤，至著也。今懸像於室，日夕相對，久而習焉，相與忘之，是目中有像，而意中無像也。雜記曰：「行於道路，見似目瞿。」謂夫乍見而驚也。假而習見，則亦何瞿之有？況以陟降在天之靈，而使遠近親疏之人，皆得矚而見之，亦褻之甚矣。彼浮屠設像，百怪千奇，以惑愚昧，有心世道者，方辭而闢之，況可尤而效乎？

三不吊説

檀弓：「死而不吊者三：畏、厭、溺。」或曰：「縣賁父、杞梁之徒，未嘗不吊也。顔真卿之厭，屈原之溺，可不吊乎？三族五服之親，詎可已乎？」愚謂古人之論，有指一人一事而言者。「死欲速朽」，爲桓司馬言之；「喪欲速貧」，爲敬叔言之是也。孟子以桎梏爲非正命。假而文王卒羑里，公冶長死縲絏，將不謂之正命乎？畏、厭、溺，即孟子立巖墻之謂也。孔子聞原壤之歌，若爲弗聽也者，曰：「親者無失其親，故者無失其故。」檀弓所論，豈五服之親之謂乎？

嫂叔無服説

古者嫂叔無服，唐人定制爲小功，於情得矣，然終不得議古人無服之非。大傳言服術：曰親親，曰尊尊。嫂叔異姓，無親親之誼；同列，無尊卑之分。近在家庭，禮别嫌疑，至當不易之論也。若云嫂叔何嫌，則授受不親不相通問之禮不幾贅歟？程子云：「師不立服，不可立也。當以情之厚薄、事之大小處之。然則嫂叔之恩誼，固有不可概論者，如韓退之少孤，育於嫂，加等可也。禮不立服，亦猶弟子之於師歟？獨是家庭之内，誼無厚薄。較厚薄於嫂叔，亦將較厚薄於昆弟乎？以爲待我厚也而厚之。假而待我薄也，亦遂薄之乎？記曰：「嫂叔之無服，推而遠之也。」凡事引之使近，則順而漸歸於自然；推之使遠，則逆而不可以終日。人情大抵然也。今曰遠之，是本近也；本近而推之使遠，其所爲推之者，亦大費隱忍矣。有如嫂之喪，父母爲大功，妻小功，子期，而已獨晏然，於心安乎？推之者，推其所不安也。

自制禮之始，人各懷一推之念，以及於唐，遂有久抑而不容不伸，即欲推之而不可得者，此亦必然之勢也。制禮者，逆知後世必有增爲之制者，姑缺其儀，以示别嫌明微之義，而聽後人之改制，以遂其不容已之情，蓋幾經審慎而出之非苟焉而已也。至喪服記：「夫之所爲兄弟服，妻降一等。」此後儒杜撰，非古禮文也。婦爲夫之姑姊妹，在室服小功，是降服一等矣。豈於夫之兄弟，獨降一等乎！

挽歌方相明器説

公孫夏之虞殯、莊生之紼謳、田横門人之蒿里、薤露，皆挽歌也。禮：「鄰有喪，舂不相。」挽也而歌，可乎？方相魌頭，雖本周禮，然近於戲。世俗送葬，選舞徵歌，百戲具陳，是挽歌方相之流弊也。若夫塗車芻靈，自古有之。今則剪綵縷帛，爲樓觀山岳、車馬人物，五色焜煌，張陳道左，殊乖哀素之義。人子「不以天下儉其親」，衣衾棺椁之謂也。豈張皇陳設，爲無益之費，以塗人耳目哉？吾謂矯末俗之弊，不獨挽歌當禁，方相明器俱可省也。

吊説

梁書：武帝上春日祠二廟，既出宫，聞左將軍馮道根卒，問中書舍人朱异曰：「吉凶同日，今可行乎？」對曰：「昔衛獻公聞柳莊死，不釋祭服而往吊。根雖未爲社稷之臣，亦有勞王室，臨之，禮也。」帝即幸其宅，哭之。朱子語類：魯叔問：「温公卒，程子以郊禮成，賀而不吊，如何？」朱子云：「此亦可疑。所以東坡謂『子於是日哭則不歌』，即不聞歌則不哭。蓋由哀而樂則難，由樂而哀則甚易。且如早作樂而暮聞親屬緦麻之戚，亦云既歌則不哭乎？

予思「哭日不歌」，餘哀未忘也。凡情之至者，莫不有餘，不獨哀而然也。祭之敬，猶乎喪之哀。禮云：「明發不寐，饗而致之，又從而思之。」祭之明日且然，曾謂祭日而暇吊乎？致齋散齋，僾見愾聞，亦已竭誠無餘矣，能勝哀痛乎？梁人未足議禮，即宋室諸公，郊少誠意，賀循故事，温公之吊，亦不過乘便會集，盡人事之常耳。賀與吊，兩失之矣。使程子而同聲附和，何以爲程子？文公所謂「早作樂暮聞緦麻之戚」，是孟子鈎金輿羽、寸木岑樓之説也。五屬之喪，何等迫切，即方作樂，猶悲痛奔之，況早作暮聞耶？同官之哀雖切，何至如五屬之不可姑待乎？禮生於情，情視其所自致，此等級之所以差也。雖然，後世人心寖薄，保無執伊川之説，而漠視親屬之喪者乎？魯叔之問，朱子之答，皆有爲而言也。

濫受贈賻

檀弓：「孟獻子之喪，司徒旅歸四布。夫子曰：『可也。』」注：「旅，下士也。司徒使下士歸還四方之賻布。」時人皆貪，夫子善其能廉。子柳之母死，既葬，子碩欲以賻布之餘具祭器，子柳曰：「不可。吾聞之也：君子不家於喪。請班諸兄弟之貧者。」注：「不家喪者，惡因死者以爲利也。」漢何並徙潁州太守，疾病，召丞椽，令其告子曰：「吾生素餐日久，雖得法賻，勿受。」後漢羊續，遺言薄葬，不受賜遺。管寧父卒，中表愍其孤貧，咸共贈賻，悉辭不受稱財以送終。唐陸贄以喪解官，客東都，諸方賵遺，一不取，惟韋皋以布衣交，先以聞，所致稱詔受之。軾按温公書儀，凡賻襚之物，執事者必先執之北面白尸柩，蓋賻襚雖有知生知死之别，其實皆爲送死也。人子因而利之以爲家，忍乎不忍乎？兄弟之貧者，親生時所恤也，故體親意而班之。班之者，因事畢而有餘也。當受賻時，止爲喪計，寧作班兄弟想乎？今人雖平時稍知自愛，至有喪事，則餽無不受，意以爲死者餽，受非貪也。不知爲人子不能葬其親，而待助於人，已可羞已，而又因以爲利，尚得謂之有心人乎？夫苟貧乏無措，受賻未嘗非禮，然必問賻者何人，情與物果相副否。苟非有通財之分義，相恤之至情，雖貧勿受也。喪禮稱家有無，苟無矣，斂手足形，懸棺而窆，人豈有非之者？奈何受非所受，以汙所生耶？若夫家有餘財，尤不宜濫受，其有義不可卻者，則辭多受少，可耳。

或曰：「親友之助喪，有襚，有贈，有賻，有賵，禮也。先儒司馬氏、吕氏甚言助喪之不容已。今云不可受，何也？」曰：「春秋書『武氏子來求賻』，穀梁傳曰：『歸之者，正也。求之者，非正也。周雖不求，魯不可以不歸；魯雖不歸，周不可以求。』且吾所謂不可受者，非温公所云尺帛斗粟也。今之居喪者，少則辭之，累十盈百則受之。彼累十盈百者，果出於匍匐救喪之誠乎？受者果必待此累十盈百，而後可資喪費乎？檀弓：伯高之喪，孔氏之使者未至，冉子攝束帛乘馬而將之，孔子曰：異哉！徒使我不誠於伯高。司馬氏所謂親之遠近、情之厚薄，吕氏所謂周其急扶其羸，皆情與物稱，孔子所謂誠也。賻而不誠，猶不賻也，夫何受焉？」

立後

李孝述適長兄已娶，無子而没，孝述求從兄襁褓之子爲之後，朱子與論主喪承重及題主之名甚悉。大抵謂嗣子幼，孝述主喪祭，但主其事，名則宗子主之，不可易也。

予思喪有無後，無無主。無後而爲之主者，攝也。喪主可攝，安用立後爲？且自宗法廢，凡所謂宗子者，皆小宗也，小宗無爲後之制。孝述不忍其兄之無後，而求從兄子立之。既立，則儼然宗子之後矣。後宗子者，非獨後宗子，後宗子之父之高曾祖也。後宗子父，必宗子同父弟之子，亡則從兄弟子，亡則再從、三從子，謂夫猶是宗子之曾祖、祖出也。孝述立再從子爲兄後，他日孝述有子，反不得祀其祖若曾，恐亡者之心未即安也。且幸而有從兄子，假令再從、三從均無可立，將親盡無服者亦立之乎？禮云：「何如而可爲之後？同宗則可爲之後。」此爲大宗言之也。爲大宗後者，必同大宗之子，況小宗而可越親及疏乎？且凡汲汲於立後者，爲主喪祭也。今所立之子，方在襁褓，而孝述攝主喪祭，立而攝，與不立而攝，均攝也。即宗廟之祭，必俟此子稍長，而後能主其禮，與其攝而待嗣子之長，何如攝而待己有子而後立耶？如孝述所爲，近於非禮之禮，不知朱子何以不爲辨正也。

異姓爲後

禮：「神不歆非類，民不祀非族。」史稱賈充亂紀，春秋譏莒人滅鄫，甚言異姓之不可爲後也。魏時有四孤之説，謂遇兵飢有賣子者，一也；有棄溝壑者，二也；有生而父母亡，無緦麻親，其死必然者，三也；有俗人以五月生子，妨忌之不舉者，四也。田瓊曰：「絶祀而後他人，固屬非禮。然此四孤，非故廢其宗祀，乃是必死之人，他人收以養活，所謂恩踰父母者也。其家若絶祀，可四時祀之於門外。」王脩議曰：「當須分别此兒有識未有識耳。有識以往，自知所生，雖創更生之命，受育養之慈，枯骨復肉，亡魂更存，當以生活之恩報公嫗，不得出所生而背恩情。報生以死，報施以力，古之道也。」愚謂生與養固兩不可負，惟是天屬之親，死生一氣，不可强也。苟所養之家無後，則送死服闋而後歸宗，世世祀之别室，恩與義兩得之矣。

三父辨

今欲使婦人盡守從一而終之義，雖顛連無告，而孤寡煢煢，之死靡他，恐堯舜之治天下，有所不能。於是有夫亡而妻嫁者，即有母嫁而子從者，此繼父之名與服，所由見於經歟？先儒謂母百可也，父可二乎？以母所適爲繼父，此委巷之言也。曰：是固然。然繼父之名，不從母起也。父死母適，此藐孤者，溝中瘠耳。有死生而肉骨之者，是再造也。子以父爲天，此子有二天矣，不必從母之所適而後父之也。豈從母所適者，而反不謂之父乎？服係乎名，知繼父所由名，而服可斷矣。顧禮有繼父，無繼子；有繼父服，無繼父報服。何也？此子不可無繼父，無繼父則不生。爲繼父者不得有此子，亦無樂乎有此子。即此子不以爲繼父，亦何損？傳云「兩無大功之親」，謬矣。繼父之有無大功，於此子何與乎？必繼父無大功親，而後爲之服，無論非此子所以服繼父之意，亦大失繼父所以厚於此子之意矣。況無大功，尚有小功緦袒免及疏遠同姓之人。即無之，禮云「無族人，則東西家、前後家主之」，此子雖儼然齊衰，能越東西、前後家而主繼父之喪。且繼父之憐此子，非以自爲也，并非徒爲此子也。子無大功之親，一身而□世之祀係焉。傳曰：「以其貨財，爲之築宮廟，歲時使祀焉。」謂此子得延垂死之命，以無斬先人之祀。繼父之存亡繼絶，恩莫大也。又曰「母不與」者，明非以其母故也。此繼父之所以爲繼父也。且繼父云者，不以爲父也。子自有父，不得以繼父爲父，而但謂之繼父。於是制禮者，特設繼父服同居期，比之伯叔也，不同居齊衰三月，不降小功者，不以卑者之服服尊也。律文有「從繼母嫁繼父」一條，此誤以所從繼母之服，爲繼母所適服也。何以知繼母嫁從之服？以杖期知之也。然謂繼父之稱，但可施之親母之所適，而繼母不與，則又不可。繼母之於子，非有天性骨肉之親，既嫁矣，母子之誼安在？而猶依依不舍，亦可謂有終矣。而所適者，復能愛憐而生全之，此尤人情所難，顧反不謂之繼父，而不爲之服，未爲通論也。三父之名，一從親母，一從繼母。言繼母，則適、慈、庶皆在其中矣。一先同居後不同居，從繼母之繼父服，與從親母同，以是益知繼父之名，緣子不緣母也。若自來不同居途人也，謂之繼父，可乎？

八母辨

三父非父也，繼父云者，尊之也，猶言仲父、亞父也。若八母，則皆母也。適、繼、慈、養、乳、庶，其常也；嫁與出，其變也。父妾之有子者，爲庶母，無論子女也、存殁也。吾兄弟之親母，吾不以爲母，可乎？他母一耳。父妾無定也，故謂之庶，猶是庶母也。而有慈、養、乳哺之恩，故別立三者之名。鄭注謂養子者有故，使賤者代乳之，此就適子而言。適貴而庶賤也。若如後世受傭而哺其子者，則不可以母名。即假之名，何至等諸適、繼、慈、養而並列爲八乎？且三年中，有迭更乳婦者，有二婦乳一子者，將皆以爲母而服之耶？然則庶母之服緦，乳母亦止於緦，何也？曰：無可加也。緦加則爲小功。禮：君子子爲庶母慈己者小功，慈己者何？内則所謂三母是也。非乳母所得而比，故曰：無可加也。今律：庶母期，乳母亦期焉耳。

或曰：「禮所謂『卜士之妻，大夫之妾，使食子』者，將不謂之母乎？」曰：「假之名而不爲之服也。韓愈、蘇軾之制服，皆篤於情而昧於禮者也。若夫養之恩，較乳爲加重，乳之時短，養之時長，顧之復之，鞠之育之，已長而猶愛憐撫恤之，如是而後謂之養母。養母之名，不見於經，或疑爲所後母，爲人後者服斬，歷代禮同，何事特立養母之制乎？」

或曰：「此自幼過房與人，非爲後者，既不爲後，何以齊衰三年也？若曰魏人所謂四孤，則公嫗之服同，何以舍父而專言母也？或謂以養母爲父妾，何以别於慈母乎？」曰：「慈母者，父命之爲子母也。假如父殁未有命，而庶母育之以至於成人，不知此子於此母，其謂之何？以此知養母之斷斷爲父妾也。且慈之異於養，不獨父命也，慈母有子而無子，養母不必不有子，況子方受命於父，非全無知識也。但非慈母之撫蓄，無以至於成人耳。若養母，則或乳之而復養之，或甫脱於乳而養之，故子之於母，養之恩加於慈。而母之於子，其相依爲命者，慈又甚於養。故慈、養異名，而母同。而子之爲之服者，亦無以異也。嫁母何？父殁母再適也。出母何？父在母被出也。其爲親母耶？子無絶母之理，嫁、出皆期，宜也。其爲適、繼耶？嫁而從則服，不從則不服。出則俱不服也。」

或曰：「内則所謂三母，一子師，一慈母，一保母。三母之外，又有食母慈者，知其嗜慾也。保者，安其居處也。食，即乳也，保，即養也。又何用别爲之説耶？」曰：「彼所謂慈與保者，子離襁褓，能食能言則已故其服止於小功。若以親母之服服之，得毋過乎？古經名目，多不可考，但各就本文取義，斯免穿鑿耳。予嘗於儀禮節略中釋三父、八母之義，今細繹多未當，故復爲辨正如此。」

作佛事

喪家作佛事，稱爲亡者薦拔，使升天堂，免於地獄之苦。先儒屢斥其誕妄，不足信，未及其事之有害於生與死。極人子之不孝不慈，無甚於此也。吾謂佛事之斷斷不可作者，其爲害有九。

喪禮自卒而襲，而殮，而殯奠，而不祭，以生人之道事之也。既葬而三虞卒哭，祔練祥禫，感服制之變除，悽愴孝享，以神道事之也。今世俗於初終七七百日，以及期年再期，惟事齋醮薦度，是始則忍於死其親，不以生人之禮事之。既復瀆褻侮慢，不以神道事之也。吾不知脩佛事者，將廢殮殯虞祔練祥之奠祭乎？假而不廢，而酒醴脯醢牲牢之陳設，佛事所禁，又安敢違而用之？即親朋之致祭者，亦必不敢以酒醴牲牢獻，是使其親不血食也。忍乎，不忍乎？此不可者一也。

以創鉅痛深杖而後起之身，逐逐於僧道之後，百千跪拜，日無寧晷，其爲孝子也，將不勝喪也。如其不孝，將緣是而忘哀也。此其不可者二也。

柩在堂而帷，既葬，立主而龕，吊客而外，親朋削跡，所以安神靈也。今使僧道喧譁於殯居几筵，而鄉里孺婦擁觀嘈雜，死而有知，能無痛恨？先儒謂婦人之喪，非五服之親，不得入奠。執友之妻，拜於門外。況僧道異色之人，可任混褻於寢廟乎？尤可異者，設坐置主於諸天繪象之間，施之於父，已屬兒戲，而況於母乎？此其不可者三也。

人即不孝，有斥其父母之惡，謂將受地獄之波吒者，鮮不切齒痛心。既死而僧道懺之悔之，薦之度之，是自謂父母之過惡彌天，不如是不免於地獄之剉燒舂磨也。爲父母者，何不幸有此梟獍之子，聲其罪惡，而詬之詈之耶？況父母未必有過，即有未必至於罪孽彌天，乃無端而加以剉燒舂磨之罪名，雖五服之人，有所不忍，而況人子乎？雖加於行道之人，有所不忍，而況父母乎？思之思之，能無猛醒？此不可者四也。

居喪作樂，律有明條，一倄佛事，則鐃鼓喧天，諸樂畢具，經聲梵語，響徹雲霄，趨蹌抃舞之狀，何異俳優雜劇。律以違制之條，能逃不孝之誅乎？此其不可者五也。

死而諱，禮也。聞名心瞿，孝子之情也。而僧道之符牒贊祝，動稱某官某，併追薦其祖若父，亦稱某官某，人子之心，安乎不安乎？此其不可者六也。

俗僧混淆，男女雜遝，姦盜災變之出於意外者不少，此不可者七也。

供佛飯僧，剪紙鏤帛，幢旛香燎、飯食工役之費不貲，而鄉里貧兒之乞濟者，結黨成羣，源源而來，濟之不勝濟也。喪事畢，而富者貧，貧者甚，既貽事後之悔，且增九泉之憾，此其不可者八也。

僮僕之奔走執役，鄰里之贈餽，五服親黨之襄事，耗力耗財，曠時失業，一家遭喪，百家不寧，此其不可者九也。

夫以爲無益於死，智者不爲也；以爲有害於死與生，而陷於不孝不慈，愚者亦當憬然悟矣。世俗不足責也。士大夫明知其非，而卒鮮拔於流俗者，其故何歟？哀痛昏迷之中，不能自主，親戚子弟，交相勸贊，安能以苫塊餘生，引經據典力爲之拒？又或死者平時佞佛，孝子不忍拂親之心，聊復爾爾。不知親在有過，尚當幾諫，没而將順之，可乎？且將解於人曰：吾親之意如是，亦大非過則歸己之道矣。若慮昏迷不能自主，慎擇明禮者，爲護喪相禮，俗論烏得而奪之？真西山曰：「彼浮屠之教得行，由我之禮先廢。苟奠祭盡禮，何暇徇俗？」此拔本塞源之論也。若夫疾病祈禱，自古有之。誄曰：禱爾於上下神祇記曰：行禱於五祀。武王不豫，周公禱於三王。庾黔婁父疾，禱於北辰。蓋祖宗之於子孫，未有不欲其生者。病苟未至於死，祖宗之默祐，當無不力。五祀爲應事之神，求無不應，至焚香告天，孝子情迫不得已之呼也。上下神祇，即北辰五祀之類也。今俗每用僧道迎神咒鬼，禳災度厄，先儒所謂民神雜糅，人心風俗之壞，莫甚於此，可不與喪家佛事，一概嚴斥乎？

戒侈費

末俗之奢侈最甚者，莫如婚嫁。苐曰非禮妄費，吾無責焉矣。所縂縂長慮者，奢侈之流生禍耳。雁幣之資，已非容易，況誇多鬬靡，酒食有費，供帳有費，輿隸有費，結綵有費，張燈有費，一婦入門，中人之産蕩矣。以是窶人終身不遂居室之願，而裙布荆釵，人以爲恥。至有坐待愆期，内怨外曠，可無慮乎？匪惟是也，習尚浮誇，人懷貪黷，遂有嫌貧悔昏者。有厚賂謀娶者，有扳附覬覦，不顧所締之非耦，卒致反目離異者。有因奩薄而怒辱其婦，致吞聲憤鬱而死者。獄訟繁興，不可究詰，孰非風俗侈靡之故哉？戒之戒之，毋謂言之迂而無當也。

兄容齋七十雙壽序

箕疇衍五福，其四曰攸好德。夫秉彝之性，蒸民所同。而紛華靡麗，從而奪之，所謂攸好者，行之而有得於心，而孜孜不厭，斯極人世可欣可羡之事，勿與易已。陳大猷曰：「作德則心逸日休，自求多福，其爲福也隆矣。」蓋盛德即厚福，非徒以此致彼也。

吾兄容齋先生，博學篤行，爲名諸生，性恬淡，不鶩聲華，衣冠動履，安詳毖飭，未嘗立意矜持，胸懷灑脱，終日笑言，油油如也，殆所謂「作德而心逸日休」者歟？嫂氏蕭太夫人，和柔淑善，白首相莊，有冀野如賓之風。令嗣乾初姪，弱冠魁於鄉，才識敏達，而謙卑遜順，恂恂如處子。

今上御極之二年，有詔簡會試舉子之敏幹者，分發遠省，署州邑事，勝任者實授，願歸部者聽。乾初奉命往西川，委任得潼川之遂寧，蒞官數月，有廉惠聲，當事嘉之，將請實授。乾初以親老，力辭歸。又數年，奉詔，令在籍候選人員，赴部觀政，以次銓補。乾初以九年冬入都，予見其神氣索然，如有憂者，問之，則曰：「親老矣，行將得一官，誰爲奉甘旨者？」今年春，掣得山東之平原縣，隨於履歷摺内備陳親老，終鮮兄弟，孺慕之私，情見乎詞，蒙聖天子洪慈，改補舞陽，復以奉親未便，乃允歸養。予思人情溺於利禄，僕僕走風塵，終其身不顧父母之養者，不少矣。

乾初獨惓惓以養親爲念，始官西川，逾年而歸，繼掣平原，蒙恩改授附近之舞邑，又復叩首九階，呼籲陳情，此至性之所發，有莫知其然而然者也。吾兄愛子，固將期以遠大，不汲汲以禄養爲榮。乾初之歸也，膝下承歡，融融洩洩，父慈子孝，備極天倫之樂，人間福祥善事，有過於是乎？九月中，爲吾兄暨嫂夫人七十雙壽之辰，遥知華堂燕喜，二老垂白，舉案齊眉，子若孫斑斕起舞，稱觴獻壽，太和之氣，盎然一門之内。向令乾初一官數千里外，不過遺力賫新衣一襲，薄俸百金，囑家人豐潔酒餚，延親黨稱祝已耳。雖張燈設樂，鋪陳炳耀，轟動鄉里，而遊子天涯，怦怦在念，以彼易此，其得失爲何如也？

抑予更有進者，我皇上以孝治天下，小臣亦得遂其烏鳥之私，恩綸之曲體，無非錫極之敷言。乾初之歸也，感激奮興，益肆力於修己治人之道，格致以啓其端，誠正以踐其實，涵養以植其基，擴充以弘其用，久之而實大聲弘，有爲有守。

聖天子之錫福於正人者，固自無窮，又能推所以孝於親、弟於長者，以施之鄉黨鄰里，導其所不知，匡其所不逮，鼓之舞之，使興起於仁讓，而登風俗於淳古，家皆孝子，户皆悌弟，食德飲和，以恬以熙於仁壽之域是則所以佐聖天子錫福之弘仁，廣容齋好德之素志也夫。猶憶吾兄花甲初週，適予家居，親見一室歡慶之盛。曾幾何時，又值古稀介壽之辰，南瞻紫氣，歡慕倍切，用録鄙詞，聊佐兕觥，未知吾兄以予言爲何如也？

敕封文林郎翰林院編修待贈□□大夫怡齋李公暨熊大夫人墓表

公姓李氏，諱玉□，字邦獻，别號怡齋，系出唐鬱林郡王恪之後，迄宋紫陽夫子高第弟子，直文華閣諱□謚文定者，公之遠祖也，□□□□□□，□□庸公定居荷坪。高祖諱正喬，曾祖諱□□□以文學著聲。祖贈文林郎諱聯震，學行淵純，士林宗仰□□遇，以明經老。父諱夢蘭，順治庚子舉人，任雲南楚雄縣知縣，詔贈奉政大夫。母吴氏，贈太宜人，生四子，公居長，自幼穎異絶倫，讀書過目成誦，焚膏繼晷，積學勵行，補博士弟子員，試輒冠其儕，屢困場屋，倪得復失，公不以介意也。康熙己未，膺歲貢。辛未春，授武寧縣訓導，將之官，而遭楚雄公喪。公聞訃驚痛，哀感路人，喪葬悉遵古禮。服闋，補官樂平，日與諸生講道論文，循循善誘，教育之盛，蔚然可觀。乙亥冬，聞太宜人抱恙劇，即戴星馳歸，樂平距家五百餘里，兩晝夜抵閭門，越數日，而太宜人棄世，公哀毁盡禮，一如居父喪時。戊寅，再補彭澤，辭弗就，時公長子少司空雲麓先生鳳翥，已成進士，入翰林，叠邀恩寵，衆子鸞翔、鶴翀，□舉於鄉。公之仲弟，任江南糧儲道。猶子復以福建南安令擢部曹。諸孫皆蜚鳴藝苑。一門之内，世德綿延，聲譽顯達。公俯仰無怍，優游湖山，吟賞自得，鄉里後進執經問業無虚日。下逮田夫野老，未嘗不綢繆浹洽也。壬辰正月五日，以疾終於家，享年六十有一。

公天資醇謹，規言矩行，孝友内植，動必以禮。其爲學，弘深肅括，經傳治熟，頌禮詳明，尤講求性命之旨，身體力行，鞭辟近裏，不務□□之名。憶康熙三十七年，軾需次銓曹，僦居城南僧舍，時患咯血疾，公過余視慰曰：「伊川程子以忘身狥欲爲恥，至老益健。君淡於聲色而有此疾，得毋以一官偃蹇，介介於中乎？何所見之陋也？」因指案頭近思録曰：「且從此中尋求上一著，當勿藥有喜。」自是每過問，竟日談論不倦，於濂洛關閩之淵源，居敬立誠之體要，提綱挈領，指示精且晰也。

噫嘻！公捐館二十年矣。軾以遲鈍之資，拘牽世綱，蹉跎就衰，回念蕭寺中諄諄提誨，言猶在耳，負公期望遠大之意，爲可愧也。太夫人熊氏，文學維瑛公女，生而端敏，長通詩書，明大義。既歸公，事舅姑以孝謹聞，相夫教子，閨門雍穆，三黨咸取則焉。余長女自幼許字公長孫孝廉家駒，于歸有期，而家駒歿，予女奔喪守志，日侍太夫人，克盡孝道。夫人亦極意愛憐，如所生。康熙□年，太夫人以疾終，予女痛哭幾絶，後數年，予女亦卒。凡太夫人懿行淑德，予女爲予言甚悉，不能盡憶殫述也。

公丈夫子三：鳳翥，康熙丁丑進士，由翰林仕至□；鸞翔，康熙乙酉舉人，考授内閣中書舍人；鶴翀，康熙戊子舉人。孫男五：家駒，辛卯舉人；志沆，戊戌進士，翰林院□□；家驤、家騤、家□。孫女三。公與夫人合葬於某鄉之某里。

雍正九年辛亥秋九月，長公千里遣使，乞余文，言以表於公之墓。余既夙昔受公教益，而又重之以姻婕世講之誼，其何忍辭，用書梗概，俾鑱諸石，以昭示來世。

少司寇王公墓誌銘

少司寇王公，諱承烈，字遜功，號復菴，世爲陝西西安之涇陽人。曾祖徵，明天啓壬戌進士，歷官山東按察使司僉事，落職家居，李自成入西安，檄召縉紳，公拒以疾，比聞都城陷，痛哭不食，死。祖永春，邑庠生，嘗陷賊中，械繫月餘，不屈，賊知其意堅，釋之。父瑱，以文學知名。

公天性高邁，幼嗜學，鄉人社臘報賽，同學争往觀，公獨端誦不輟。年十九，補博士弟子員。乙酉，以五經領解。己丑，成進士，讀中秘書。連丁内外艱，哀毁骨立，喪葬以禮，服闋，授翰林院檢討。今皇上御極之元年，授江南道監察御史，巡視都城。有豪棍爲巨室僕人姻婭，素行凶惡，賈人控於公。棍知公不可干以私，乃竄身巨室，公督卒搜執，寘之法，由是不逞之徒，皆悚慄畏避，輦下肅然。嘗召對養心殿，講大學「明明德」章，反覆敷陳格致誠正之義，上大喜，賞賚甚厚。明年，以諫垣督湖北漕政。湖漕錮弊多端，每僉丁撥運，軍民譁然不可制。公下車數月，得其要領，逐一指揮，不動聲色，而諸弊盡除。江陵、荆門、蘄水諸邑，請就便以南兑漕，公如所請，水脚運費約千金，盡汰予民。黄州府屬被災，公率屬捐貲賑粥，日親按視，曰：「吾不目覩，吾心未安也。」押運至虎頭機，厲風大作，舟幾覆，公拜祝曰：「承烈奉職無狀，願身當天譴，勿損船沉米，致誤天庾。」須臾，風止，漕舟得無恙。比遷江藩，楚中兵民數千人，洒淚擁，送揮之不去。江藩舊有東西通史，作奸犯科，官民並受害。公蒞任，即革除，勒石署前。郡邑攢造部籍，吏書百計苛駁，公令粘簽册首，俾照式改造，需索之弊，不禁自絶。時中丞性苛急，公多方調劑。凡中丞所爲有未合，必力争，得請乃已，然終以此拂中丞意。戊申春，陞都察院左副都御史。中丞亦解任來京。公與中丞質奏上前，中丞語塞，上嘉公，嚴褫中丞。旋授工部侍郎，改刑部侍郎。自入臺府，輒病瘧，時作時止，力疾視事，未嘗一刻少懈。迄己酉夏，疾大作，支離數月而卒。

予思關中理學，淵源於横渠張子。先儒謂張子如伊尹。西銘言仁，發明萬物一體之義，伊尹納溝之恥，即此意也。所論井田學校，農桑禮樂，親切可見諸施行。又嘗欲以一鄉之地，畫爲井制，爲天下後世法。張子之於治道，其志可謂勤矣，而卒不獲抒其所蓄，樹聲績於當時，爲蒼生利賴，良可惜也。近代若吕涇野、馮少墟，皆學張子之學者也。涇野仕終南禮部侍郎，雖立朝侃侃，而所言終不獲用。少墟以講學爲小人所阻，致仕，飲恨而卒。豐於德，而嗇於遇，千古同慨。説者遂謂儒術迂疏，多不用於世。即用，亦未必效。今觀於公，而知其言之大謬不然也。

公自爲諸生，讀書談道，精研性命之旨，體察於身心之間，立意較然，以聖人爲必可學，以唐虞三代之治爲必可復。先是李二曲講學盩厔，公族兄豐川親受業於其門。公嘗自謂平生得力於豐川之教益爲多。然二曲、豐川屢辟不起，而公獨毅然以斯世斯民爲任，比之横渠張子、涇野、少墟諸儒，其學同，其志同，而遭際之隆盛，則前賢所未有也。夫以草茅崛起之寒畯，備員史館，孤介特立，而數年之間，歇歷中外，功績懋著，爲世名臣，公誠上不負君下不負所學。而聖主之知人善任，豈漢唐以來賢君之所能及哉？公嘗語子弟曰：「我三家村一窮秀才，受恩至此，何由仰稱？」言之涕零。自五月乞假養疾，皇上屢遣御醫調治，輒整衣冠，倚床叩首，嗚咽不止。重九日，自爲挽歌四章，有「蟣蠓何意列鵷鸞，天地恩深圖報難」之句。易簣時，無一語及私，惟以君恩未報爲恨。夫以公之公忠誠懇，孜孜爲國，使得享耄耋之年，天子且將大用公，公之所以輔佐太平，霖雨蒼赤者，不更有大焉者哉？

公生於康熙五年三月二十日申時，卒於雍正七年十二月十四日子時，享年六十有四。原配左氏，繼李氏，俱誥贈恭人。繼裴氏，誥封宜人。子一，穆，癸卯恩科舉人，任内閣中書。將以某年月日，葬公於先兆，孤穆乞予志其墓。予交公廿餘載，公弟孝廉錫綬又嘗遊吾門，不敢以不文辭，於是誌而爲之銘曰：

嘗登崆峒之巔，探元鶴之穴。下瞷涇原，細涓活活。東流百里，濁浪潺咽。毓秀鍾靈，實産人傑。味道沉酣，砥行孤潔。遭逢聖主，樹立炫赫。天不慭耆，綍謳悽悲。卜佳城於何所？蟠石之南，莘野而西。千秋華表，芳草離離。

毛芝亭墓表

毛公諱渾，字元厚，别號芝亭，前戊戌進士、吏部選郎錦來先生之冢嗣也。公幼負穎姿，卓犖不羣。弱冠有聲庠序，以拔萃貢成均。時錦來先生，方佐冢宰，司銓政，憐才好士，士之出其門者，大都一時俊彦。公於趨庭之暇，時與諸君子遊，詩社文酒，儒雅風流，才名籍籍都下。踰年，錦來先生以疾卒於京邸，公扶櫬歸葬。而新昌山寇，乘吴逆之亂，揭竿蠭起，公方哭踊墓門，羣賊突至，擁公見渠魁，笑揖上坐，曰：「願從吾取富貴耶？」公張目大罵，賊怒，將殺之，賊中有曾受恩門下者，夜半爲釋縛，得逸去。詣郡城，涕泣請師剿賊，勿許，乃杖策走謁撫蠻將軍兩廣制府於粤西。制府進賢，諱弘烈傅公也。前錦來先生尹平郡，傅公以上書發三藩奸，充配邊軍，過平，先生贈以數千金，咨嗟訂交而别。至是，傅公喜見故人子，又奇公才，公亦樂爲知己用，於是留幕府，參預軍務。事平，以功授兵馬指揮，尋改上林令。

慈惠廉明，所屬猺獞，頑冥不可德化之人，皆戴之如父母。民有爲豪吏誣陷者，撫軍欲致之重典，公力争，撫軍怒，公曰：「人命重情，願平心聽之。殺無辜以媚上官，職不爲也。」撫軍拍案攘臂，叱左右揮公仆地，乃痛哭呼號，以頭觸柱，流血昏迷。比甦，而撫軍已奉嚴旨就逮矣。秩滿，改廣德牧，歷遷刑部尚書郎。嘗平反疑獄，司寇弗允，輒引疾，司寇悟，卒如公議，乃留。出守黔之思南，政績如牧令時。涖政二載，又以强項獲罪，罣誤歸。

自是，杜門不出。養母以孝稱，前後居艱擗踊，衰麻喪葬如禮。爲人簡易和平，不拘小節，閑家有道，閨門肅然，僮僕悉奉命惟謹。性嗜酒，每半醉輒拊掌談古今成敗事，悲歌慷慨，聲徹雲霄。自以一生讀書求志，不獲大用於時，而所在折屈，感憤抑鬱之氣，一發於詩。所居官舍家園，種梅數百本，花時把酒長吟，集中所載咏梅詩，積數千首。其愛梅，較淵明、茂叔之於蓮、菊有甚焉。

或云：「東野玉溪窮，長吉夭，魯望以詩人刻削搜抉飛潛動植之物，不得隱伏其性情，比之淫佃漁者，爲天所罰，芝亭之不大用，其以此歟？」

予謂：「不然。東野、玉溪、長吉，文人已耳。若公之懷才骯髒，窮以道，不以文也。當其陷賊中，罵賊不屈，豈復爲首頂計？作令忤大吏，至呼號觸柱，假而撫軍留粤一二日，公之死生，未可知也。復不自懲艾，至老倔强如少時，而卒得保軀命，優游林下，以壽終，天之佑公者，何嘗不厚乎？」

聞公彌留時，無一言及家事，第曰：「堯舜在上，士君子建功立名，千載一時。兒等發憤自强，無學予溺情詩酒也。」公卒後，諸子讀書礪行，恂恂善下，可謂不忘先訓，公有子矣。公生於順治某年月日，卒於康熙某年月日。娶某氏，先卒。子某某，孫某某，孫女三。雍正某年月日，葬於某山之原，祔葬者，鴻遠生母某氏也。

吴贈君名三墓表

待贈吴君，諱錦，字名三，號通江，世居高安之城南。贈君自幼讀書，負志節，落拓不事家人産。年二十餘，遊京師，旅邸蕭然，金盡裘敝，而懷刺漫滅，未嘗輕與人交。余時與少司農陳木齋先生官庶常，贈君來謁，喜其才能肆應，而誠慤謹厚，無時流習氣，遂與訂交。凡日用酬酢，余與木齋智力所不逮者，君悉爲措置。冷席寒氈，依依不舍，誼至篤也。西陲用兵，司餽餉者聞其能，延與共事。贈君悉心籌度，出入唯當。還京師，所携修數百金，皆散諸故人立盡，復往，留二年乃歸。

歲壬辰，予以官滿還里，過贈君別業，乃命其冢子學濂出謁。予見其少年穎異，氣宇不凡，甚愛重之。學濂亦不以予寡昧，殷然執羔雁禮。未幾，蜚聲黌序，爲名諸生。比貢成均，授臨川司鐸，在任凡九載，以古道課諸弟子員，懇懇懃懃，始終無倦。臨士人至今頌之。嗣以内憂解組，服闋來京師，效力營田，議叙授江南句容令。居官不滿月，句人戴之如父母。比聞贈君訃，哀毁骨立，當事欲留之，將拜疏，學濂泣辭乃已。凡學濂之志潔行清，才猷幹練，皆得之贈君庭訓也。

贈君天性孝友，晨昏膳寢，愉婉無間。出門後，雖在數千里外，而南望閭門，孺戀之誠，未嘗晷刻暫忘。没則附身附棺，必誠必信，所謂生能致養，死能致哀，君何媿焉？友愛兄弟，弗渝孩提。先人所遺數廛半隴，盡推與之，贈君不一取，尤爲古人所難。同堂弟姪，視同一體，卵翼安全，不遺餘力。戚族之貧，賴以舉火者，賙恤之，終始如一日。賓客率嘗滿座，酬接無倦容，有求必應，應必愜其意以去。慷慨好義，其性然也。爲人藹然和易，而不肯苟同於人。大本大原之地，克自敦尚。其他善行之可嘉者，又未易一二數，宜乎鄉里族黨，悲且泣於君之殁矣。嗚呼！世尚浮華，人鮮實德。以贈君之才之行，使得通籍一官，安知不建立功名，垂聲竹帛，而以明經鬱鬱，卒於牖下，惜乎！雖然，君以碩德懿行，井里孺婦皆能言之，而令子又將展其素抱，卓然樹立，爲循吏，爲名臣，贈君可以不朽矣。

贈君生於康熙丙午年七月初八日酉時，雍正七年三月初七日巳時，疾終正寢。雍正九年□

月，葬君於石鼓潭之蛇山。學濂遣力來都，乞余表墓，余交其兩世，不忍以不文辭，乃詮次大略如此。

三弟行狀

嗚呼痛哉！吾弟竟溘然長逝耶？弟一生聲譽，不出鄉里，吾不忍其湮没無傳也，爰拭淚，銓次爲狀。

弟諱爌，字叔輝，别號是亭，世居高安之坡山里。吾父誥贈光禄大夫北坡府君，吾母誥封一品太夫人。冷太夫人，生余昆季四，爌其三也。自幼讀書聰穎，稍長，泛濫涉獵，未嘗精專制義，然文筆清辨，洋洋灑灑，自成一家言。年二十，貢入國學，秋闈得而復失者再。庚子，受知李南屏、鄂起振二先生，已登解額，以後場謄録訛字，抑置副車，自是遂不作科名想矣。予與二弟，仕宦碌碌，四弟亦時遊學遠出，依依吾親膝下，承歡孝養，少盡子職者，獨吾三弟耳。自奉父母命析産，二十餘年，凡支拄門户，檢點米鹽，以及諸子女婚嫁大事，弟一身獨任之。族姓繁衍，每有争論，得弟一言輒釋，見人急難，匍匐救之。嘗曰：「祖父好善樂施，吾雖貧，敢不仰體先志？」待人平恕和易，勸善規過，亹亹不倦。有時嚴聲厲色，直斥無隱人，亦莫之憾也。性恬静，泊於世味。嘗搆别業於所居之東，鑿泉種樹，四時水陸之花，無不備。暇則率友朋子弟，詠遊其中，翛然自得，謂：「吾二兄一弟，委身報國，吾得優游卒歲，所願足矣。」

丙午春，以次銓授教諭，時已丁母太夫人艱，曰：「吾即不居憂，亦不能就此席也。」服闋後，予累書速其入都，遲久乃行，至中途，忽欲返，同行者强之再四，乃抵京，時奉開直隸水田，親友勸令營田效力，曰：「吾才本不勝一官，但聖主普美利於郊圻，吾闔家受恩，效力所不辭也。」戊申夏，蒙恩議叙，以知縣用。至九月，需次已及時，方初病，尚能步履，乃曰：「力疾謁選，毋乃熱中乎？」强之不可。於是銓曹以臨選不到，人缺俱扣。

自居京邸，足跡不出户庭，適予亦抱病經年，季夏幾濱於死。弟日夕憂懼，躬親湯藥，未嘗假手僕隸。每晨夕與俱，余未食，雖飢必俟。夜則余寢乃寢。其天性友愛類如此。數年來，頗讀宋儒書，自云有得。病劇，猶令人誦近思録，披衣起坐而聽，曰：「聞誦先儒言，覺錮疾稍却也。」

書法端楷，大字尤遒勁。閒涉筆爲繪事，凡山水人物、禽魚花卉，潑墨成趣，寫照傳神，未嘗臨模舊跡。又嘗留心醫藥堪輿之學，頗得要領。下逮追琢刻雕，接木移花，堆石細事，靡不精善。丰采端凝，聲音洪亮，美髯脩眉，動止莊重。雖自幼清弱，而神氣活潑，終日無倦容。

自九月感發舊疾，漸覺瘦頓，然啓居笑語如舊，未嘗一日偃卧。歿之日，晨起盥漱，命童子掃地焚香，曰：「予逝矣。」至晚，呼姪必堦、必圻、姪孫禮陶，登床持手足，含淚熟視余，曰：「切勿哀痛，吾無憾也。」詢其遺言，曰：「存順没寧，夫何説？柩到家，毋作佛事。葬我二親墓前。」言訖而卒。次日小斂，視其面，垂頣合目，笑容藹如，儼若神像！嗚呼痛哉！吾弟一生善行頗多，哀慟迫切，中不能盡記，狀中所述，不忍一字虚誣也。

弟生於康熙十七年戊午十一月二十二日寅時，卒於雍正六年十一月十二日申時。娶周氏，子一，必考，癸卯科舉人，福建永春縣知縣，娶劉氏。孫一，世恩，聘潘氏。女一，適彭氏。又養族人女，適蕭氏，鍾愛如親生，女亦克行孝道。孫女一，許聘毛氏。

朱文端公文集卷四

恩科順天鄉試録序

欽惟我皇上，以聰明睿知之德，繼統膺圖。登極之日，頒詔中外，增廣選額；又特開恩科，於元年四月九月舉行。海内懷瑾握瑜之士，咸思洗濯磨礪，發英振華，輦轂之下，多士雲集，歡聲若雷。蓋自聖祖仁皇帝壽考作人，涵濡樂育者已久，而我皇上復舉闢門曠典於光華復旦之時，人文蔚起，賢才衆多，振古以來未有若斯之盛也。重以睿鑒所照，科場夙弊，靡不周知，煌煌聖諭，戒飭綦嚴。又持衡誠貴冰心亦須明眼，倘目迷五色，雖矢虚公，何益掄才之任。聖心慎重遴選，形諸誥誡者數矣。順天鄉試届期，特命臣軾偕禮部尚書臣廷玉典試事。伏念臣江右鄙儒，猥蒙聖祖仁皇帝不次擢用，敭歷中外。皇上臨御以來，備蒙眷□，委以重任，奇珍寶玩甲第兼金豐貂上藥之賜蕃庶稠疊洊邀異數。又念臣母年已八十，特加一品誥封，賜金養贍，允臣暫歸覲省之請，又命臣以西臺之長，兼宅揆之御，自顧何人受聖明特達之知寵榮至此，捐糜莫報。兹復恭奉簡書，論辨俊髦，膺兹重寄，如蚊負山，敢不精白乃心，以仰副聖天子側席求賢之至意乎！維時監臨則署府尹臣坦麟，提調則府丞臣令璜，内監試則御史臣達禮、臣之旭，外監試則御史臣保、臣景宣、臣爾洪、臣疇書、臣柱、臣濟布、臣懋誠、臣仕岫。各司其事，罔不虔肅。臣軾謹與臣廷玉及同考試官御史臣廣、編修臣兆晟、臣雲瑞，檢討臣嘉淦、臣建豐、臣際虞，庶吉士臣江、臣力恕、臣馮栻、臣來旌、臣朗、臣上進、臣焕彰、臣斯盛，員外郎臣兆佳，主事臣隆元、臣斗南、臣聶恒，相與齋心釁盥，昭□明神，乃進祭酒臣爾敦、臣圖炳學臣襄，所取士六千一百有奇，鎮院三試之。

皇上欽命四書三題，頒至闈中。臣等跪領之際，交相誡勉，曰：「誠一者，立身之本也；倫紀者，百行之本也；稼穡者，恒心之本也。皇上以務本之道，振聾發聵，固士子所當訓行，亦司衡者之金科玉律也。毋捐本而求枝，毋採華而去實。繹思聖訓，庶免隕越。」於是澄心静氣，其嚴其慎。校閲既畢，録文十卷進呈。蒙皇上獎勵有加，在寒畯爲非常之知遇，臣等爲莫大之榮施矣。撤棘後，臣趨闕謝恩，重荷天語褒嘉。越七日，復敕部議叙，臣等感激慚惶，不知所措。退而銓次其文之尤雅者，鏤板以獻，臣例得颺言於簡端。

臣惟周易序卦傳曰：「物不可以苟合而已。」故受之以賁。國家之設科取士也，既以衡文之任委之主司，而又立糊名易書之法，非所謂物不可以苟合者乎？假令關節潛通，無論背公徇私，不容於堯舜之世，即有意收羅名士，鹿鳴未歌，賢書預報，要之皆苟合也。昔宋臣蘇軾知李廌能文，及知舉而廌，不第，蘇軾甚以爲愧。然觀其與廌書云進退之際，不甚慎静，則於定命不能有毫髮增益，而於道德有丘山之損矣。其持論之正如此。古之君子，不以生平相知輕爲薦引，況物色於場屋中哉！臣軾與臣廷玉固同凛此義，而同考諸臣，亦皆澡雪肝腸，恪遵皇上命題之意，以黜華崇實爲指歸。諸生入彀者，大率言皆有物，略無浮夸，其合也可謂不苟矣。回憶在闈之日，卷帖紛拏，丹鉛雜遝，深懼心思目力有所未周，而俯竭區區之忱，冀小裨聖主人文化成之賁治於萬一者，或在於此。雖然，臣願更有進焉。夫人臣保初節易，保晚節難，此臣等所當勉也。始進以正，後或不以正繼之，此又多士所當勉也。《禮》云：「事君者先資其言，後拜獻其身。」今日諸士先資之言，固敦忠主敬，切於人倫，明乎物理之言也。風簷握管，於欽命三題既皆有所發明矣，自旨之而自背之，可乎？聖天子宵旰求治，欲得端人正士而用之，以經國庇民，效猷宣力。諸士遭逢景越千載一時，將來事君之日方長，願多士訓行皇極之敷言，臣藉以對揚天子之休命矣。

恩科會試録序

聖天子纂圖御宇，德盛化神，樂育賢才，旁求俊乂。詔於元年特開鄉會恩科，蓋鳳曆紀年之始，即鴻儀登進之期。景運昌熾，人文化成，猗歟盛哉！直省所貢賢書，雲蒸霞蔚，海内士子，新舊舉於鄉者，輻輳輦下，凡四千人。九月辛巳，恭遇太廟，升祔禮成。越翼日壬午，頒詔中外，巽風發越，解澤旁流，朝野騰歡，神祇降祉。而會試内外簾諸臣，亦於是日宣旨午門，賜宴禮部，煌煌乎鉅典也。臣軾已典京兆試，凛遵聖訓，苟幸無罪。皇上不以臣爲不肖，仍命臣偕臣廷玉董厥事。伏念江右豎儒，知識庸下，蒙聖祖仁皇帝不次簡用，毫無報稱。皇上御極以來，聖心眷注，有加無已，特恩屢晉崇階，欽賜兼金甲第，珍異駢蕃，楮墨難罄。又親洒宸章，爲臣家門焜耀，子姓榮施者皆，亘古所未有也。兹復□掄才，寵命臣之任愈隆，而臣心之愧愈甚，懼亦愈甚。夫禮闈大典，龍飛首科，收十五國之人才，開億萬年之風氣，將何以仰慰皇上德造之盛心乎？且自有制科以來，一歲之中，主鄉、會兩試者，惟臣與臣廷玉二人。將何以仰副皇上任使之至意乎？敢不精白乃心，始終一節，矢小草向日之誠，殫老馬識途之智，期仰報於萬萬分之一。入闈後，與諸臣焚香告神，而後受事。祇領欽命三題，頒發場屋，榮光燭天。比校閲，則佳卷甚多，平奇濃淡，體製不一，而皆能發明義藴，不繆繩尺。此由我皇上聖化光昭，道衝明而士氣振，故其發爲文章者，如山川出雲，不可禦也。臣等方相告語，慮才浮於額，而聖心洞鑒，已頒諭旨，命臣等於欽定策名百八十人之外，以佳卷之溢額者，進呈御覽。又念闈中披閲，心力易疲，或有遺珠，命廷臣覆閲之，以所拔之卷進。又推恩於内外簾諸臣之子弟迴避者，歷科之以瑕疵磨勘見黜者，命廷臣再試之，以所取之卷進。欽取九十，名賜中式。蕋榜再張，寒畯吐氣。而臣族子之辨與焉。臣之榮幸，莫可名言。乃復蒙聖恩，賜臣御題扁額、詩扇，天語褒嘉，逾分過量。又特授臣子必堦户部員外郎。臣何人，斯膺兹異數至。廷試之日，士子更沭殊榮，升階對策，咫尺瞻天，鑪火郁然，温如就日。聖朝待士之隆且厚，至矣極矣！臣於是銓次其文之尤雅者，鏤板以獻，謹拜手稽首颺言於簡端。

臣惟自古帝王受命而興，其紀年必以一爲元，元之時義大矣哉。周易乾之彖傳曰：「大哉乾元，萬物資始，乃統天。」朱子釋之曰：「元，大也，始也。」文言傳曰：「元者，善之長也。君子體仁，足以長人。」程子釋之曰：「體仁，體元也。」而董仲舒、杜預、胡安國所論春秋稱元年之義，皆與易理吻合。臣竊思之，帝王膺大寶，涣大號，無疆惟休之運，自此而開，有大始之象焉。而其所以爲大始者，仁而已矣。仁者無不愛急親賢之爲務。故聖人御極必急，急於興賢育才者，所以盡夫體元之道也。我皇上至仁如天，開寬裕之路，以延天下之英俊，翕受敷施，規模宏闊，自此雍容垂拱，永永萬年，皆一元之所統貫，蓋大始之義全矣，體元之道備矣。昔宋儒邵雍著皇極經世書，以元經會，以運經世，編年以符其學，起於唐堯即位之元載，謂堯時正當乾卦九五，爲極治之盛。臣謂我皇上以天德履天位，光天之下，野無遺賢，正文言傳所云「雲從龍，風從虎，聖人出而萬物覩」者，人事之極隆，即氣化之極盛，功巍文焕，媲美陶唐，此普天所共慶也。抑臣更有勗於多士焉。先儒之説春秋也，以爲體元者君之職，調元者相之事。多士習其説久矣，亦嘗以調元爲分内事乎？夫所謂調元者，以正心誠意爲學，以利世福物爲心，允若兹，則足以贊襄鴻業矣。士苟有志，何多讓焉？且人臣隨分盡職，即一言之建，一官之守，一郡一邑之治，其助流德教，皆國家之元氣所分寄也。此又拜獻者所當共勉矣。多士受知聖明，千載一會，惟當愈加黽勉，不愧爲元年恩科之進士。臣藉是，亦得少盡以人事君之義，豈非厚幸歟！

甲辰科會試録序

欽惟我皇上，纘承鴻業，庶績咸熙，尤孜孜以取士用人爲亟。龍飛首歲，特開恩科。二年甲辰春，大比天下士於鄉，補行癸卯正科，而於八月試直省士子於南宫，禮臣列試官名以請。皇上命臣軾偕臣廷玉、臣敏、臣貽直往典厥事。伏念臣江右鄙儒，學殖弇淺，蒙聖祖仁皇帝不次拔擢，敭歷中外，皇上臨御以來，眷注優渥，委臣以銓衡重任，仍長西臺，臣母屢荷恩施，臣子更蒙録用，鳳藻頻頒，鴻寶疊賜，叨榮逾分，焜耀家門。癸卯鄉、會試，臣皆奉命掄才，仰承聖訓，幸告蕆事。今復膺茲寵命，兩歲之中，三持文柄，自有制科以來，無此榮遇也。臣何人，靳洊邀異數，任重才薄，如蚊負山，敢不益凛冰淵，以圖涓埃之報稱耶！入棘後，與諸臣焚香告天，務矢公慎。比試日，欽命四書三題，頒發場屋。祇領之下，榮光燭天。時赴春官者四千三百餘人，皇上念官生之引嫌也，則特簡廷臣，另爲校閲，取中六名，一體入榜。念佳卷之溢額也，於欽定正額之外，復欽取七十七名。莛榜叠張，遺珠盡採。前後共得士二百九十人，聖朝取士之盛至矣，蔑以加矣。爰銓次其文之尤雅者，鏤板以獻，臣謹拜手稽首颺言簡端。

臣惟自古闢門顧俊之典，非徒取之，將以用之。周之取士見於周官、王制者，大概仕進之途有二：鄉學所升曰選士，用爲鄉遂之吏；國學所升曰進士，命爲朝廷之官。而論秀之柄，則司徒、司馬分主之。蓋其時取者無不用，用者皆所取也。三代而後，貢舉之制重於漢，進士之科重於唐，皆每歲行之。然考漢時公卿，州郡所舉，歲僅數人耳。唐之明經、進士，歲不滿百，而釋褐入仕者，反不如流外出身之多且速，故以韓愈之賢，猶三試吏部，十年布衣，他可知矣。宋時進士，乃諸科歲舉數百人，而授職無常制。開寶中，王嗣宗舉進士第一，止授參軍。嘉祐以後，第一人例得評事僉判。是自漢而唐、而宋，雖皆以科名爲網羅之具，而或取之不廣，或用之不耑，菶萋梧鳳之盛，所以不數數覯也。我皇上求賢若渴，加意科目，敕諭吏部增立進士選班，蓋欲登明選良，俾寒畯吐氣，碩士伸眉也。新科進士於廷對之後，復得染翰丹墀，瞻天紫殿。自欽點庶吉士而外，内用者爲額外郎官，外用者亦先綰黄綬，隨材器使，因人授官，連茹以升，及鋒而試。復特頒國帑，補立三科，題名碑於太學，恩至渥也。昔唐臣陸贄有云：「人之材性，與時升降，好之則至，獎之則崇。」又云：「引進以崇其術業，歷試以發其器能。」今通計兩年以内，舉進士者，幾六百人，制科之盛，仕進之榮，皆遠邁前代。我皇上所以好之獎之者，備極其至，振興鼓舞，實有以崇其術業，而發其器能，於以黼黻皇猷，贊襄盛治，萬年有道之長，其積諸此矣。臣更進多士而勗之曰：國家所以重進士之科，異於貲郎任子者，豈不以士子螢窗雪案，暑講寒鈔，讀聖賢之書，而能發明其義蘊乎？又豈不以言爲心聲，文能載道，先資拜獻，必不負其所學乎？假令行不顧言，名浮於實，則操觚應舉，特敲門磚耳，策名筮仕，亦麒麟楦耳，可恥孰甚焉！宋王曾有云：「平生志不在温飽。」范仲淹爲秀才時，即以天下爲己任。爾多士誠能如王、范二子之樹立，內則論思獻納，外則宣力效猷，以旂常竹帛爲科名重，庶不負盛朝設科取士之鉅典矣。我皇上翕受敷施，克知灼見，所取皆所用，超漢、唐、宋而上。之爲臣子者，生逢景運，當厚自期許，爲三代以上之人才，以仰答生成於萬一。諸士勉乎哉！臣將藉手以對，揚天子之休命。

丙辰科會試録序

國家重熙累洽，化溥菁莪，三年一開禮闈，拔鄉貢士之尤者，進其名於朝。

皇上臨軒策試，而任用之本，謂門龥俊之心，行論秀書升之典，煌乎盛矣。士子涵育薰陶，抒所蘊以爲先資，匪徒以文采自炫鬻也。凡異日所表見，早於此識梗概焉。夫言者心之聲也。昔王通觀人於文，謂君子之文，深以典，約以則。人臣以人事君，即於操鑑之下正其準繩而精其別擇於其人之行誼，雖未能無毫髮爽，而亦庶幾近之。若是乎知言良難，而司衡之責綦重也。臣朱軾學識弇淺，備荷國恩，洊躋政府，未能一效涓埃。而衡文之任，初膺聖祖仁皇帝簡任，視學西秦，繼蒙世宗憲皇帝寵命，一主京兆鄉試，兩主會試，濫叨榮遇，愧負實多。兹逢皇上御極之初，隆恩叠沛，優以世襲思廕，賜第賜金，又擢臣長子朱必堦副司喉舌，恩逾高厚，感難言罄。元年二月，正屆選士南宮，皇上以臣爲識途老馬，命偕大學士臣鄂爾泰等共典試事。臣膺兹鉅任，謹惕彌深。入闈之日，與同事諸臣盥醴焚香告天。迄比試日，祇領欽定四書三題，文華朗耀，光生東壁。集天下赴春官者四千餘人，鏁院而試之，矢公矢慎，録其精湛醇雅者三百一十有一人。皇上念考官子弟法宜迴避，特簡廷臣別校試卷，取中十名，而臣次子朱堪與焉。臣福量淺薄，叨洊至之寵榮，感愈深而愧愈甚矣。撤闈後，皇上又以佳卷溢額，復命臣等檢閱，欽取三十五人。前後得士合三百四十六人，賢關盡啓，士類彈冠。爰銓次其文之尤雅者，鏤板以獻。臣伏念孔子繫易，於臨之象傳曰「教思無窮」，於觀之彖傳曰「大觀在上」，而序卦傳又曰：「臨者，大也，物大然後可觀。」故受之以觀，是知帝王臨萬方以觀天下，不外乎教。故唐、虞、三代，必五教敷而後文治洽，必九德行而後常吉彰。周自司徒下至閭胥，無非司教之人，自閭塾上至國學，無非設教之地。而其□□鳳諧音譽髦志美，凡以教思所布，上以是爲臨下。即以是爲觀也，漢唐以來，非不欲得人而任，而平時不能造就栽培，以儲才於學校，而登進之途，又歧而雜，雖其間文行卓然者不乏其人，而吉士藹藹之盛，不數覯矣。今士子生當聖世，道學昌明，凡山陬海澨，觀感於教思者，匪朝伊夕。我皇上躬至聖之資以臨天下，嗣統以來，孜孜以繼述前徽、覲光揚烈爲念。孝思不匱，念典時勤，特詔元年舉行恩科，敕加天下郡、州、縣入學額數。又廣徵鴻博，搜羅孝友、方正，所以振興作育之者，至矣盡矣。由是普天士子，争自濯磨，積學行以期無負樂育之至意。漢臣董仲舒云：「遍得天下之賢才，則三王之盛易爲，而堯舜之治可及。」夐乎大哉！敦知臨而立極，表中正以爲觀。文治之光，思皇之盛，非近代所得比擬於萬一者也。臣識愧知言，而以人事君之義，時用兢惕。慶兹多士，欣逢泰運，拔茅彙征，當思言行相顧，人人奮勵，如陸贄之不負所學，王曾之不愧科名。上者卓然樹立，宣力效忠，爲盛世名臣，即效一官、治一邑，亦必敬敏勤恤，異於俗吏。是則臣之所厚期於多士，而諄切訓勉者也。臣例得颺言簡末，用是闡臨、觀之義，以昭作覲之盛云。

策問

問：聖人之道在六經，而道莫大於孝，孝經一篇，其六經之根柢歟？孝經有今文、古文，章次少異。今文漢顏芝所藏，而長孫氏、江氏、后倉、翼奉、張禹以及馬、鄭諸儒皆名其學，至唐勒諸石，是爲石臺孝經。古文出孔壁，孔安國爲之傳，其本逸於梁時，隋秘書監王邵訪得之，河間劉氏述其義疏，作稽疑一篇，而當時學者皆云劉氏僞作，非安國本。然歟？否歟？司馬温公作古文指解，謂孝經與尚書並出壁中，今人既信尚書，何以獨疑孝經爲僞？朱子據古文爲刊誤，删其句字之疵累并所引詩書詞凡七，定爲經一傳十四，與大學義例相符。而草廬吴氏終以古文爲疑，所著纂言於朱子本不無更易，其果有確見否歟？我聖祖仁皇帝欽定孝經衍義，依朱子刊誤本，衍經不衍傳，孝經之旨已昭若日星，何士子之所誦習猶仍石臺之舊歟？

我皇上至仁至孝，比德虞周，又弘施錫類之仁，屢頒養老之詔，年七十以上者賞賚有差，九十以上者有司不時存問，貧者給與養贍，所謂刑四海、順天下，莫大於是，内外臣工何以宣揚德教，使天下曉然於至德要道之所在，而敦行不倦歟？夫子云：「志在春秋，行在孝經。」可見二經相爲表裏。經言事親孝，故忠可移於君，忠孝無二理也。昔之儒者補作忠經，贅已。諸侯之制節謹度，卿大夫之法服法言，士之資父事君，遵斯道也，以往皆謂之孝，皆可謂之忠，而謹身節用之庶人，亦嚮化之良民也。在位者欲仰副皇上以孝治天下之意，非躬行實踐，何以爲民之表率歟？多士經明行修久矣，其悉言之無隱。

策問

問：古者立學必釋奠於先聖先師，自春秋有孔子集群聖之大成，爲萬世師，後世崇德報功，屢加尊號，至定爲至聖先師，而推崇無以復加矣。先賢之從祀者，釐定於唐時，載在開元禮。其後歷代議增，以次附饗，典至重也。顧七十子而外，自周迄明，登祀典者，僅三十有六儒，何聖人之徒，如此寥寥歟？抑尚有可增益者歟？

我皇上御極之初，遣官祭告闕里，又推遡本原，追封叔梁公以上五代，並享蒸嘗，惟心源之契合無間，斯典禮之尊崇有加，非徒修重道之文已也，多士幸生聖世，勵志純修，則古稱先，考同辨異，於從祀諸儒學術之醇疵可得而指陳歟？明初金華宋氏有從祀廟庭之議，嘉靖間張璁復建議黜蘧伯玉、林放，使不得列於聖門，謬已。馬融以下諸人，歐陽子所謂章句之學，轉相講述，而聖道粗明者也。議者指其行事而黜之，持論未爲不正。然鄭康成、盧植之徒未聞失德，而一概屏斥，毋乃過歟？世之論者，謂孟門之樂正子、萬章、公孫丑，程門之游、謝、尹、吕諸子，均應從祀，其説然歟？黄勉齋親受道於朱子，而金華何、王、金許遞衍其傳之數儒者，以之從祀，可以無愧，而數百年來禮官未有論及者。聖朝典制明備，或當次第舉行歟？明之王陽明、羅整菴，猶宋之朱、陸也，祀陽明而舍整菴，詎非闕典歟？諸生其各攄所見以對。

策問

問：昔三代盛時，取士之法，周官、王制之所載備矣。漢有孝弟力田之科，魏有九品中正之制，雖其後不能無弊，然皆以實行爲重，去古法未遠。自隋唐以來，士子以文章爲先資之獻，而文與行違者，往往有之。論者謂行鄉舉里選，於今日恐滋矯僞之習。文以載道，仁義之人，其言藹如。以此求士，拔十得五，舍是更無良模。其説然歟？抑必學校之制備，師儒之教嚴，使内外交養，本末兼修，而後收制科之實效歟？

我皇上神聖嗣統，詔天下，舉孝子順孫，以勵醇修。學官非孝廉明經不得與選。又特開鄉、會恩科，嚴飭考官，虚公衡鑑，一時浮華奔競之士，莫不斂跡。欽命順天鄉試三題，首揭「忠敬」二字，示士人以立身行道之大端；次明五品人倫而歸於立誠；三言稼穡之艱難，以爲恒心之本，所以覺世牖民者至矣。諸生其何以祇率聖教躬行實踐，而不徒事文藝之末歟？朱子貢舉私議，令學者合所讀之書，諸經、子、史、時務等，分之以年，使治經者必守家法，答義者必通貫經文，條舉衆説，而斷以己意。此崇尚經術之良法也。今可倣而行之歟？明道程子欲推訪德業充備、篤志好學之儒，延聘萃於京師，朝夕相與講明正學，使學者日受其業太學之師與天下學官皆取諸此。今或用程子之意而神明之，令直省各立書院，督撫、學臣延訪名儒，使主教事，與學校之所造乾相輔而行。其於聖化，庶能仰贊於萬一歟？先儒謂科舉之文與實學無礙，視乎學者之立志何如耳。多士生逢堯舜之主，自命聖賢之徒，實求名廉恥之久已。其各以所得著於篇。

策問

問：古者，太史陳詩，以觀民風；命市納賈，以觀民之好惡誠以四方之風俗人心之邪正繫焉。夏尚忠，商尚質，周監於二代而尚文。文即文，此忠質也豈忠質之外別有所爲文耶？孔子曰：「禮，與其奢也，寧儉。」儉，禮之本也。乃曾子謂：「國奢示儉，國儉示禮。」儉與禮相提並論。其義果安在歟？周易節之象傳曰：「當位以節，中正以通。」其象傳曰：「君子以制數度議德行。」此可見節之爲道大矣。周公陳七月之詩，言：豳民以旨酒嘉蔬奉老疾，瓜瓠苴荼供飲食。以爲王業之本在焉。而後之傅會經術者，倡爲豐亨豫大之説，豈不謬歟？

我皇上憲天立極，教養兼施，懼習俗之易靡，憂民用之不足，力行節儉爲天下先。又以京師爲首善之地，八旗爲風化之原，誥誡諄諄，俾知嚮慕。復命禮官定中正之規，防踰越之漸，一時風行草偃，固已革薄而從忠矣。顧四海之大，萬民之衆，風土各殊，秀頑不一，承流宣化，非封疆大吏之責歟？誠使爲督撫、監司者，敦羔羊素絲之風，又講求於食時用禮之政，民間之冠婚喪祭，皆使遵守制度，不爲驕盈矜夸，示儉示禮，調劑而得其中，庶敦龐淳樸之俗成，而比户可封歟？守令於民最親，必恬淡寡欲，悃愊無華，然後民則而象之。故曰：移風易俗，使天下回心鄉道，類非俗吏之所能爲也。課吏者，以民俗之奢儉爲有司之殿最，斯亦上下觀感，潛移默化之道歟？多士其敷陳之。

策問

問：孟子述禹功，首稱疏九河。九河之名，載在爾雅。其故道湮没不可考。孔穎達尚書疏，用漢許商之説。而王横、程大昌以爲淪於海。是二者孰有當歟？史記言禹於大伾下，灑河爲二渠。論者曰：一漯川，一即九河入海之道也。然孟子明言瀹濟漯，其不以漯爲河可知矣。禹貢道河之文，於二渠止記其一漯之名，惟見於兖州，而先儒以爲未詳其地。然則二渠果安在歟？自周定王時，河潰而南，至漢決酸棗，又決瓠子，最後館陶決，分流爲屯氏河，德、棣間播爲八。由是歷魏、晉、五代唐末有河患，宋熙寧時決曹村，合於淮、泗，明正統弘治間，屢決張秋。徐有正、劉大夏先後治之，不過補苴目前而止。先儒因謂賈讓三策爲治河不易之良模。蓋疏爲上，濬次之，塞其下也。然觀禹貢「九澤既陂」，禹之治水，又何嘗不用塞耶？況近代情形又非漢、唐比耶！

我聖祖仁皇帝宵衣旰食，誠求民瘼，於河防諸書無不徧覽。又不憚勤勞，親歷河干，指示方略，河臣遵奉奏功，慶平成者數十餘年矣。我皇上臨御以來，廑念河工，德音屢沛。武陟之塞決告竣，則遣官相視，思善後之有良規也。山左之運道淺阻，則發帑興工，俾役夫之沾實惠也。特簡河臣委以荒度，所以爲民生謀安全者至矣。在事諸臣何以綢繆防護，永保安瀾，以仰慰皇上己飢己溺之思乎？明道程子常率廂兵塞決口，曰：「臣子之分，身可塞亦爲之。」今之任事者，誠能繹思程子言，則治河必收實效，何得謂古今人不相及歟？多士其昌言之。

策問

問：自古左右史分記言事。言爲尚書，事爲春秋，尚已。編年之體，其來最古。自子長易之爲記傳，其後遞相祖述。讀史者目紀傳之體爲正史，而古史之法微矣。涑水資治通鑑編年體也，朱子因其書而爲綱目，表歲以首年，因年以著統，大書以提要，分注以備言。而春秋筆削之旨，昭然復見。學者能條舉其義例歟？班氏之論子長也，稱其善序事理，不虚美，不隱惡，而又譏其是非頗謬於聖人。劉知幾之論班氏也，稱其言皆精練，事甚該密，而於五行之志斷斷致辨，又詆其古今人表無益漢史，然歟？否歟？朱子有云：「太史公書疏爽，班固書密塞。」然則，二書殆未易軒輊歟？范史自謂體大思精，而贊詞失之佻巧。三國志高簡有法，而陳氏、葉氏有率略少文義緣飾之譏。晉隋二書成於衆手，夾漈鄭氏謂區處各當其才，故二書之志，高於古今。果爲定論歟？南自宋迄陳，北自魏迄周，代各有史。李延壽合之爲南北二史，雖禨祥詼嘲具載，而叙事簡徑，比南北正史過之。温公謂延壽可亞陳壽。然則，沈約、蕭子顯諸人，所撰述竟可等之自檜以下歟？新唐書，歐、宋分撰，事增文省，而元城劉氏謂其不及兩漢文章者，正在於此。歐陽五代史，事各有首尾，人各有本末，經緯錯綜，瞭然指掌，蓋史家之法備焉，而或猶惜其不爲韓通立傳，則作史不誠難歟？宋、遼、金三史修於元代，論者謂其發凡起例，未得要領，紀事立傳，不辨主客。明初修元史，以削稿大迫，并三史之不若，其踳駁可悉指歟？

我皇上好古敏求，多識畜德，乙夜觀覽經經史緯。頃者，復命詞臣修輯明史，務存忠厚之心，以定是非之實。聖天子鄭重丹鉛，如此其至也。多士生逢右文之世，必有具三長而優於作史者。其各抒所見，以爲校書天禄之先資焉。

策問

問：自孟子而後，濂溪周子啓鑰抽關，得吾道之正傳，著太極圖説以明道體。朱震謂此圖傳自陳摶、种放、穆修，五峰胡氏因之，朱子據誌文，謂周子自作，蓋非爲此圖者，不能爲此説，義理渾然出於一人之手，則所謂不由師傳默契道體者得之歟？太極之説始於繫辭傳，其曰：生兩儀，生四象，生八卦，即圖説陰陽變合，化生萬物，主生無窮之謂也。以周子此圖，與邵子「先天横圖」參觀互證，不有可相發明者歟？周子、邵子皆言無極，或疑老氏有無極之説，不知其指固迥别也。國史增「自爲」二字，朱子欲請而改之，殆慮致虚守寂之流竊其説歟？動静之互根，在聖人者，無異於天地，而曰主静，立人極，豈却物求静歟？抑動静合一而無動非静歟？通書推一理、二氣、五行之分合。朱子謂與太極圖説相表裏，又謂誠動静理性命等章發明圖説爲尤著。二書同條共貫，其精微可得言歟？正蒙言「太和」，又言「太虚」矣。夫太極之於陰陽不離也，亦不雜也。太和、太虚之旨，何以異此？以西銘之義合之，天地之帥其太極乎？天地之塞其二氣、五行乎？踐形惟肖，窮神知化，其聖人之立極乎？顧程子屢與學者論西銘，而不及圖説，抑又何也？朱子與吕成公編近思録，列太極圖説於卷首，嘗云：「原此理所自來，無形象可指，論其工夫，則只中正仁義，便是理會此事處。」然則此書切於日用，固近思者所宜盡心歟？

我皇上秉生知之德，加以遜志時敏，擇精守一，而執其中，每與廷臣論天人性命之旨，極深研幾，發先儒所未發，而播諸政事，莫非三極大中之矩，蓋道統治統一以貫之矣。皇極建於上，而臣民皆得近天子之光。諸生讀書講學，尤訓行之有素者也。盍各言其所得？

策問

問：自古帝王撫綏寰宇，子惠黎元，不外教養二大端，而養尤先於教。書曰：「德惟善政，政在養民。」夫子論保庶之道，亦首及於富，而孟子七篇敷陳王道，每惓惓於耕桑樹畜，務使老者有肉帛之安，黎民無飢寒之患。管子亦曰：「衣食足而後知禮節。」夫百姓之盈寧，視乎在上者之煦育。周禮大司徒以保息六養萬民。其説可得而詳陳歟？三代之制，耕三餘一，耕九餘三，其時家給人足，比户可封。後世稱富庶者，莫如漢之文、景。史稱：斗米三錢，外户不閉，烟火萬里，民氣和樂，庶幾三代之盛，其果何能以臻此歟？

我聖祖仁皇帝撫恤愛養六十餘年，大化涵濡，湛恩汪濊，率土億兆靡不各得其所。我皇上繼聖出治，宵衣旰食，無刻不以民生爲念。直隸、山東、河南春麥歉收，特遣廷臣發倉散賑，其流移在外者，招徠安集之。豫、晉諸省復停徵蠲賦。江南歷年逋欠，共蠲免七百餘萬。直隸脚價銀兩及江西扒夫銀米歷年未完者，共百餘萬，盡予豁免。嗣後復准支給陝西帶徵額外米三合，永行豁免。通計數省，所免錢糧已踰千萬之數。凡山陬海澨，窮簷蔀屋之民，無不沾被實惠，遂生樂業。我皇上之愛育羣黎者，至深至渥。大小諸臣工，凡有司牧之責者，其何以仰遵德意，以布休養之實政乎？夫督撫、監司職在承流宣化者也，郡守、縣令與百姓，尤親者也。大吏矢冰檗之節，則僚屬自不至於苛征；守令勵清白之操，則閭閻自不苦於煩擾。所以綏輯而噢咻之者，豈無其道歟？抑農桑者，衣食之原；節儉者，豐裕之本。今欲使小民皆務農力耕，敦本尚實，崇儉約而戒奢靡，以致家有蓋藏，野有露積，此亦司牧者之責也。果何以轉移而化導之歟？諸生有懷經濟久矣，其各抒所藴，以著於篇。

策問

問：鄉飲酒禮，所以示民貴賤長幼之節，使興起於仁讓，而遠於鬭辨，典綦重矣。鄭康成謂三年大比，賓賢者而飲之酒。孔穎達謂黨正蜡祭飲酒、州長習射飲酒、鄉大夫士飲，國中之賢者合賓賢而爲四。藍田吕氏又謂凡鄉人會聚皆用此禮，不止四者。諸説果孰當歟？《禮記·鄉飲酒義》推原禮意，至微至精。然先王制禮未必纖悉，皆有深義。所謂象天、象地、象三光四時者，毋亦後儒推測之論歟？賓主之坐，曰西北，曰東南。先儒謂賓主側席相鄉，後之行禮者沿之。然後所云「賓必南鄉，介必東鄉」者，又何謂歟？漢永平二年行飲酒禮於學校，晉大始間行飲酒禮於辟雍，唐貞觀六年詔録鄉飲酒禮一卷，頒行天下，令郡邑率長幼行之。當時史官俱誇爲美談，可知三代而後，禮廢不行久矣。

我國家制作明備，遠過漢、唐，郡邑每於十月舉行斯禮，歲支經費二萬有奇，所以爲道民計者至矣！我皇上德盛化神，動容周旋，以及用人行政，無不適合中正之則，尤孜孜以一道同風爲務，屢詔督撫大吏加意訓迪，匹夫匹婦有一節之善，必予嘉獎。所謂勞來匡直、輔翼振德者，無以加於是矣。宣布德教，責在臣僚，將使民入孝出弟，尊長養老，舍禮奚務焉。豈自甘俗吏，不以型仁講讓爲事歟？飲酒之禮，郡邑沿習故事，所稱賓介者，豈盡賢而有齒，而酬酢揖讓之儀，亦未必有當於尊讓絜敬之義，何以斟酌繁簡，使宜於今，不悖於古，行者必以實，而觀者足以感歟？諸生習禮久矣，其各陳所見毋隱。

策問

問：人臣事君，知無不言，言無不盡，勿欺無隱之義也。古者言官，自公卿大夫以及士庶百工，無不得言者。然孟子云：「有言責者，不得其言，則去。」是戰國時已有專官，豈即周禮師氏、保氏之職耶？周官御史掌贊書而授法令，非言職也。至秦、漢爲糾劾之任，御史大夫屬有中丞，有御史，丞掌察舉非法。唐設三院御史，曰臺院，曰殿院，曰察院。宋御史官七品，掌言事，至今因之。魏、晉以來，給事中屬門下省。唐、宋設左右諫議大夫，分屬門下、中書兩省，而給事中專主封駁。唐有左右補闕、拾遺。宋有左右司諫、正言，又有以他官知諫院者。歷代言官之職因革可得而詳歟？史册所紀臺諫官賢否不一，其卓卓可稱者幾何人？可得指陳歟？

我皇上聖由天縱，善與人同，踐祚之初，即下求言之詔。又令臺垣諸臣按日奏事，周而復始，言之無當，隱而不宣，可行者立即舉行，屢加賞賚，以示鼓勵。復諭尚書以下各官，分班陳奏。如言官例書所稱明目達聰，何以加茲。爲臣子者，果有碩畫嘉謨，可仰贊高深於萬一耶。古人臣進言於君，其議論必合於天下之公理，其敷陳必切於當時之利弊。章疏懃懇，出於至誠，絕無矯激沽名之意。今之言者，能如斯歟？豫章羅氏有云：「士之立朝，要以正直忠厚爲本。」又云：「人臣當愛君如愛父，愛國如愛家，愛民如愛子。」進言者，能不愧此數語，庶不負聖天子建鞀懸鐸之盛心歟？諸生將離蔬釋屩矣，書思對揚，豈異人任乎？其各悉心以對。

策問

問：人君奉天出治，以天之心爲心，故命討出於至公。人臣委贄事君，以君之心爲心，故威福不敢自作。蓋尊卑别而分定，上下交而志同。君臣相與之際，萬化之原也。自古有體乾立極之君，必有亮工熙載之臣。非公忠永矢，盡去其作好作惡之私，曷克臻此歟？唐虞君臣都俞吁咈，稱極盛矣。然舜戒禹曰：「汝無面從，退有後言。」夫舜之於禹猶動色相戒若此，後之人臣宜何如凛凛歟？

我皇上以聖德履天位，用人行政廓然大公，推心置腹以待臣下，天地父母之恩無以加矣。兹復御製朋黨論，刊刻徧頒，以儆有位，羣臣入奏，復申天語，諄誡再三。爲臣子者，問心有一毫之私，能不愧悔猛省，自訟自責歟？夫臣之事君，猶子之事父，不愛敬其親，而愛敬他人者，謂之悖德悖禮。違公義而昵私交，其悖不更甚乎？周易泰之九二曰：「包荒，用馮河，不遐遺。朋亡得尚於中行。」斯言洵萬世人臣之法也。象傳獨以「光大釋，包荒而朋亡」之義已該。蓋人心惟無私曲而後能光大，其即朋亡之謂歟？古大臣之立朝也，好賢若渴而非黨同，疾惡如仇而非伐異。其人雖素所愛慕也，一言偶愆，未嘗附會其短；其人即素所賤惡也，一行可取，亦必節録其長。蓋忠愛篤棐之誠，固結於中，止知有國有君，而不知有身有家，又何有於黨援之私乎？苟不如是，無論夤緣扳附者，爲滔朋之小人，即孤踪落落，亦不得爲涣羣之君子。然則，公私邪正之别，不在事爲之迹，而在夙夜隱微之地歟？今聖天子建樹於上，蕩平正直，無偏無陂，薄海内外，罔不遵道遵路，會極歸極。大小臣工寧甘自外於光天化日之下乎？誠使清夜之捫心，不愧大廷之敷奏，以肺肝爲獻替，不以文貌爲對揚，賡歌喜起，一德相孚，泰交之盛，何難媲美於中天乎！諸生忠藎之懷矢之久矣，其昌言之毋隱。

策問

問：古者，都鄙授田，有不易、一易、再易之分。下地三百畝當上地百畝，而孟子列農夫爲五等，上農所食之人倍於下農，一畝常兼二畝之入。然則，肥磽固因乎地，而勤怠實存乎人。勞民勸相，非農政之要務歟？

我皇上念切民依，周知稼穡，欲令八旗閑散丁壯習於農事，將以近邊閑田及郊輔官地畫井分疆，人授百畝，俾盡力於耕耘，設專官以司勸課。雖曰存古制於萬一，實則存曠典於千秋也。孟春親祀祈穀，仲春又躬耕耤田，以黛耜之三推，兆青疇之萬寶。旋諭督撫以下官加意課農，州邑歲舉老農無過者一人，給予八品頂帶以示鼓舞，所以爲民衣食計者，至矣盡矣。顧盛世休養生息，户口日繁，地畝之數不加於前，生齒之數倍增於舊。非人盡上農，不足以給俯仰也。漢書食貨志稱：趙過能爲代田一畝三畝，歲代處視通畝之收穫畝餘一斛已上，多者倍之。可見善力田者，不在種植之廣，農書所載伊尹教民區田之法，用省而功倍，田少而收多。今可倣而行之歟？周禮大司徒辨十有二壤之物，司稼辨穜稑之種。月令云：善相丘陵阪險原隰土地所宜，五穀所殖以教道民。宋太宗時，言者謂土風雖各有宜，而雜植以備旱澇，亦古之制也。夫秔稻之收穫倍於黍稷，北方亦多近水之地，或可疏濬溝渠，引流種稻，以盡地利乎？江楚高原之地，灌溉不及者，亦可以兼植宜燥之種乎？今蚩蚩者氓，或以膏腴沃壤種植不可食之物，以逐十一之利，而酒醪飴餌之之耗穀者，又復不少。是皇上重本抑末，而小民反耗末於本也。任之則流弊無窮，禁之則騷更滋擾。司牧者潛驅而默率之，當必有道歟？諸生有志足民，盍抒所見以對？

策問

問：禹貢所載：總銍秸粟米之賦皆出自甸服，無飛輓之勞也。漢高時，漕運山東之粟給中都官。武、宣以後，天下盡輸粟於京師。歷代因之，其得失可備言歟？

我國家成賦中邦，歲漕四百萬石貯京、通十一倉，爲八旗養兵之用，而白糧則隨漕輸運，法至善也。其間兑分正改，米别正耗，以及經費解支之欵，載在漕運議單者甚詳。我皇上加意倉儲，以是書未經刊刻，命廷臣斟酌校定，期於盡善。觀光之士，豈無碩畫可備參考歟？夫運軍輓有行糧月糧，國家之恤軍至矣。又益之以貼費，如江西則有副米，江南則五米十銀，浙省之截貼尤重，而運軍常苦匱乏。豈職司管轄者，不免扣克科派之弊歟？水次之折乾，沿途之私賣，功令甚嚴，而積年之起欠纍纍也。至造船式樣，或尖其底，或闊其旁。持論者，未能畫一也。欲使漕政有利無弊，何道而可？或者，舊制之外，更有變通之良法歟？漢宣帝時，耿壽昌請糴三輔、弘農諸郡穀以供京師，省關東漕卒過半。論者謂京輔豐穰之歲，此議可行。其信然歟？唐時，江船不入汴，汴船不入河，河船不入渭。宋於真、楚、泗三州設轉般之倉，與唐制相近。今或可略倣其意，於南北之交建倉遞運，以省長運之繁費歟？元史食貨志盛稱海運之善。明丘濬請别通海運一路，與河漕並行，其講求製船、募夫諸法，歷歷如繪。萬曆中，王宗沐建議，謂燕都之受海，猶憑左臂從腋下取物，奈何置海漕而專力於河。其説然歟？否歟？循舊制，每憂其滋弊；更張，又慮其難行。諸生其考古有得，盍暢言之？

策問

問：太公立九府圜法，錢圜函方，輕重以銖。此錢法所自始也。秦、漢以來，若三銖、五銖、八銖、半兩、榆莢、荇葉、赤仄、鵝眼、綖環，其名不一。孰得？孰失？可指陳歟？周景王廢輕作重，一時民蒙其利，後代有當三、當十、當百、當千之制，皆行之不久而罷。其弊安在歟？

我國家設寶源、寶泉二局，不惜銅，不愛工，肉好適均，輪郭周正，前代所希有也。我皇上軫念民生日用之需，惟恐錢價稍貴，不便於民，屢詔廷臣酌議流通平價之法。又叠沛思綸，内則八旗兵餉多發制錢，外則滇、蜀二省皆開鼓鑄。所以爲閭閻利用計者，至矣。然二局所鑄，新陳相因，而錢不加多者，其故何歟？奸民銷錢之弊，宋胡致堂嘗論之矣。夫盜銷與盜鑄二者相倚伏。錢價浮於銅，則盜鑄之奸起；銅價浮於錢，則盜銷之弊滋。今之所慮不在盜鑄，而在盜銷。將何以遏絶之歟？唐劉秩有言：「鑄錢之用不贍，在於銅貴。銅貴由於採用者衆。」此言似爲通論。今外洋銅觔惟歸錢局，非民間所得買，而銅器之日造於市廛者，不知凡幾。此奸民銷錢射利所自來也。若輩藏踪匿跡，官吏猝難捕獲。苟器不用銅，將銷者不令而自止歟？考之於史，禁銅之令，唐、宋盛時皆有之。今欲倣其制，恐民間生齒日繁，用器者多，有司奉行不善，得毋滋擾歟？况小民口用有必不可少之物，豈能盡禁歟？或已成者，聽其不毁而市肆之，鎔造有當，分别飭禁者歟？夫用銅者少則銅價賤，國家於額設銅觔之外，更收銅以資鼓鑄二局之爐座漸可，議增錢愈多而價自愈平，庶可仰慰皇上愛養黎元之至意乎？諸生留心世務，必有説以處此。

策問

問：欽恤者，聖人之心；明允者，刑官之職。三代以前，尚已！魏文侯時，李悝著法經六篇，漢蕭何定爲九章，叔孫通又增爲十八章。自時厥後，歷代遞有損益，其篇目之詳略，條例之得失，可歷言歟？周禮月吉縣法於象魏，士師掌五禁，以木鐸狥於朝，書而縣於門閭，凡以昭示愚民，使不誤入於罪也。然晉鑄刑鼎，孔子責其失度；鄭鑄刑書，叔向以爲起争。其故何也？夫立法以昭信，莫善於簡，簡則無舛違出入之患，民易知而可守。先儒言之詳矣。乃趙冬曦又云：「科條省則民難明。」其義安在耶？律所不盡而用例，書所謂「上下比罪」是也。宋淳熙中，言者謂例之有無，多出吏手，往往隱匿以沮壞良法，甚者賄賂行，乃爲具例。然則，以例輔律，心斟酌盡善，歸於畫一，斯無舞文弄法之弊歟？

我聖祖仁皇帝命廷臣分編彙纂，擇例之可行者，以類附於正律之後。務期平恕協中，爲萬世不易之章程。我皇上御極之初，即敕諭詳加考訂，刻期成書。每進一篇，必親賜裁定，單詞隻字，辨晰毫釐，無不酌理準情，應經合義，非儒生所得窺見萬一也。漢陳寵以五刑之屬，合之禮經三千之數，謂禮之所去，刑之所取，出乎禮，斯入乎刑。纂修者能體斯言，斯不負聖主明刑弼教之盛心歟？抑載律例者，書也；用律例者，人也。惟敬五刑以成三德，非法司之責而誰責歟？諸生其悉陳之，以贊刑措之治焉。

朱文端公文集補編

楊婧　張千衛　整理

目録

朱文端公文集補編卷一……（一九七）
御製樂善堂文集序……（一九七）
御製樂善文集跋……（一九九）
請修築海寧石塘疏……（二〇〇）
請修築杭嘉紹等府塘工疏……（二〇一）
查勘畿南水利情形疏……（二〇三）
畿南請設營田疏……（二〇六）
京東水利情形疏……（二〇九）
京西水利情形疏……（二一三）
請定考核以專責成疏……（二二〇）
請定鹽法疏……（二二一）
請免開墾丈量疏……（二二七）
請禁濫刑摺子……（二二八）
恩免南昌浮糧謝表……（二二九）
蠲免額徵錢糧謝表……（二三〇）
朱文端公文集補編卷二……（二三二）
以易山記……（二三二）
傅忠毅公家傳……（二三四）
箋註李昌谷詩集序……（二三九）
左繡序……（二四〇）
三詩合編序……（二四二）
明經喻公墓表……（二四三）

皇清敕封徵仕郎翰林院庶吉士待贈資政大夫都察院左都御史顯考北坡府君行述……（二四四）
皇清誥封一品夫人顯妣冷太夫人行述……（二五一）
遺摺……（二五三）
朱文端公文集補編卷三……（二五六）
奏疏……（二五六）
條陳賑濟事宜摺……（二五六）
入境奏報情形摺……（二五八）
至平陽奏報情形摺……（二五九）
請銀米兼收併開常平事例摺……（二六〇）
請議敘摺……（二六一）
代士民謝恩疏……（二六一）
請停捐納疏……（二六三）
條陳積儲利弊疏……（二六四）
條陳水利社倉疏……（二六六）
賑畢奏報情形摺……（二六九）
再請旌紳士義民摺……（二七〇）
朱文端公文集補編卷四……（二七一）
咨户兵二部、河南巡撫禁遏糴……（二七一）
咨直隸總督禁遏糴……（二七二）
咨山西巡撫飭行六款……（二七二）
咨撫院學院鹽院捐恤寒儒……（二七四）
行委協賑官……（二七五）
行府嚴革牙行……（二七五）
行府設法捐賑……（二七六）
行府嚴催散賑……（二七七）

行府飭查倉糧……（二七七）
行司飭催報册……（二七八）
行府州嚴禁私派……（二七八）
行府嚴禁收捐需索……（二七九）
行府采訪節孝……（二八〇）
行府飭議補賑……（二八〇）
行府續賑……（二八一）
行府飭種二麥……（二八二）
行府議行社倉……（二八三）
行府咨詢水利……（二八四）
行府勸借麥種……（二八五）
勸借麥種啓……（二八六）
行府訪旌隱德……（二八七）
行府飭借官錢……（二八七）
行府飭勘雹災……（二八八）
行府查旌義捐紳士……（二八九）
勸糶示……（二八九）
散賑條約……（二九一）
嚴禁勸糶擾累事……（二九三）
嚴革陋規示……（二九四）
申禁散賑諸弊示……（二九四）
嚴禁勒借示……（二九五）
勸諭積穀示……（二九五）
勸緩私逋示……（二九六）
祈雨文……（二九七）
祭亡故災民文……（二九八）

朱文端公文集補編卷一

御製樂善堂文集序

雍正元年我皇上紹登大寶，特命朱軾侍皇四子、皇五子。年甫十三歲，已熟讀詩、書、四子，背誦不遺一字，已乃精研易、春秋、戴氏禮、宋儒性理諸書，旁及通鑑綱目、史、漢、八家之文，莫不窮其旨趣，探其精蘊，由是發爲文章，實大聲宏，彬彬乎登作者之堂矣。雍正八年皇四子自訂其所作詩文爲一集，名曰樂善堂文鈔，命軾爲之序。固陋如軾，何足以知皇子之文，伏念皇子以「樂善」顔其堂，又以名其集，讀者徒以文視文，雖揚扢諷詠，咨嗟嘆賞，烏足測斯編之涯涘乎？凡人爲一事而或作或輟者，所樂不存焉耳。皇子之于文，窮年累月，抽思探賾，俛焉日有孜孜，誠有味乎其言之矣。然皇子之所樂者，善也，非文也。如以文而已矣，雖如宜寮之弄丸、庖丁之解牛，得心應手，亦徒虛車之飭耳，于善乎何與哉？樂善之説，見于孟子，所謂善者，仁義忠信而已。專言仁，則爲心之全德而義在其中；兼體用而言，則仁爲體而義爲用；對忠信而言，則仁義又爲用，而以忠信爲之體。苟存諸中者，有一毫不忠不信，求幾于仁義，可得乎？易曰：「立天之道，曰陰與陽；立地之道，曰柔與剛；立人之道，曰仁與義。」陰陽剛柔之流行不息，迭運不窮者，誠也。聖人之于仁義，如是而已矣。自聖人言之，則爲誠，誠者，天之道也。自學者言之，則爲忠信，忠信者，思誠也。人之道也，思誠之功維何，格致以啓其端，克復以踐其實，戒懼以立其本，慎獨以謹其幾，循循于下學，以漸幾于上達，久之而私欲潛消，理與心融而樂生矣，生則烏可已也。烏可已，則不知手之舞之，足之蹈之。天下娱心快志之事，孰有過于此者乎？欽惟聖祖仁皇帝德合乾坤，功參化育，我皇上欽明緝熙，聖以繼聖，本精一執中之心，法發而爲蕩平正直之皇猷，萬方臣庶，是訓是行，矧皇子天亶純粹，志氣清明，晨夕侍奉之下，其薰陶涵育于聖德聖訓者，固已日新月盛，莫知其然而然矣。從此敬承無斁，優游厭飫，戒于思慮之未萌，恭于事物之既接，進德修業之功，孰得而窺其所至哉？軾嘗聞皇子之自言其文也，曰：「詩歌賦，古三百篇之流，吾將以爲山水，以爲樂音，以養吾心焉耳。」旨哉斯言！凡知者之樂水，仁者之樂山，以及先儒樂觀天地生物氣象，无往非善，即区往非樂，无往非樂，即无往非養也。書曰：「非知之艱，行之惟艱。」夫无所得于中，而强而行之，則不勝其勞。苟從事于窮理盡性，而涣然有得，亹亹不倦，夫何難之有？皇子勉之哉！

御製樂善文集跋

臣聞法天之學，與時偕行，而惟日不足。自古聖帝明王，兢兢業業，无敢怠荒，胥此志也。我皇上以睿聖之姿，夙禀世宗憲皇帝庭訓，冲齡懋學，于經史子集，靡不總貫，用是發爲文章，深醇和懿，玉振而金聲。

御製樂善堂文鈔，臣既承命而敬爲之序矣。御極以來，本所學以出治，仁育義正，粹然純王之道，而萬幾之暇，不輟編摩，復取曩所論述釐爲日知薈説四卷，仍命臣跋其後。臣惟在昔夏先后，思日孜孜亦越成湯日新又新逮周成王日就月將學有緝熙于光明，皆以剛健篤實，日新其德，而茲編命名獨有取于子夏之説者，蓋皇上之學基之，以望道未見之心勵之，以自强不息之力要之，以純亦不已之誠，故雖聖學高深，已非游夏所能贊，而聖性冲挹，惟見義理之無窮，則我皇上之心法、治法，與先聖同揆者，即于是乎在，豈但文章之盛，度越百王已哉？臣載稽傳記，惟日周天，惟聖憲天，故陽暉所照，萬里同晷者，清明在躬，萬物皆覩之象也。歲度躔次，與天相及者，體乾行健，乘時御天之象也。其在天保之章曰「如日之升」，蓋人臣望君德業之昭著，福禄之綿長，皆取義焉。

臣以遲暮之年，幸側見知之列，材識駑下，無能發明聖學萬一，敬述其管蠡窺測所及，以竊附于天保詩人之志焉。

請修築海寧石塘疏 康熙五十七年

寧邑海塘，自康熙五十四年前撫臣徐元夢題請修築，委鹽驛道裴徠度督修，該道於五十六年正月内赴工，至六月間，連日風潮洶涌，新工未竣，舊工復坍。經臣咨明工部，督率搶修，迄今未完工程二百餘丈，現在上緊催修，克期報竣。查沿塘俱屬浮沙，潮水往來盪激，日侵月削，塘脚空虚，雖有長樁巨石，終難一勞永逸。歷考誌乘，自元明以來，屢經修築，或一二年，或五六年以至十餘年，俱係隨坍隨築，直待塘外沙漲，然後停工。臣屢至工所，相度情形，博採輿論，再四商確，惟有用前人木櫃之法，以松杉宜水之木爲櫃，長丈餘，高寬四尺，横貼塘底，實以碎石，以固塘根。乃用大石，高築塘身，附塘另築坦水，高及塘身之半，斜豎四丈，亦用木櫃貯碎石爲幹，外砌巨石二三層，縱横合縫以護塘脚，如此雖不能永遠保固，亦不遽至坍塌。

再查塘内向有河道名備塘河，潮汐往來，稍稍漫過塘面，猶恃河可消容，不致驟溢。自明季居民貪利，節節築壩，遂淤爲陸，今河形尚存。應去壩疏河，即以挑河之土培岸，則濬河以備塘，培岸以防河，是亦有備無患之一法也。日前已成之工，無庸改築，但添修坦水以護塘根。未完之工，應如法修築，嗣後隨坍隨修，直至沙漲乃已。但查原題鹽驛道裴徠度承修塘工止二千餘丈，今石塘三十餘里，均須防守，不時修築。又有東西土塘，現在坍塌，更宜及時堵禦，工程浩大，非可計日告竣。裴徫度一人實難料理，應令布政司段志熙督率杭州府知府張爲政等，協同修築，互相查察，其採買木石，交發錢糧，令糧儲道劉廷珍承辦，下部議行。

請修築杭嘉紹等府塘工疏 雍正三年

臣馳驛至浙，會同巡撫法海、布政使佟吉圖至餘姚，東自滸山鎮，西至臨山衛六十里，舊築土塘三道。最内一道爲老塘，即昔年海岸也，今離海三四十里，或十餘里不等，緣歷年沙塗淤漲，百姓陸續開墾報陞。自築土塘二道，是爲外塘，詢據土人，俱云潮水從不到塘，若加高三四尺，加厚五六尺，即遇風潮，亦不至衝決漫溢。查歷年，内塘係民户修築，外塘係竈户修築。今被災之後，民竈無力，應令地方官動用公費興修。又自臨山衛起，至上虞縣交界烏盆村十五里，自烏盆村至會稽瀝海所四十五里，内石塘一千二百餘丈，係康熙五十八年題建，至今穩固。其石塘東西兩頭，共土塘七千丈，坍塌甚多。沿塘雖有沙塗數里，但海潮往來無定，不得不預爲防護。擬於塘底開深二尺，填築亂石，上鋪大石，寬六尺，高六尺，以固塘基。貼石築土，寬二丈，高一丈三四尺。塘内令居民栽種榆柳。近塘窪下坑陷，一概築平，庶可永固。又歷勘杭、嘉二府，西自仁和縣翁家埠起，東至海甯縣城東陳文港七十餘里，歷年洪濤衝陷，屢經修建石塘題報在案。今賴聖主洪福，塘外淤沙三四十里不等，高處平塘，低處露出塘身三四尺不等，毋容議修。自陳文港起，至尖山二十餘里，草塘七十四丈，亂石砌邊土塘三千七百二十六丈。塘外淤積沙塗尚薄，潮水猶注，塘下應將土塘加寬一丈五尺，高三尺，頂鋪條石，厚一尺，以防泛溢。其草塘七十四丈，並照式改修。再，塘外原有亂石子塘，寬三四尺不等，外加排樁，因年久欹斜，子塘大半零落，應修砌完固。堤前原無子塘之處，亦照式興修。如此，則海甯塘工可無衝決之患矣。又海鹽縣東自秦駐山三澗寨起，西至演武場止，石塘二千八百丈，係明時修建，塘身高闊琢石見方，縱横合縫，通塘合爲一塊，最爲堅固。因年久水汕，塘根樁木朽壞，南頭陸續坍塌八十餘丈，今應移就實地修築。又去秋風潮衝潰八處，共七十丈。其附石土塘通身洗刷成坑，應照式重修補築。自演武場至平湖縣雅山砲臺一帶土塘，現在地方官加修，月内可以完工。

以上杭、嘉、紹等府海塘，臣等逐一勘議查估，餘姚、上虞、會稽三縣應修塘共七千丈，每丈用長六尺、寬二尺、厚一尺五寸條石二十四塊，并亂石價銀、夫匠土方雜費，共用銀十四兩，通塘共用銀九萬八千兩。海甯加修亂石塘，每丈蓋頂小條石，連價用銀一兩，共用銀三千七百二十六兩。加寬加高土方，并補修子塘，約用銀四千兩。共銀七千七百二十六兩。二處塘工，通共用銀十萬五千七百二十六兩。再，海鹽縣坍塘，據地方估計，用銀七千六百餘兩。但應否增添石料，難於懸度，將來或可節省，亦未可定統，俟工完核實，造册題銷。

查勘畿南水利情形疏 雍正三年

欽惟我皇上宵旰勤勞，無刻不以民依爲念，兹因直隸偶被水潦，軫恤窮民，命臣等查勘情形，興修水利，務祈一勞永逸，所以爲民生計者，至矣盡矣！臣等自出京至天津，歷河間、保定、順天所屬州縣，相度高下原委，諮訪地方耆老，所有各處情形大略，謹爲皇上陳之。

竊直隸之水，總會於天津，以達於海。其經流有三：自北來者爲白河，自南來者曰衛河，而淀池之水貫乎二河之間，是爲淀河。白、衛爲漕艘通達之要津，額設夫役錢糧，責成河官分段歲修，而統轄于河道及直隸總督。邇年白河安瀾，無泛溢之患，唯飭河員加謹防護，可保無虞。衛河發源河南輝縣，至山東臨清州，與汶河合流東下，河身陡峻，勢如建瓴，德、棣、滄、景以下，春多淺阻，一遇伏秋暴漲，不免沖潰泛溢。查滄州之南有磚河，青縣之南有興濟河，乃昔年分減衛水之故道，今河形宛然，閘石現存，應請照舊疏通，於往時建閘之處築減水壩，以洩衛河之漲。又静海縣之權家口，潰堤數丈，沖溜成溝，直接寬河，東趨白塘口入海。亦應就現在河形，逐段開疏，於決處築壩減水，均於運河有益。白塘口入海之處，舊有石閘二座，磚河、興濟二河之委，應開直河一道，歸併白塘出口，澇則開閘放水，不惟可殺運河之漲，而河東一帶積澇，亦藉消洩。且海潮自閘逆流，遇天時亢旱，則引流灌溉，溝洫通而水利溥，滄、青、静海、天津，數百里斥鹵之地，盡爲膏腴之壤矣。至沿河一帶堤工，大半低蕩，應飭修築高厚，仍令總督將玩忽河官參處，以警將來，此治衛河之大略也。

至東西二淀，跨雄、霸等十餘州縣，廣袤百餘里。畿内六十餘河之水，會於西淀，經霸州之苑家口會同河，合子牙、永定二河之水，按此係當日情形，永定、子牙皆不入今淀。匯爲東淀，蓋羣水之所瀦蓄也。數年以來，各淀大半淤塞，惟憑淀河數道通流，一經暴漲，不惟淀河旁溢爲災，凡上流諸水之入澱者，皆沖突奔騰，漭泱無際。總緣東淀逼窄，不能容納之故也。故治直隸之水，必自淀始。凡古淀之尚能存水者，均應疏濬深廣，併多開引河，使淀淀相通。其已淤爲田疇者，四面開渠，中穿溝洫，洫達於渠，渠達於河、於淀。而以現在淀内之河身，疏瀹通暢，爲衆流之綱，經緯條貫，脈絡交通，瀉而不竭，蓄而不盈，而後圩田種稻，旱澇有備，魚鼈蜃蛤萑蒲之生息日滋，小民享淀池之利，自必隨時經理，不煩官吏之督責，而淀可常治矣。周淀舊有堤岸，加修高厚，無堤之處，量度修築。其趙北、苑家二口，爲東西二淀咽喉。趙北口堤長七里，現在板石橋共八座，俱應升高加闊，並於易陽橋之南，添設木橋一座，堤身加高五六尺，橋空各浚深丈餘。每橋之下，順水開河，直貫柴伙淀而東。苑家口之北，新開中亭河，近復淤塞，應疏濬深廣。其上流玉帶河對岸爲十望河舊道，應自張清口開通，由老堤頭入中亭河，會蘇橋三岔河，達於東淀。庶咽喉無梗，尾閭得舒，可無沖溢之患矣。

子牙、永定二河以淀爲壑，淀廓而後河有歸，亦必河治而後淀不壅，此治二河之法所當熟計也。子牙爲滹、漳下流，清、濁二漳，發源山西，至武安縣交漳口會流，經廣平、正定，而滹沱、滏陽、大陸之水會焉。唐人言：漳水獨自達海，請以爲瀆。可知天津歸海之水，以子牙爲正流，其餘諸水皆附以達海。夫以奔騰注海之勢，遮之以數百里紆迴曲折之堤，河身淤墊高於平地，兩岸相距不過數丈，舊時支港岔流，一概堙塞，欲其不沖不泛，安可得乎？考任邱舊誌，子牙下流，有清河、夾河、月河，皆分子牙之流，同趨於淀。今宜尋求故道，開決分注，以緩奔放之勢。

永定河俗名渾河，其源本不甚大，所以遷徙無定者，緣水濁泥多，河底逐年淤高，久之洪流壅滯，必決向窪下之地。其流既改，故道遂堙。今應於每年水退之後，挖去淤泥，俾現在之河形，不致淤高，庶保將來，不復遷徙。二河出口俱在東淀之西，淀之淤塞實出於此。臣等面奉諭令引渾河別由一道，此聖謨遠照，經久無弊之至計也。今應自柳岔口引渾河稍北，遶王慶坨之東北入淀。子牙河現由王家口分爲二股，今應障其西流，約束歸一。兩河各依南北岸分道東流，仍於淀内築堤，使河自河而淀自淀。河身務須深濬，常使淀水高於河水，仍設淺夫隨時挑濬，毋令淤塞兩河。淀内之堤，至三角淀而止。蓋三角一淀，爲衆淀之歸宿，容蓄廣而委輸疾，但照舊開通，逐年撈濬，二河之濁流自不能爲患，而萬派之朝宗可得安瀾矣。此廓清淀池，調劑二河之大略也。

再各處隄防沖潰甚多，應俟堤内水洩，興工修築。其高陽河之柴淀口，河身南徙，舊河淤塞斷流，應速挑濬復其故道。新河之南，界連任邱，有古堤一道，亦沖潰數段，以致任邱西北村莊盡被淹没，鄚州一帶通衢宛在水中。現今任令詳請開挑淀堤消洩，亦應俟水退之後，照舊修築，並墊高行路，以便往來。又新安之雹河，自西折東，遶縣治之南入淀，而徐河會入漕河，復自劉家莊泛濫而下。新安正當二水之衝，每遭漂没之患，應於三台村南開河一道，引漕河之水會入雹河，由縣之正北入應家淀，南岸築堤，以護縣治。凡縣屬之大小淀，俱可以圩田種樹，尚須逐一查勘，俟來春具奏。

畿南請設營田疏　雍正三年

竊周禮遂人所掌，畎遂溝洫澮川之制甚備，澇則導畎之水達於川，旱則引川之水注於畎，此所以歲不能災也。今南人溝洫之制，雖不如古，然陂堰池塘，爲旱潦備者，無所不至。北方本三代分田授井之區，而畿輔土壤之膏腴，甲於天下。東南濱海，西北負山，有流泉潮汐之滋潤，無秦晉巖阿之阻格，豫、徐、黄、淮之激盪，言水利於此地，所謂用力少而成功多者也。宋臣何承矩於雄、莫、霸州、平永、順安諸軍〔二〕，築隄六百里，置斗門，引淀水溉田。元臣託克託大興水利，西自檀順，東至遷民鎮，數百里内，盡爲水田。明萬歷間徐貞明、汪應蛟言之鑿鑿，試之有效，率爲浮議所阻，自是無復有計議及斯者。

農民終歲耕耨，豐歉聽之天時，一遇雨暘之愆，遂失秋成之望。臣等竊意潤物者水，其爲人害者，由人不能用水也。農田之利興，則泛濫之害去。惟是小民可與樂成，難於慮始。水耕火耨，沾體塗足之苦，非惰農所能任，而疏濬修治之工費，又窮民所不能支，以數百年未興之利，謀之窮惰難與慮始之民，此亦事勢之最難者矣。臣等請擇沿河瀕海施功容易之地，若京東之灤、薊、天津，京南之文、霸、任邱、新、雄等處，各設營田專官，經畫疆理，召募南方老農，課導耕種，小民力不能辨者，動支正項代爲經理。田熟歲納十分之一，以補庫帑，足額而止。其有力之家，率先遵奉者，圩田一頃以上，分別旌賞，違者督責不貸。有能出資代人營治者，民則優旌，官則議叙，仍照庫帑例歲收十分之一，歸還原本。至各屬官田，約數萬頃，請遣官會同有司，首先舉

〔二〕「莫」，原作「鄚」，據宋史卷一七六食貨志改。

行，爲農民倡率。其濬流圩岸，以及瀦水、節水、引水、戽水之法，一一仿照成規，酌量地勢，次第興修。一年成田，二年小稔，三年而粒米狠戾。小民覩水田收穫之豐饒，自必鼓舞趨效，將可通水之處，無非多稔之鄉矣。

抑臣等更有請者。從來非常之利，言之而不行，行之而不究者，非局外之浮議爲阻，實局中之規畫未周也。臣等恭聆訓旨："「凡民間之小屋，有礙水道者，加倍償價。」大哉王言，順人情而溥美利，無過於是。臣等伏念濬河築圩，損數夫之産，利千耦之耕，甚而富家百頃，俱享成平，貧人數畦，偏值挖壓，若概償官價，不惟所費不貲，亦非民情所願。計畝均攤，通融撥抵，視本田畝數，加十之二三。其河淀窪地，已經成熟報升，必須挖掘者，將附近官地，照數撥補。如有豪强惑於風水，抗拒不遵者，嚴加治罪。如此則事無中撓，人皆樂從矣。

至浮議之惑民，其説有二：一曰北方土性不宜稻也。凡種植之宜，因地燥濕，未聞有南北之分。即今玉田、豐潤、滿城、涿州，以及廣平、正定所屬，不乏水田，何嘗不歲歲成熟乎？一曰北方之水，暴漲則溢，旋退即涸，能爲害不能爲利也。夫山谷之泉源不竭，滄海之潮汐日至，長河大澤之流，遇旱未嘗盡涸也，況陂塘之儲有備無患乎？此等浮議，雖愚民易爲所惑，臣等宣布皇仁，悉心開諭，無不感激歡騰，勸功趨事。其農田水利，區畫條目，容臣等博採熟商具奏。

京東水利情形疏 雍正四年

竊河道有經有緯，而緯常多於經，所以資節宣利挹注也。臣等歷看京東之水，若白河，若薊，若浭，以及永平之灤河，皆經流之最大者。

白河爲漕運要津，農田之蓄洩不與焉。然河西曠野平原，數十里内，止有鳳河一道，自南苑流出，涓涓一帶，蜒蜿而東，至武清之堠上村斷流，而河身淤爲平陸。此外别無行水之溝，亦無瀦水之澤。一有雨潦，不但田廬瀰漫，即運河隄岸，亦宛在水中。查涼水河源，自京城西南，由南苑出宏仁橋，至張家灣入運。請於高各莊開河分流，至堠上，循鳳河故道疏濬，由大河頭入，仍於分流之處，各建一閘，以時啓閉，庶積潦有歸，且可沾溉田疇，而於運道亦無礙也。

運河之東則香河，其下爲寶坻，沿河隄岸坍頽，屢爲二邑之災。應及時修築高厚，并於牛牧屯以上，斜築長隄一道，以障上流之東溢，則香河、寶坻，無運河之患矣。再通州煙郊以南之水，皆滙於窩頭，分爲二股，一股南入運河，一股東流經香河縣之吴村，滙於百家灣，入七里屯，達於寶坻。查七里屯以上，大半淤塞，地皆沙鹵，難以開鑿。若將南流一股，疏通深暢，則窩頭經流歸於運河，分入香河之吴村者無多，稍加濬導，則亦可免沖溢矣。又夏店之箭桿河，經香河東北入寶坻之溝頭河，漫流入淀。應從溝頭疏濬，導流於寶坻縣南，會七里屯之水，東入八門城，達於大河，庶水有攸歸，不致漫溢爲害。且潮水自八門逆流入河，於農田亦有利焉。寶坻之西北，壤接薊州，運河自三台營，會諸山之水，東南至寶邑，會白龍港，又南經玉田、豐潤，合㴖水達於海。河身深闊，源遠流長，所謂棄之則害，用之則利者也。請先築河隄，務須高厚，然後於下倉以南，建石橋一座，橋空下閘，壅水而升之，注於兩岸，以資灌溉，多開溝澮，自近而遠，縱横貫注，用之不乏矣。

㴖水又名還鄉河，發源遷安之泉莊，噴薄汹湧，懸壁而下，既入平地，則委折蛇行，土人有三灣九曲之稱。自康熙四十二年，決運河頭，奪流而西，至雍正元年始塞決口，挑引舊河。然河道狹而隄堰卑，東決則淹豐潤，西決則淹玉田，二邑士民，請展狹爲廣，改曲爲直，其説近是。然以建瓴之勢，奔放直瀉處，如劉欽莊、王木匠莊，各開直河一道，其舊流亦無令壅塞，俾得兩處分瀉。隄堰之偪近河身者，拓而廣之，更加高厚，可無沖決之患。至沿河一帶，建閘開渠，數十里内，無非沃壤。土人動言㴖水湍急爲患，不知敗稼之洪濤，即長稼之膏澤。現在近河居民，引流種菜，千畦百隴，在在皆然，未見利於圃而獨不利於農者也。

玉田本屬稻鄉，藍泉河出藍山，西南流入薊運，夾河瀦水爲湖，伏秋山水暴發，河與湖平，一望瀰漫。應將河身疏通深廣，東以隄防，西北另開小河一道，引山澗汗漫之水，入河下流，使湖無泛濫，而河得安瀾。仍於曲河頭建閘，開溝引水，遶東湖而南，湖内外田地，均沾灌溉。仍於湖心最下之處，圩爲水櫃，以濟泉水之不足，其利可以萬全。又泉河，發源小泉山，東流會孟家泉、煖泉，達於薊運河。現在引流種稻，所當搜滌泉源，多方宣播，以廣水利者也。

豐潤負山帶水，湧地成泉，疏流導河，隨取而足，誌乘所謂潤澤豐美，邑之得名非虚。臣等歷勘所至，如城東之天官寺、牛鹿山鐵坎，以及沿河沮洳之處，或疏泉，或引河，可種稻田數百畝，多至千餘畝而止。惟縣南接連大泊一帶，平疇萬頃，土膏滋潤，内有王家河、汊河、龍堂灣、泥河共四道，皆混混源泉，春夏不涸。王家河、汊河，流入大泊，龍堂灣、泥河，西入薊運河，而田疇不沾勺水之利爲可惜。應請滌其源，疏其流，壩以壅之，隄以蓄之，東北引陡河爲大渠，横貫四河，中間多開溝洫，度陌歷阡，瀠洄宣布，數十里内取之，左右皆逢其源。澇則田水達於溝，溝達於渠，渠會於河，河歸於大泊。大泊廣八里，長方十餘里，若於東南穿河，導入陡河以達於海，而泊内可耕之田多矣。

陡河即館水，源自灤州之館山，東流遶縣境而南，旁河村莊曰上稻地、下稻地，南曰官渠，蓋昔年圩田種稻之處，溝塍遺址，尚有存者。宣各莊以下，至今稻田數百頃，村農以此多饒裕。若推而廣之，沿河堅築隄防，多設壩閘，以時蓄洩，疆理一循舊跡，不勞區畫，而兩岸良田，不可數計。至板橋、狼窩鋪等處，東連榛子鎮，一帶流泉，大概入灤州境矣。

灤州爲永平屬邑。永平之水，灤河爲大，其源遠，所從來者高，洶湧滂沛，推壅砂石，既不可東以隄防，亦難以資其灌溉。然各屬支流藉以匯歸，少漲溢之患，而涓瀝皆農田之資。如灤州近城之別故河，淤塞漫流，數十年於兹，若照舊疏通，不惟城闉不受浸嚙，而西南負郭之田，皆收浸潤之利。城南則有龍溪，出五子山東。大泉騰沸，流至五官營，伏入地中，至閻家莊復見，即清河之源也。按此係遷安縣之清河。城西則有沂河，經芹菜山南流，折而東，又轉而南。二河之間，地勢平衍，土岡環之，東南一望無際，皆可播流而溉也；西南則游觀莊之靳家黄坨河，引泉可田；南則稻河，吴家、龍堂等處，引河可田；西北則自沙河驛之東，榛子鎮之西，龍溪、黄崖、煖泉會於牤牛河，按此係灤州之北牛河。經雙橋而圍山瀑水入之，流清而駛，地平而潤，沿岸一帶，建壩開溝，無處非水耕火耨之地矣。

灤州之北爲遷安，城北徐流營，湧出五泉，合流入桃林河。又三里橋湧泉流出灤河鼉姑廟，泉河與灤河相接。龍王廟之泉頭流爲三里河，經十里橋而南，夾河皆可田。黄山之麓，一泓湛然，浮沫如珠，西漾入石渠，渠岸清泉噴湧，即還鄉河自出也。自泉莊至新集五六里，兩岸地與水平，播之可種稻田百餘頃，且可分還鄉河上流之勢。

灤河經府治之西，青龍河會焉。青龍河即盧水，縣以此得名。境内岡巒起伏，地高水深，難以汲引。惟縣北之燕河營，湧泉成河，及營東五泉，漫溢四出，至張家莊一帶，皆可挹取爲樹藝之利。他如撫甯、昌黎、樂亭，以及遵化、三河等州縣，臣等未及徧歷，然按圖考誌，大抵水澤之利居多。

伏念京東土壤膏腴，甲於天下，祇緣積俗怠玩，苟且因循，人有遺力，地多遺利。臣等查勘所至，宣揚聖德，明白曉諭，一時民情踴躍，歡聲雷動。今春融凍解，臣等分遣效力人員，逐一確估興工。惟是工程浩大。地方遼闊，高下隨宜，容有變通之處，抑或委員經理，未合機宜。圩田之多寡，奏效之遲速，統俟工完彙齊具奏。

京西水利情形疏

雍正四年

查京西一帶諸山，實爲太行之麓，逶迤環拱，遥衛神京，水勢因之，盡朝宗而左鶩。故自西北山而下者，皆東南匯於兩淀，自西南山而下者，皆東北滙於大陸二泊，兩道分流，畢由東淀達直沽入海。則是今日所歷諸河，即去冬查勘畿南河淀之上流也。下流治，乃可以導上流之歸，亦必上流清，乃可以分下流之勢。謹將勘過情形，并開挖疏引、措置水田事宜，爲我皇上敬陳之。

盧溝以西諸水，拒馬其鉅流也。發源山西廣昌之淶山，東流至房山鐵鎖崖，分爲二派：一派東入涿州，過新城西南；一派南入淶水，經定興，歷楊村而東。二派合流，而爲白溝河。他若挾河、琉璃河，會於馬頭村爲馬頭河；茨尾河、廣陽水，會於石羊村爲牤牛河；白玉塘、西域寺、甘池諸泉，會於胡良河，皆入焉。馬頭、牤牛二，河雨多則溢，雨少則涸，均難資其灌溉。而牤牛一河，又往往東決，爲固、霸諸邑害，衝溜既久，宛成河槽，特以下無所歸，以致泛濫田野；應加疏濬，導自高橋以下入淀，不惟固、霸百里之内，潦水有所收攝，兼可減白溝之流，免雄縣淹没之患。惟胡良所經，地稱膏腴，溝渠圩岸，宛若江南，擴而廣之，房、涿之間，皆稻鄉也。淶水一派，石亭、赤土、樓村，秔稻最盛。而房之張坊至駱家莊，涿之高村及城之西北一路，分渠引流，具有條理。又有王家莊、茂林莊、毛家屯等村，溝渠現存，改爲旱田者約百餘頃。詢之土人，僉言水之入淶者七，入房、涿者三，故不足用。及訪淶則又以水源微弱爲辭，此皆小民狃於因循，不足深信。此河下流爲白溝，水勢甚盛，而附流之茨尾等河，常苦涸竭，則今日之滔滔南下者，孰非拒馬之餘波乎？未有下流盛而上源微者。今應於房山鐵崖分流之處，深溝側注，以均其來；白溝之上，相地建閘，以節其去。不惟王家、茂林等處之百餘頃，復爲水田，即河流所經之定興、新城等縣，亦沾澆灌之利矣。

拒馬之南，爲三易水：曰濡，曰武，曰雹。寰宇記所謂易水有三，其源各出者也。濡水出州北之窮獨山，西折而南流，環城東注，又南入定興，與淶水合流，源泉、白楊、虎眼、梁村、馬跑諸泉，及遒欄河皆入焉。源泉舊有石壩，乃前人壅水開渠之遺趾。沿流建閘，石基尚存，故當時近水皆稻粱〔一〕，遶城皆荷芰〔二〕，今皆荒廢，所應修復以廣水利者也。武水出武峯嶺，女思澗、子莊溪、潦水入焉，流經定興，合濡水而歸河陽渡。雹水出石獸岡，灌河入焉。流經安肅，合鹽臺陂而入安州之依城河。三水俱挾源泉，分流疏渠，其勢甚便。鍾家莊、唐湖川、鹽臺陂，民皆藝稻，是在因地擴充，務使水無遺利。雹水之南曰徐水，來自五迴嶺，經滿城至安肅，而曹水會焉，合一畝、方順、龍泉諸水，滙爲依城河，安州苑在水中，其勢甚危。前奏引曹入雹，引雹入淀，順而導之，正所以分而減之也。一畝泉出滿城東南，涌地噴珠，澄泓盈溢，餘小泉以百數，雞距、紅花名最著，土人溉稻可十餘頃，而水力已殫矣。流經清苑城南，爲清苑河。方順水，即曲逆河，祁水之下流也，源出完縣之伊祁山，五雲、石血二泉流爲放水河，蒲水伏流，復現爲五郎河，皆會焉。流經清苑之東爲石橋河。九龍泉出慶都城東，繞城而流，東北入方順水，源盛而水饒，疏而引之，不可勝用也。放水河之西有滱水，發源山西之靈邱，由倒馬關入唐縣爲唐河。横水自西北來會，居民引以溉稻，直達下素，町畦相望，經曲陽之鎮里、高門，所溉尤多。南入定州，而白龍泉復來會之。王耨、張謙等村傍河皆圩岸也，應推廣以極水力，所得稻田難以頃畝計矣。又

〔一〕「粱」，原作「梁」，據文義改。
〔二〕「荷」，原作「河」，據文義改。

考完縣舊志，前明曾於唐之北洛開渠引入放水河，二邑均賴其利。今河跡現存，當挖濬以復其舊。而北浴之南，原有騰橋一座，以防山水之衝，亦應訪其制而多設之。

唐河之南有沙河，來自山西之繁峙，至白坡頭口入曲陽界，合平陽河南流，阜平當城、胭脂二河，行唐之郜河，咸會焉。其上流亦名派水，經新樂，歷定州，沿流多資灌溉，宕城、雅窩、産德、北川、南川，皆其處也。他如阜平之崔家莊，行唐之龍岡、甘泉河，新樂之何家莊、浴河，俱有水田，而泉渠頗多堙廢，徧行疏滌，所獲尤多。

沙河之南有滋河，源自山西枚回山，經靈壽爲慈水，七祖寨、岔頭、錦繡、大明川，壅流皆可田。入行唐之張茂村伏焉，至無極南孟社而復出，遶縣治北，旋經深澤之龍泉涸、沃仁橋，疏流成渠，皆天然水利也。三水頗稱鉅流，畢會於祁州之三岔口，下爲豬龍河，往往泛濫爲害。去歲決柴淀口，浸及任邱者，即此水也。以上諸水，會於白溝者七，會於依城河者十有六，會於三岔口者十有一，而盡攝於西淀焉。

自北而南，水之載在圖經者二十有一，唯滹沱最大，發源山西繁峙之泰戲山，由雁門入直隸之平山界，冶河、綿曼、嵩陽、雷溝、沕沕水等河皆入焉。冶河一名甘陶河，源自山西平定州松嶺，流至平山，初不與滹水相通，自二水合流，而滹沱之勢遂猛，屢奔潰爲正定害。元時分鬬，冶河自作一流，滹沱水退十之三四，已而冶河淤塞，復入滹河，歲有潰決之患。皇慶中，議復之而未果。又按漢書地志，冶水即太白渠也，受綿曼水，東南至下曲陽，入於洨。此冶之故道，本與洨合，今應於入滹之處。塞而斷之，循其故流，加以挖濬，引入洨河，則滹沱之猛可減，此前人已試之成功也。

洨河發源獲鹿之蓮花營洚北村二泉，其源頗有堙塞，至欒城西南，合北沙河而流始漸大，澆溉可資。但苦岸高，難以升引，應作壩以壅之，俾水與岸平，開溝二三尺，縱橫俱可通流，涓滴皆爲我用矣。伏秋水漲，則決壩以洩之，旱澇無虞，萬全之利也。洨河下流自甯晉入泊，舊有石閘三座，遺跡尚存。現今兩岸居民，尚戽水以澆畦麥，其爲水利之用，亦可以想見矣。

洨河以南，水自贊皇來者，有槐水、午水；自臨城來者，有泲水、泥河、泜河、沙河；自内邱來者，有李陽河、七里河、小馬河、柳河。或名在而迹已堙，或源存而流已徙，道途所經，一一訪求，即土人亦不能言其故而指其處。然石橋宛在，斷碣猶存，或此等本非恒流，前人開之爲洩澇歸泊之路，今皆任民耕種，以致山水暴下，瀰漫四野，貪尺寸之利，貽害無窮。今已委員查勘，酌量疏通，令漫水有歸，田疇不受其害。小柳河之東，爲聖水井，亦名聖女河，源出任縣之欒村聖女祠下，泉從池涌，引流可田。南爲白馬河，源出内邱之鵲山，經邢臺。居民建閘溉田，壅之而不使下，下流遂湮。水漲之時，則以鄰爲壑，故北之聖女、南之牛尾二河，俱被其衝突，爲任邑害。今應濬白馬入泊之流，嚴邢臺閉閘之禁，害去而利乃可興矣。牛尾河發源邢臺之達活泉，水盛岸高，直達於任縣泊，作閘節宣，利賴曷窮焉。又南爲百泉河，源出邢臺之風門山，亦名七里河，歷南和之北豆村、康家莊等處，有閘十三座，溉田數百頃，而任縣不沾一勺之潤。今應立法以均其利，自下而上，各以三日爲期，則沿流一帶，皆水田也。但河身尚隘，宜展而倍之。百泉之南爲野河，源出邢臺西山下，經野河村入沙河。沙河源出山西遼州之渦水，流至沙河縣南，分爲二支：一流南和至任縣爲澧河；一流永年北，下雞澤，至南和，爲乾河，抵任縣，合洺河，入任縣治。沙河縣之普潤閘，溉田四十餘頃者，是其利也。洺河亦發源於遼州，歷河南之武安，而入直隸永年縣，過雞澤、南和，下與沙河合。近年常苦涸竭，若引滏陽之水，假沙、洺之道，兩河之間，俱可沾其浸溉。

滏陽河，諸水之鉅流也。源出河南磁州之神麢山，至邯鄲南，會渚、沁二水，流永年，抵曲周，過雞澤、平鄉、任縣、隆平，至寧晉，貫大泊而出，抵冀州，與滹沱水合。所經之處，疏渠灌稻。元臣郭守敬曾言可灌田三千頃，而明臣高汝行、朱泰等，建惠民等八閘，民以殷富。近爲磁州之民築壩截流，八閘已廢其六。今應均平水利，照舊修復。其措置磁州一節，容臣另摺具奏。諸水入任縣泊者十，八甯晉泊者十二，則此二泊過三十餘河之委滙也。查任縣泊，土人謂之南泊，甯晉泊土人謂之北泊，皆禹貢大陸澤故地也。

南泊所受諸水，舊注滏河。自滹、漳闐淤，河高於泊，所有出水五溝，勢成倒灌，難以議開。

唯雞爪一河，不足消全泊之漲，此任民所以嘵嘵於穆家口之開塞也。隆平地居二泊之間，惟恐坐受其浸，故力争而阻之。及委員查勘穆家口河道，原有通流，特隘而淺耳。今應略加疏濬，爲力無多。其邢家灣及王甫隄，舊橋卑壞，不無梗塞，亦應改建添設，以暢其流。而馬家店以下所有之澧河古隄，略爲修補，以防漫溢，任民既不苦於漂沉，即隆民何憂波及也！

北泊周圍百里，地窪水深，亦恃滏河爲宣洩之路。自滹沱南徙，由賈家口灌入，故道漸湮，遂決洨口、營上等村而東注，但水口河身，亦多淺隘。今應大加展挖，務俾寬深。如此則南泊之水歸穆家口，而咽喉已通，北泊之水入滏陽河，而尾閭亦快。積潦日消，舊岸漸復，四圍涸出之地，尚可以數計哉！然後作小隄以繞之，多開斗門，疏渠種稻，則沮洳之場，無非樂土也。

惟滹沱一河，源遠流長，獨行赴海，而善決善淤，遷徙靡常，自古患之。向入甯晉泊，則泊淤而衆流無所容納。自去年北徙，決州頭而東，直趨束鹿，奔軼四出，至今尚未歸槽，田廬俱被衝壓。束邑官民請疏入泊之道，以紓切己之憂。然此道本非正流，闐淤已成平地，旋加挖掘，工費甚繁。且大陸古澤，衆流委注之地，亦不應聽淤塞也。今查有乾河一道，係滹水入滏舊路，由木邱至焦岡，河槽現存，修治不難爲力。自張岔開挑六七里，便可直接決河，從此改流，由焦岡而入滏水，沛然而東，甯晉泊既遠淤塞之害，即束鹿、深州等處，亦無沖潰之患矣。

畿南州縣地方遼闊，臣等未及偏歷者，已遣員悉心經理，即當酌量緩急，次第興工，以仰副我皇上愛養民生、興修水利之至意。

請定考核以專責成疏 雍正四年

爲政之經，厚生爲大；愛民之道，察吏爲先。臣等疏濬水澤，營治稻田，開萬世永賴之美利，仰遵聖訓，隨地經畫，陸續興修，所有完過工程，派委大員勘明，如式者，例應交地方官收管。本年二月内，臣等奏請各處水田溝洫，必須每年經理，令管河各道督率所屬州縣，按時修浚，定爲考成。奉旨依議。今工員現在調回，工程暫交州縣，但考成未有定例，即河道無憑舉劾。請嗣後計典，將水利營田事實，逐一開註，由河道結遴督撫，以定優劣。果能實心奉行，著有成效者，該督撫不時薦舉。其或因循怠惰，致誤工程，查明即行題參。至該道職司表率，責任匪輕，凡所屬地方水利營田之興廢，即該道奉職之優劣，作何一併分别澄敘之處，懇乞敕部議覆施行。

抑臣等更有請者。直隸農民，向苦旱潦，其於種植之方，多所未遑。今旱潦無虞，則地利宜盡，除稻粱麥黍之屬，隨宜播種外，其有畸零閒曠之地不能播種五穀者，俱宜種植樹木，或薪或果，利用無窮。至各處河隄栽種柳樹，既可保護隄根，亦可資民樵爨，尤爲有益。臣等稽諸往古，凡言燕地之産者，俱云魚鹽棗栗之饒。現今行視京東永府一帶，其民種植棗栗，所在成林，果實所收，貿遷遠邇。夫土性不甚相殊，而樹藝不能皆一，雖百姓之勤惰不齊，亦有司之勸相未力。嗣後請著爲定例，訓飭農民，凡一村一坊之地，務令種植若干，造册報明。本管上司，不時查視。再水泉之利既興，凡陂塘淀澤，俱可種植菱藕，蓄養魚鳧，其利尤溥。如此則地無遺利，家有餘財，吏治修而民生厚，畿輔之蒼赤，共沐高厚之皇仁矣。

請定鹽法疏

欽惟我皇上御極以來，深恤民隱，寬大之詔屢下，舉凡錢糧課税兵刑禮法之所在，爲臣下奉行之未當者，無不逐一釐正。措施期于盡善，固已四海共沐恩膏，無不歡騰鼓舞矣。惟是鹽政一事，上關國計，下繫民生，向來各處俱定有規條，而法久弊生，每滋紛擾。上廑聖懷，有不得不急爲講求補救者。臣查出鹽之地，有海有池有井，而各省鹽法辦理不同，始或因地以制宜，今當從長而定議，去其弊則利自興，便於民始有補於國。臣謹就平日見聞之所及，酌目前因革之所宜，敬抒管見，爲我皇上陳之。

一、行鹽地，方宜酌量變通也。查各省不皆産鹽，所以必藉商人行運。但即以江南之鎮江等府而論，與淮、揚相去甚近，而向例必食浙鹽。浙江路遠，商運需費，鹽價自貴，而淮鹽就近可得，價亦甚賤，舍賤買貴，人情所難。近日丹徒縣販私搶鬧一案，所謂私鹽者，蓋即淮、揚之官鹽，因其非浙商所賣之鹽，即謂之私耳。夫淮、浙雖有不同，以國家視之，食鹽無非赤子，完課總歸正供，此疆彼界，有何區别？徒以商引銷積之不均，致使小民法網之不免，自應令該督撫會同鹽臣，斟酌變通，如鎮江等府竟改行淮鹽，其餘各省似此者甚多，如河南上蔡等縣，本有河東之鹽，而必銷淮引，湖廣巴東等縣，逼近四川之界，而必食淮鹽。有一省而各府所食之鹽，地方不同者，有一府而各州縣所食之鹽，地方不同者，俱應就鹽地之遠近，逐一查明，盡爲改易，則一變通間，於國家既毫無所損，而民之受福不少矣。

一、各州縣銷引，宜通同計算也。查商人行鹽，各有地方，州縣銷引，原有定額，是以舊例不許越界買賣。但犬牙相錯之地，有此縣莊村插入彼縣地界者，就近買食官鹽，即爲犯禁，查拏拘繫，往往不免。而本縣所設鹽店，或遠在數十里之外，小民食鹽無幾，欲其舍鄰近易買之鹽，而遠求於數十里之外，此必不可得之數也。况水陸之裝載有難易，鹽觔之積貯有盈縮，而價之高下因之。若必拘定所屬地界，甚爲不便，而愚民之易至於犯禁令也必矣。夫額定之引目，原量烟户之多寡，此縣之民買食彼縣之鹽，則彼縣之引必不足，而此縣之引自有餘，何不即以有餘之引補充不足之數？合總計算，自必有盈無虧。臣請敕下各處督撫鹽政諸臣，酌量地界相連之處，或一府或數州縣合爲一局，將所領鹽引，通融行銷，不拘商買分地，無論州邑界限，聽商民就便交易，庶引課民食，兩有裨益。

一、竈户煎鹽，宜令商人助其資本，并酌定賣私治罪之例也。查定例竈丁人等，夾帶餘鹽出場及私煎貨賣者，同私鹽法。乃近來拏獲私販，止據現獲之人問理，並不根究竈户。不知私鹽皆竈，户所鬻若使場竈間無私出之鹽，奸徒何從興販？故欲杜絕私梟，必先清查場竈，而欲絕場竈之私出，又必先體恤其苦情。凡竈户資本，多稱貸於商人，至買鹽給價，則權衡子母，加倍扣除，又勒令短價，竈户獲利無多，鹽復有餘，且恃私鹽事發，罪亦不及。是以敢於售私，實由鹽商驅之，而該管官縱之也。臣以爲宜令商人認定竈户，酌給資本。使得及時煎晒，雖遇陰雨連緜，鹽觔不致缺少，于商人亦大有益。其價值於掣鹽時，該管公同酌定，甯有餘，毋不足，務使竈丁得沾利益，庶日用有資，而工本無缺。然後嚴絕私售之弊，而治之以法，除老幼負擔四十觔以下，許照例賣給，令鹽場大使驗明掛號，准其出場，並逐日報明分司。此外人非老幼，籍非本境，鹽過四十觔以上者，一概嚴行禁止。煎出之鹽，務令鹽商儘力多買，或露積，或貯倉，大使逐一查明封識。如有聽憑商人偷運及違例賣與梟販等弊，將竈户分别究治，該管大使，以縱容論罪。再大使微員守法自愛者甚少，應將分司丞倅移駐場所，責令監管，如此，則私弊可除，竈丁亦不致受累矣。

一、附近出鹽地方，鹽價宜減也。查私鹽自三四百觔至千餘觔者，皆大夥梟販，運至遠處發脱。此其窩頓有地，出没有時，來踪去跡，容易追尋。且惟江岸河干，船隻往來之地方，文武官及水陸關口，果能緝查嚴密，奸徒自然銷阻。惟四十觔以内，不在禁例，而五十觔至一二百觔者，俱在近地百里之内售賣，蓋遠則擔負非易，工食費多，得不償失也。食鹽之家，每冒禁而買私鹽者，不過以其價賤于官鹽耳。與其嚴拏而滋擾，不若平價以杜絶。凡附近出鹽地方，百里之内，將官鹽價值減與私鹽之價相等，則民間皆食官鹽，私鹽不禁而自絶矣。在商人於出鹽近地，既少搬運盤駁之費，鹽價自應酌減。況食鹽地方遼闊，此附近百里之内，不過千百分之一，何必定要昂價？彼奸徒販私，原圖厚利，即照彼減價，亦可償本完課有餘，何憚而不爲耶？

一、鹽引額設多餘之處，宜行酌減也。竊國家休養生息，天下户口，誠日加繁庶，然民間食鹽，以家計之豐嗇爲多寡，即稍豐之家，見鹽價騰貴，亦必加意節省，鹽觔所銷，究不能多。乃數十年來，引目之數，或議加于司鹺之員，或請益于封疆之吏，或據商人公呈，或稱兆姓情願，時有增益，究之頻年壅滯，照數徵完者甚少，似宜令各該督撫逐一確查議減，與其多餘而必欠，存紙上之虚名，何如減少而易完，收久遠之實效。至于鹽規一項，立法之初，本無此名色，緣行鹽利息饒餘，各處不免餽送，遂爾相沿成例。近因各官俱有養廉，此項久經禁革，但恐各官非皆潔已之員，舊規既去，或又巧爲生發，商人照舊餽送，無非出之于鹽，則無非出之于民。并懇皇上敕下直省，嚴行申禁，其存充公用者，亦酌量減免，以裕商力。蓋懲商必先恤商，恤商即所以恤民也。

一、商人宜加甄别，并慎爲選擇也。查運鹽辦課，有本有利，必身家殷實之人，始能承辦無誤，且知自愛，不致生事。而各處有豪强棍徒欺壓霸佔者，又有私相售賣，頂名鑽充者，或係赤手無藉之徒，或係凶棍不法之輩，始則夾帶營私，繼且窮奢極欲，誤引虧課，諸弊叢生，欺官累民，無惡不作。此皆商中敗類也。宜令巡鹽等官，嚴行稽查，并著衆商從公舉首，逐一甄别，慎選老成富厚之人情願承充者，更立引名，使之承辦，仍不時教訓衆商嚴加管束，務令謹身節用，盡去從前積習，勉爲善類。其子弟俊秀者，設立義學，延師教授。如此，則商賈亦敦善行，而風俗歸淳厚矣。

一、鹽價宜公平酌量，使商民兩無虧累也。凡商賈貿易，賤買貴賣，無過鹽斤，總緣裝運遠涉，既多使費，而鹽商糜費花銷，又復不貲，皆取給于鹽。此鹽價之所以日益增貴也。每見封疆大吏及巡鹽御史，有庇護鹽商者，任其高抬，從不過問。而操守廉潔之員，不收餽遺，又或刻意核減，至于已甚。商人見定價太賤，因而匿鹽閉市，反致滋擾。臣以爲應隨時酌定中平價值，使買賣兩無虧累，自然相安無事。又商人行鹽，多存貯省會，其各處行銷，係本地小商，領單轉販，運往城郭市鎮會總之處，開鋪發行。其各鄉村小店，又從城市販往，層層遞運，費亦遞增，而經過地方，盤驗掛號，使用尤多。是以遠鄉鹽價，較之發鹽之地，往往加倍。臣請敕下督撫，嚴行禁革，如有借端需索，許販鹽之人據實控告。再鹽從省會遞運，斷無夾帶私鹽之事，并飭免其盤驗，以省守候之苦，庶鄉村小販，得沾微息，而鹽價亦不致太貴矣。

一、荒僻鄉村，宜擇良民領鹽零賣，以便民食也。查窮鄉僻壤，難于消鹽之處，從無開設鹽店，窮苦小民，經年食淡，或煎熬鹹土充食，以致生病，老人尤不能堪。間有家道充足之人，從城市多買數斤攜歸，途遇巡兵盤詰訛詐，往往不免。請令有司于荒僻村莊，擇一謹厚良民，給以小票，令其領鹽零賣，賣完繳價，又復發給。如此則衰老窮民，得以就近零星買食，而於鹽觔之行銷，亦不無少補矣。

以上數條，皆臣從前所經地方及近來察訪，略知梗概者。此外臣所未知，及知而不能確信者，不敢以入告也。夫國家度支經費，所關甚大。弊不可不除，而法不可不善。必揆之上下而皆宜，斯行之久遠而無弊。臣仰體聖意之憂勤，敢獻芻蕘之末議，伏乞皇上睿鑒！

請免開墾丈量疏

所貴乎開墾者，原爲人無恒業，而地有遺利，督令耕畲爲足民計，非從增益賦稅起見也。我國家重熙累洽，生齒日繁，通都巨邑無一隙未耕之土。蓋小民身家衣食之費皆出於是，斷無可耕可種之地而肯任其荒者。其僻遠州縣間有未盡墾種之處，緣山田磽确，旋墾旋荒；又或江岸河濱，東坍西長，變易無定，是以荒者未盡開墾，而墾者未盡報陞也。至已熟之田，有糧額甚輕者，亦由土壤磽瘠，數畝不敵腴田一畝，即古者一易再易三易之意，非欺隱田糧者比。惟四川一省，從前屢遭兵革，以致地廣人稀，而山峻水險，居民廣種薄收，易於度日。近經丈量，招集流民安插，然逃亡遷徙事故紛然，究竟田土難於清理，聞多於熟田加增錢糧，以成清丈之名，所補於國課者有限，而米價曰昂，遠近苦之。又聞廣西開墾之例，弊竇尤多。報部捐册墾田數萬畝，其實多係虚無，因爲通行丈量之舉，冀將搜求熟田弓口之多餘，以補報捐無著之數。荷蒙大行皇上洞燭情弊，飭令停止丈量，小民得免增賦，而前此虚報陞科之田，業經入册，責令輸糧，小民不免苦累。又河南省報墾田地，亦多不實。夫地丁二項本屬一例，從前聖祖仁皇帝念生齒繁盛，特令編審之年，但查人丁户口之數，不必加增丁銀，著爲定例則，民間田地正賦既有定例，何用苛求？大行皇帝每逢恩免，動以數十萬計。而江南等省浮糧數百年，著爲定額者，一旦蠲除百餘萬兩，若此區區報墾之糧，曾何加於毫末。臣愚以爲，不但丈量不可行，即勸令據實自首亦可不必。凡自首者，謂先經隱匿，今據實首出也。若以地瘠之故，田多糧少，並非隱匿，何首之有？今若責令首報，小民惟恐查出治罪，勉强報陞，將來完納不前，勢必仍歸荒蕪，於民生國課兩無裨益。懇乞皇上敕令各督撫，將報墾之田，逐一查明，如係虚捏，即行據實題請開除，若護短文飭，日後查出，嚴加治罪。嗣後若有可開之荒，勸民陸續耕種，照例報陞，庶爲有益。

請禁濫刑摺子

栽培傾覆，天道之常。刑獄之設，原以除奸懲惡，但人命所繫，詎可不慎。古稱明允，蓋惟明克允，未有任情肆意以行之者。

大行皇上屢降諭旨，期於寬嚴得中，欽恤慎重之意，至再至三禁止濫刑，奉有明訓。乃有一等司刑之官，以嚴刻爲才能。不問是非，不計曲直，但云不如是必致上司駁詰，必如此乃可免大部吹求。贓私先酌數目，迫以極刑，罪案自定。供招誘之伏法，故生枝節，刻意株連。惟逞鍛鍊之長，希著明斷之號。更可異者，凡屬員所定之稿，上司若行酌改必係加重。不然，則不動一字，以爲改輕便似狗私。不知心苟無私，何妨屢改，情罪未協，豈憚紛更，以此爲避嫌之計，實有乖執法之義。伏讀大行皇帝遺詔内，刑罰禁令之設一段，行路爲之感泣，我皇上至聖至仁，善繼善述，臨御以來，一切政教敷施，無非覆載生成之至意。請敕下直省督撫嚴諭有司，讞獄務須虚公詳審，酌理原情，協於中正。如有鍛鍊誣枉情弊，重即參究。刑具悉遵定制，不得擅用夾棍大枷。濫刑既息，則平心推鞫，庶無寃獄。司刑之官，共凜欽恤之意，而刑措可期矣。

恩免南昌浮糧謝表

伏惟我皇上盛德同天，至仁育物。撫萬方之版籍，無時不念其艱難；運四海之樞機，每事必圖其久大。重農貴粟，唯藏富於窮簷；給復蠲租，頻推恩於稔歲。猶念江右素稱瘠壤，南昌復有浮糧。計畝陞科，數獨踰於他郡；按圖考賦，事實起於前明。特沛新綸，酌裁舊額。寬四百年之成賦，垂億萬載之洪仁。減唯正之供，留諸百姓；布非常之德，惠此一方。嵩祝喧天，歡聲遍野。涵濡帝澤，與章水而同深；瞻仰天顔，比廬峯而更峻。臣等身依北闕，籍隸西江。詔令傳於禁中，欣喜出於望外。乾坤怙冒，盡大地以無私，雨露栽培，在此邦爲尤渥。歡忻靡極，歌頌難名。傾葵藿之微誠，常隨化日；率枌榆之舊里，共樂淳風。臣等謹合詞恭謝天恩，不勝歡忭感戴之至。

蠲免額徵錢糧謝表

奏爲恭謝天恩事，雍正八年九月十八日，奉上諭：「朕臨御萬方，宵旰勤求，惟以愛養斯民爲念。數年以來，除減租税，叠沛恩膏，不但旱潦歉收之處蠲賑兼施，即該省年穀順成不須寬賦，而朕欲使民力寬裕，每加格外之恩。蓋國家經費既敷，則藏富於民。俾各家給而人足，乃朕之至願也。查各省錢糧，朕特降諭旨蠲免者已多，今次第舉行，應及於江西、湖北、湖南三省，著將辛亥年江西、湖北、湖南三省額徵錢糧各蠲免四十萬兩。又念直隸乃畿輔首善之地，應沛殊恩。山東今歲被水之州縣稍多，朕心甚爲軫念。除二省澇溢地方已加意賑恤，並將本年額賦照例蠲免外，著將辛亥年直隸、山東通省錢糧各蠲免四十萬兩。以上五省，共免正賦二百萬兩。各該督撫應仰體朕心，嚴飭有司敬謹奉行，務令閭閻均霑實惠。倘奉行稍有不善，或被官吏侵漁，或有衿棍包攬等弊，一經發覺，必重治其罪。並將大小官員嚴加議處。特諭。欽此。」

欽惟我皇上大德誠民，至誠育物。恩膏廣沛，溥萬物之陽和；惠澤宏施，敷九天之湛露。布豐亨於海宇，懷保功深；厪撫恤於宸衷，勤求念切。敷天之下，共慶生成；大江以西，叠霑雨露。蓋自免除脚耗，豁數十萬之舊逋；蠲減浮糧，甦三百年之積困。截漕分天庾之粟，留賑厚蔀屋之生。固已大澤淪肌，深仁浹髓矣。乃者多黍多稌值大有之豐年，尤復減賦減租流泰階之解澤。温綸甫降，十三郡之協氣旁孚曠典頻頒，億萬姓之歡心天洽。皇仁浩蕩，彭蠡不足喻其深；帝德崇巄，匡廬無能比其峻。家給人足，民力寬然而有餘；歲稔時和，天恩有加而無已。襟江帶湖之地，户慶盈甯；水耕火耨之鄉，人歌樂利。歡騰童叟，喜溢臣民。臣等拜爵彤庭，叨榮聖世。瞻雲就日，偕父老子弟以啣恩；食德服疇，合翼軫斗牛而誌喜。勉策勵於駑鈍，抒心葵向，難酬高厚之恩；積忠愛於悃忱，翹首嵩呼，願效升恒之祝。臣等謹合詞恭謝天恩，不勝歡忭感戴之至。

朱文端公文集補編卷二

以易山記

崧高之詩曰：「維嶽降神，生甫及申。維申及甫，維周之翰。」蓋凡聖賢豪傑之生，皆扶輿靈淑之氣所鍾而毓焉者也。吾邑自唐以來，代有奇士，唐之任濤、沈彬、來鵬諸子，負其特達出羣之姿，磊落奡岸，不可一世，其所流傳文筆無多，而光怪瑰偉，目無李杜。至宋，秘書監劉氏父子三世天稟殊絶，于書無不讀，時司馬温公、王荆公凡有著述，多資秘書爲之校正。秘書産郡南之鈞山，任濤、沈彬、來鵬里居無考，相傳皆調露鄉人。予未至鈞山，每聞友人言山之峻削蜿蜒，令人神往。去吾家十里許有仙姑嶺，自幼遊歷遍觀，喜其坳雲洞石之幽異，未嘗一歲不至。至則流連，坐卧不忍去，以是知諸賢之生，有由來矣。雖然，任濤、沈彬、來鵬詩人之雄耳，秘書道德文章，殆所謂升堂未入于室者歟？

曩吾友吴豐玉爲予言其所居之以易山，崇巒遝谷，忽斷忽聯，如排空雁陣，數十里外翹首雲際，點畫鼇然。夫易之廣大精微，與天地準，繫詞云：「聖人以此洗心退藏于密吉凶。與民同患。」又云：「以通神明之德，以類萬物之情。凡此皆言聖人之以易崇德廣業之極功也。君子觀象玩詞，觀變玩古，俛焉日有孜孜而不自已者，學聖人之以易也，以易之義大矣哉！吾家聚族斯山之麓數百餘年矣，凡文士之應舉者多習易，而日孜孜于觀玩，以求盡乎象變之義者，未有其人。擬于山頂建閣祀四聖人，以周、程、張、邵、朱六子配，閣外設講堂，使學士讀書其中。先生精研四聖之藴，它日致政歸里，當率父老子弟迎杖履于以易講堂，坐虎皮講周易，俾後生小子得聞奥旨而實體諸身心之間，庶無負以易之義歟？

予聞豐玉言，急欲扶杖登眺，而卒卒未暇。豐玉没世之後數年，乃得過吴氏，親覩以易之勝，徘徊久之。因念吾友以易之論，其所惓惓屬望于後來之英者，何遠且大也！

于是進諸文生而告之曰：昔文公朱子産于閩之尤溪，溪之北爲文山，南爲公山，鳥篆龍文印空畫壁在文字未制以前，早已天造靈秀，至南宋而朱子篤生，其後卒謚爲文，至今稱朱子公云。吴氏素號多才，列黌序者常百餘人，安知無名賢特起，究心天人性命之奥，以私淑朱子，上繼先聖先賢之統緒，使以易名勝與尤溪之文公兩山交輝掩映于二千里外？此吾道之幸，非徒一邑之光。而吾友在天之靈，亦快然無憾矣。時豐玉之弟秀玉、庸玉，子静思，猶子廣思，及諸文士皆以予言爲然。後十餘載，静思來都謁選，廣思以名進士讀書中秘。予觀二子德器深醇，擬言議動不踰尺寸，庶幾有得于進退存亡之道者乎？于是狂喜搦管，爲以易山記。

傅忠毅公家傳

公諱弘烈，字仲謀，號竹君，進賢羅石人。先世家鄆州、懷慶二郡。宋顯謨閣大學士伯成公，出守建甯，流寓金谿，二世世襲保義尉。前川公因避金亂，來兹土，愛有湖明灘合之兆，遂卜居焉。再傳四世祖德甫公，仕宋，提舉陝西學士。六世祖商傑公，元教授南安府庠。七世叔祖惟堯公，明武英殿大學士，東宫教授，祀金陵功臣廟。八世祖原益公，明知廣西太平府。十二世伯祖本學公，明賜進士，巡撫雲南，大理寺正卿，祀名宦祠。高祖儀俊公，明庠生，壽官。曾祖希楠公，明庠生。祖，汝器公，皆贈太僕寺卿加太子太保。父應期公，明鄉進士，太僕寺卿，贈太子太保，入祀鄉賢祠。兄弘文、弘武、弘謨，俱明庠生。弟弘祖，撫蠻總兵，原藩衛副總兵，管副都統事。弘宗，兩廣督標，隨征副總兵，功加都督同知，殉難，贈都督，祀忠義祠。弘基，撫蠻總兵。弘業、弘貽，早世。

公生有異質，器宇不凡，幼誦篇章，目十行下。凡經史百家之書，無不備覽。古今治亂之蹟，無不考求。族叔祖閣學寄菴公，見而奇之。公常自矢曰：「讀聖賢書，所學何事？當以天下爲己任，忠孝爲大閑也。」嗣本朝平定南土，公即領鄉薦，由縣令擢廣東韶州同知。會江南海氛阻途，江舫絶往來，公揚帆而過之，其瞻力勝人，亦由胸有定見也。涖任後，屯跕關榷，治行懋著，辛丑代覲敷奏情形，不啻繪圖以獻。壬寅，督撫以公兼攝潮州司理，處事明決，民賴不冤。鎮海將軍委巡海隘，遷海難民流離失所，公悉賑濟安插，所全活者無算。癸卯，聖祖仁皇帝特陞甘肅慶陽府。郡自闖逆李自成蹂躪之餘，重以霜雹瘟疫，民不堪命。公入境告廟，誓救合郡孑遺，興利除害。公傾産包賠，安撫流亡，多方措賑，於是巖疆漸有起色。且郡之甯州、安化、合水三屬，當明初元將平章邠國公李思齊横征加賦，坐困殘黎，三百餘年，未經請減。公特疏入告，通政司以知府無上疏例，駁回，公不顧罪戾，復遣書吏任鼎新擊登聞鼓，以積困上達，荷蒙皇恩憐准查蠲。而平涼、鞏昌、臨洮三府帶徵，俱得循例題請賜免。此皆公爲之嚆矢也。慶人感戴，立祠塑像，家尸户祝，迄今猶然。乙巳丁未間，連舉卓異推道缺，值裁暫羈。戊申，吴三桂陰謀不軌，公知之。甯屬貢生王伯麟密具情狀，公志圖報效，義膽忠肝，不畏彊禦，據首發難，以捏誣坐辟，繫長安獄三載。慶民巷哭途號，爲之罷市，公素奉斗姥，極虔，當慶陽之厄，斗姥夢中引見上帝，傳經授戒，錫名金相，並囑無虞，後當大用。庚戌，果蒙皇恩特旨免死，發戍梧州蒼梧。

甲寅，三桂果叛，僭稱大周利用年號，滇、黔、三楚、兩粤盡爲所踞，及閩中、江西建、廣、贛、撫、南安數郡，羣盜蜂起，閩浙總督范諱承謨、雲貴總督甘諱文焜、雲南巡撫朱諱國治、廣西巡撫馬諱雄鎮，俱不屈遇害。將軍孫延齡、都督馬寶、廣西提督馬雄、布政李迎春、梧州知府楊彦溶、守備王邦相等合謀降賊，苦勸公從，公誓不共戴天，棄妻拋兒，投水自盡，漂流十里，藩下水師總兵郭懋禕救甦。兩粵官民無不憐歎。平南親王尚諱可喜，接至推食解衣，礙於事例，不敢具題。乙卯，抵桂林，見僞安遠王孫延齡，齡原與公舊好，公告以大義，勸其不可稱臣於賊，延齡不忘國恩，與公意氣相投，合謀同心，密請大兵接助内應，並具疏佯授公爲僞信勝將軍，總統楚粵兵馬。公即託辭往南甯，暨弟弘祖、弘基招義募勇，遂入田州、泗城、雲南廣南、富州各土司，及安南國，吹散賊兵，聯絡同志，集旅萬餘，於丙辰密令弟弘祖、弘基等安置土司，以圖滇黔後應。公回西省，出梧肇，接助安達公尚諱之信，決謀合兵，進取肇慶，擒斬僞懷甯公馬雄，然後平定惠潮，訂日起手，忽爾廣西全省兵變，孫延齡身爲逆賊困害，滇黔粵楚事露機洩，公領兵奔出，取道江西。乙巳春，殺敗僞廣威將軍楊鎮邦，僞總兵古元隆、金朝相、袁茂明等，生擒僞先鋒總兵王雲龍等。敗降僞威勝將軍黄士標、僞將軍嚴自明、僞總兵陳豹略等。江右闔中羣賊盡息，湖南粵東與親王將軍督撫提鎮同舉歸正，合迎大師，具拜密疏請旨，己任恢復雲貴，軍中即奉簡命巡撫廣西。是月，晉兼兵部尚書，公力辭，蒙恩俞允。未幾月，佩授撫蠻滅寇大將軍印，親提大軍復斬賊僞都督王定邦、僞總兵張元等，殺敗僞懷甯公馬雄、僞定虜伯線成仁、僞秦興伯郭義、僞宣武將軍趙天元、僞振威將軍李廷棟，僞將軍吴世琮、胡國柱、馬寶、張國柱，僞總兵王邦相、孫斌、王元吉、齊人龍、唐朝鳳等奔，降僞總兵王令章等。戊午，加太子太保，公亦辭，上不許。特恩追贈三代誥封，生母但太君一品夫人，賜第會城。敕和碩簡親王、兩江總督董諱衛國、巡撫佟諱國楨、總兵哲諱爾肯加意頤養。又念侍奉乏人，復命公妹原適鑲白旗驃騎將軍汪諱宗弘，馳驛歸里，以代定省。雖古帝王優禮勞臣，恩施未有過焉者也。公益盡心圖報，屢疏辭巡撫篆，奮力撫蠻滅寇爲事。奉旨以將軍兼之，剿撫並用。吴賊聯同高州總兵祖澤清叛湖南粤東，公密授方略，遣將一鼓蕩平。時逆賊吴三桂已死，己未，靖南王耿精忠、平南王尚之信等降賊事息，賊衆又立三桂之孫吴世璠，稱洪化元年，公分兵四剿，又斬賊僞總兵梁雪英、梁子玉等，殺敗僞王吴應昌、僞定虜伯線成仁、僞秦興伯郭義、僞親軍左將軍范齊韓、僞貴州路總管將軍李自深、僞將軍吴世琮、吴國貴、馬寶、胡國柱、陳奇鳳、詹聖化、王永績、王宏績、王聖績、王宏勳、陳起鳳、夏國相、張足法、王緒、郭士英、王安、高起龍、李匡、郭壯圖、詹仰、王永清、郭應輔，僞總兵賴天張、王濆等，遂降僞懷甯公廣西路總管將軍馬承蔭、僞定虜伯線成仁、僞秦興伯郭義、僞宣武將軍趙天元、僞振威將軍李廷棟、僞恢剿將軍岑廷鋒、僞洞庭湖將軍林興珠、僞長沙將軍黄成、僞援剿將軍黄明、僞將軍劉彦明、徐上達、徐上遠、徐鴻振、鍾鳴德、陳國政、鄧震奇、僞部院傅奇棟、僞總兵羅定文、齊光祖、聶有魁、唐良、楊應龍、范從志、馬蛟夔、常學舜、劉義名、李賁、何應蛟、邵士堯、朱似貴、張威遠、黄龍、陳述、林黄鎧、何興、左旌、蔣士傑、羅智、劉士龍、史自安、李應科、徐援、袁鳴佩、馬成龍、劉顯明、周廷翰、文自炳、王定邦、蔡元，僞布政全秉忠，僞按察楊令哲，僞學道朱霞等，西粤全克，四十八土司及貴州十五土司，舊轄恩結之人，盡皆歸順。公妻若子，始得團聚焉。公復請旨同安南將軍舒恕、鎮南將軍蟒依圖、征南將軍穆占、交阯國王與各土司土官，發兵四路討賊，攻定滇黔等省。及題其弟弘祖、弘基以功俱授援剿總兵，投誠僞官受職調用，惟以馬承蔭其父馬雄向日有功，公爲力題，綸恩破格録用，爰授廣西提督，崇封昭義伯爵，亦曰高官顯榮可以收拾其心耳。孰意禍機即伏於斯歟？

至庚申二月十四日，爲公五度初慶，文武官弁俱請爲壽，公曰：「逆孽未殄，何以壽爲？」於正月二十一日，即誓師桂林，簡親王出城送行，餽以衣馬弓矢，進抵柳城，爲克復計。不料馬承蔭復萌叛志，背負皇恩，於二月十六日請宴，假以商榷進剿機宜，促公赴議，諸將中亦有以叵測之説進者，公志切破賊，推誠待人，且厲聲曰：「今日事。關君國，無貳汝心。」不聽。遂單騎赴會，被執賊中，公詈駡不休，速求盡，不得。馬逆誑曰：「衆軍使然，非末將本意，請自寬，終歸命。」詎馬逆將公送范齊韓營，援剿諸將士星馳追救。范齊韓原受公檄，有順志，因家口羈滇，與公同計，以密書付將士隨往黔城，内外相應，遣將上書請罪圖功，不幸齊韓旋患疽殂，復送公至黔城。吴世璠召見便殿，左右强之拜跪，公植立奮呼，請就劍。世璠慰曰：「將軍毋乃爾，能改心，孤當册爾爲太傅威靈王。」公厲聲叱曰：「吾舍坐鎮之安，蹈進剿之危，擬得磔爾萬段，少報國恩耳。今不濟，有死而已。豈從賊乎？」世璠待以宴，公傾食碎器，詈不絶，不食數日，作絶命祠，有「自分一死無餘策，身爲厲鬼誅羣賊」之語。賊知其百折不回，遂遇害。公從容就義於貴陽城外，蓋九月初六日也。迨十月二十一日，大兵克定兹土，世璠自殺，承蔭生擒，餘賊俱降，征南將軍穆占泣收公骨，即疏報聞。

聖祖仁皇帝憫悼不已，著江西巡撫安諱世鼎、湖南巡撫韓諱世琦驗明骨體，詔有司馳驛扶櫬歸里，贈太子太師，謚忠毅，營葬，遣江西布政使司張所志代祭二壇。西粤敕建雙忠祠。特封元配朱太君一品夫人，蔭襲冢子明垣。湖廣茶陵州牧，請旨終養，補雲南晉甯州知州。世宗憲皇帝嗣位，遣江西布政使司常德壽代祭一壇，京師圖像賢良祠，崇祀昭忠祠。

箋註李昌谷詩集序

原缺勝於太白，第思仙靈也，鬼幻也，未有幻而不靈者，而靈不必幻，則鬼尚矣。且人亦知鬼之爲鬼乎？今夫珠玉寶玩耳目之所不經，以及藻繪雕鏤窮奇極巧之物，非人力之所爲，則地靈之所鍾耳。若夫妙萬物于無形，藴萬象而無迹，不拭而光，不擊而韻，不馳驛而行且速，不風雷而震，不霜雪而威，令人驚而怪，而復尋繹不能去者，是謂鬼工。鬼工者，天工也，天以陰陽生萬類而鬼運之。《中庸》不云乎：「鬼神之爲德，盛矣！」鬼者，神之復神者，鬼之通也。杜樊川之序長吉曰：「山之綿綿不足爲其態，水之迢迢不足爲其情。」綿綿迢迢者，山水之爲山水，而鬼則山水之所以爲山水也。是山水形而下，而長吉之詩形而上矣。且夫三百篇，鬼胎也。今試以長吉之詩比類而通之：十二月樂詞，豳風七月也。章和二年中，豳雅、豳頌矣。夜來樂、大堤曲諸篇，其采蘭、贈藥之遺乎？讀平城雁門之章，慨然如見東山、采薇之意焉。不寧惟是，三百篇可興可觀，可怨可羣，非鬼也而何？以若斯善讀長吉者，有不可以興觀可以羣怨者乎？曩見女巫召鬼，鬼至闃然有聲，聲已，巫謂人曰：鬼言如是如是。或詰之曰：爾何以知鬼言之如是也？而巫曰：爾何知鬼言之不如是？予聚精會神以迎之，而鬼已明明告我矣。然則予之註長吉也，予亦聚精會神以領之而已矣。「若有人兮山之阿，被薜荔兮帶女蘿。既含睇兮又宜笑，子慕余兮善窈窕。」其斯以爲鬼乎？其斯以爲長吉乎？雖然，予何足以知長吉，亦第如女巫之説鬼耳。願世之讀長吉詩者，各以己之精神迎之，亦將各得一長吉焉。若以其瑰瑋離奇驟難通曉而曰：「是鬼也，弗如仙也。」吾恐謫仙之清新俊逸，亦非淺人所能窺其微者矣。豈獨太常奉禮稱寃已哉？

左繡序

左氏，文章也，非經傳也。文則論其文，傳則釋其義，不易之規也。昌黎韓氏曰：「春秋謹嚴，左氏浮夸。」誠哉斯言乎。春秋主常而左氏好怪，春秋崇德而左氏尚力，春秋明治而左氏喜亂，春秋言人而左氏稱神。舉聖人之所必不語者而津津道之，有餘甘焉。然則春秋之旨，其與幾何矣？近莊列詭譎之風，啓戰國縱橫之習。大率定、哀以後，有絶世雄才不逞所志，借題抒寫，以發其輪困離奇之概云耳。故曰文章也，非經傳也。雖然，當時二百四十二年，列邦事蹟盡爲秦燼，後之人欲通春秋之義，必觀其斷，欲觀其斷，必檢其案。公穀風調，的係漢儒。國語冗而散，實不類左氏手筆，則是彷彿萬一者，猶賴此篇之存。雖有學如胡氏，識如胡氏，議論精詳如胡氏，其能舍是以爲案哉？且居今日而挾爲兔園册者，尤有故。自有明以來四百年，以四子書取士，孔孟同時，事實莫詳。此書是昔爲春秋一經之傳者，今則爲語孟四書之傳也。援引驅策，幾不可斯須置，而謂是能已乎？

余自幼就傅卒業，經籍塾師即以此授。初疑其不合於經，然其文雄深雅健，變幻高華，嗜而成癖者，何啻當陽？獨恨當陽以後，訓詁無慮數十百家，要無能統括全書，指其精神脉絡，以見作者之才，以盡行文之態。居恒循誦，有志丹鉛。通籍後，鹿鹿使車，未遑也。乃有馮生天閑，偕其友陸生大瀛，呈其所輯左繡一册，披覽之餘，甚愜人意。蓋文章一道，本有天然之節族，有自然之呼應。不能文者，有意揣摹而常離。能文者，本非擬議而自合。忽忽則不知，按之則盡出。左氏之爲文，豈預設一成格哉？而後先互應，疏密得宜，有不期然而然者，是誠文之至也。

然則左繡之論文，亦論文之至也。學者得此而讀之，自不至買櫝而還其珠，亦不至以辭而害其志矣。抑余又有爲生告者：學人不朽事業，得志則在經濟，不得志則在著述。以生之渺思微會，由論文而進之以談經，更必有卓犖不羣之識也。此猶其嚆矢也夫？

三詩合編序

吾人之立言，欲其不朽也，而又不能必其終於不朽也。然使其言之誠足以不朽，雖歷數千百年漸次湮没，而自有爲之傳其不朽者，則立之言者不朽，而傳其言者亦與之同其不朽也已。

敖邑之黄君碩廬，文名藉甚。甲辰成進士，授甯海令，丁繼母憂，宫保李公廉其吏名，題請留浙。壬子署蘭谿，癸丑補任金華。余男堪，公車回里，便道過訪碩廬，寄示一册，問余序，言乃敖邑吴大史、黄令君、李山人三詩合編也。三詩久失刻板，碩廬廣爲徵求，手録而校正其訛，捐俸而刻以行世。

吾讀三詩，或奥衍雄博，或新穎蕭疏，或清和淳厚，皆應不朽之業，而碩廬能與之以不朽，則又知碩廬之工於此而愛之摯矣。碩廬久負文名，自作墨綬長，則有吏名，不謂風流令尹竟又以詩名也。余之知碩廬，不亦淺哉？況近世作者，詩稿林立，碩廬不自刻詩集問世，而顧節衣縮口，爲三公傳其湮没不傳之詩，不獨三公不朽，感佩九京，而誘掖獎勸，有功於世道人心，匪小矣。余不禁狂喜而爲之言。

明經喻公墓表

自有科舉之學，而世無真士。平時敲字琢句，迎合揣摩，惟恐不當。迨夫槖筆風簷，較長絜短，如懸重寶而驅千百勇傑之士，而攫之得者一人，而衆皆喪焉。苟有可致之術，何不爲者。不甯惟是，膠庠養士，歲校月省，第高等下得失幾何，而喜怒見於顔面。蓋習於争，則無往而不争矣。國家造就人材之謂何？而啓之争，且使之習於争，是求士反以失士也。故曰有科舉之學而世無真士。雖然，果真士也，又何嫌於科舉之學哉？

吾師宜也喻先生，世爲上高官橋人。父讀書鄉飲冠帶，德重合郡，程太守匾旌「表正一方」。先生自幼端凝寡言笑，不與羣兒伍，詩書一目默識不忘。七歲就里塾，塾師驚曰：「此非吾所能課令□□師家貧乏書籍，見同學誦某經，索共讀不得，至嗚咽。父亦悵然。家僅腴田二畝，急鬻爲先生購書。先生嘗爲余言，潸然下淚也。十五入泮，每試必冠軍。試草非學使雕板，人莫得見。平日作文脱稿即棄置，曰：「是不足存也。」然人得其片紙隻字，貴若寶玩。爲諸生四十年，屢應科舉，薦卷三次，壬子、戊午、甲子，得而復失。既貢成均，猶逐隊□應。子弟止之，曰：「應舉何必售不售，何必不應旨哉？」非見道真切，烏足知此。近代儒者，高談性命，鄙舉業爲不足爲。而硜硜者一舉不第，怒形於色，誓不復舉。聞先生之風，可以悟矣。先生性好静，終年住僧舍，然絶口不談禪宗。衣冠整肅，對羣兒如接賓客。其他善行，詳在誌銘。

獨憶小子受業先生之門，先生教以主敬存誠之學，曰：「子器識純粹，當負荷聖道。」予承命悚惕，從遊發奮十餘年。自筮仕登朝，無從考德問業。今老矣，回思耳提面命時，先生所期望於小子者何如？而蹉跎暮齒，迄無成就，未嘗不歸咎科舉之我誤，而益歎先生之學識爲不可及也。先生諱本義，字宜也，號盱齋。

皇清敕封徵仕郎翰林院庶吉士待贈資政大夫都察院左都御史顯考北坡府君行述

嗚呼痛哉！我府君之棄不孝等而長逝也，人視府君身受貤封，白首齊眉，方謂備人間之福，亦知府君未享一日之宴安，即人視府君子若孫，方謂是林林者差足慰其親，亦知子若孫未盡一日之養耶！矧不孝軾征衣四出，病不侍湯藥，殁不親含殮，不如死之久矣。尚何言哉？雖然，府君一生慈和長厚，樹德實滋，不孝輩得稍自成立，職此之由，用是忍死須臾，抆血舐筆，略述梗概，冀當世大人先生悉其平生而哀其用意焉。

府君諱極光，字紫衡，號北坡，世居瑞州高安之坡山。十世祖雪坡公諱益中，明永樂乙未進士，歷任刑部郎，治獄多平反，矢心清白，之官不攜家累年，五十卒于京邸，惟一老僕侍，囑曰：「未能報吾君親，歸以忠孝二字語子孫。」迄今族姓繁衍，間有家庭詬誶，責以公遺訓，未嘗不凜凜也。三傳至官一公諱應洪，積德勵行，鄉里稱長者。時羣從科甲蟬聯，家門赫奕，公懷盈滿之懼，乃結茆邨北之艮溪，詠歌遊釣以自娛，久之，遂家焉。又三傳至先曾王父竹亭公諱崇遂，厭薄舉子業，從吉州鄒東廓先生遊，潛心理學，發明天人性命之旨，著述甚富。萬歷之季，出粟賑飢，活數千人。直指使欲上其事，請旌，公固辭止之。早歲艱嗣，撫族子安九公爲後，晚乃生先王父斗如公諱朝綬，暨從祖縉雲公諱朝縉，皆爲諸生，有盛名。王父天性孝友，未冠而孤，喪葬盡哀盡禮，事安九公如親兄，析産維均，以故安九公不忍歸本宗。初嫡王母張太夫人生先伯父君馭公諱輅具，雋才蜚聲膠序，早卒，所生二子，亦相繼殤。

後十年，少王母孫太夫人生府君，又五年而王父捐館。先是，縉雲公無嗣，安九公又再傳而止。王父自傷形單影隻，哀痛有加，又念一生攻苦下帷，三登副薦，卒抱荊泣，以此憂鬱致傷其生，遺命數百言，歷道孤苦困躓及育子之艱，詞甚悽切。不孝軾幼時於神櫃中拾讀，府君聞而哭，不孝亦哭，鄰里來訊問，皆相對嗚咽。王父著作盈笥，府君每一翻閱，輒涕零，嘗以王父時文授不孝軾，讀未竟篇，失聲長號，一慟幾絶，自是遂不復省覽。王父卒時，府君甫離襁褓，煢煢孤影，無大功以上親。虎瞰者，攘袖起，勢危甚，張太夫人持府君泣曰：「身家不兩全，恣使取之，庶活此藐孤也。」語聞競侵攫王父遺田數頃，屋數十楹，不五載而瓜裂過半，顧産去賦存，歲逋若干金，無可償，積至百。一日府君就里塾，吏攜械衝壁驅迫去，王母驚聞號泣，乞族人馳追歸，頃刻變産百餘畝，畝直十，急售不得五，逋完而家僅矣。時里役繁重，縣例一甲遞值，值則人户少者往往流亡，府君以孤幼承兩甲，支五十年，不爲溝中之瘠，是殆有天幸焉。康熙二年，奉文均賦均役，府君泣訴所司，展轉對簿，乃得直慶更生。於是，收合售餘，僅石田二頃，所入不足供十口。府君與吾母冷太夫人躬親操作，黽勉拄撑，苦狀不勝書，然頤養兩太夫人，必謀甘脆，喻志承顔，務得歡心。府君每自外歸依膝下，言笑如嬰孩。太夫人顧復拊摩，亦無殊繃裹時也。太夫人或以他事怒，必跪請，怒解乃起。歲庚戌，王母張太夫人卒，明年辛亥，孫太夫人又卒。府君前後喪葬，必誠必信，居憂哀毁，以孝聞時。府君年方壯，既不屑以心計事家人生産，而又叠遭大故，不孝亦已長就學，脯脩，膏火，多有耗焉。居亡何，貧益甚，乃傭經以資餬口，兼得自課。不孝焜輩，丁卯不孝軾補博士弟子員，亦授徒里中。父子硯田爲活，僅謀朝夕。癸酉禾大無，斗谷百錢，不舉火者三日夕，幾鄰於莩，以貸免。是年秋不孝膺鄉薦，府君竭膏髓營諸費，遣赴計偕，甲戌雋禮闈，賜出身，通籍史館。赴一載，府君來京，諄諄以勤學慎交爲教。久之，不勝珠桂憂，遂去。既乃蒙覃恩封徵仕郎、翰林院庶吉士。丁丑，不孝散館外調，庚辰謁選得楚之潛江令，迎府君暨吾母冷太夫人於任所，府君至潛，潛紳士郊迎者以百數，拜道左，府君驚愕答拜。既入署，顧不孝曰：「潛陽澤國凋敝，爾親入境，邑人士郊迎致恭，爾不盡心撫此，而有纖毫遺憾，爾父厚自愧矣。」言發涕下。其激切如此。逾年，還里，不孝以俸入之餘治歸裝，府君曰：「爾兄弟已析爨，不至飢寒。吾老人安用此？取資舟車之費足矣。」已而遣家人賫上甘旨需。府君積久乃爲不孝購田二頃，而不孝不知也。田本磽确，府君經理芟薙，疏濬水道，遂成膏腴。官賦所剩，銖積寸累，每歲必增置數畝。嗚呼痛哉！不孝軾鞅掌四方，幾三十年，微府君焦勞區畫，能無内顧憂乎？每秋收，府君親歷阡陌，以禾之高下定佃課，人取十者，府君惟收八九。黠佃逋租，詭以貧訴，府君初弗許，陽爲愁苦不堪狀，即慼然許之。或貸粟未償，復求貸，始而怒斥，怒已復請，隨付斗斛，令詣囷自概。人競以是術試，鮮不得者。乙酉，不孝以荐入官刑曹郎，府君家居，拮据苴茶，哀所入寄京邸，以資衣食。己丑奉命督學關中，府君來視纔閱三月，謂不孝曰：「此席豈可多人？」遂決志歸，留不可。不孝元配陳氏，乃挈子女以從，俄而陳氏以疾卒於路。倉皇襯殮，翻爲府君塗次憂。壬辰，不孝竣試事，抵里門，府君曰：「爾倖列簪裾，祖宗澤也。詎可忘乎？」乃鳩工庀材，修葺宗祠，倡捐祭田，率族之賢者，共襄厥事。又念譜系久不修，恐宗支或棼，任勞任費，釐剔較訂，付之剞劂。癸巳，奉特恩内召，復爲不孝治裝就道，備極周章，且命曰：「若第往，吾資若食。」乙未夏，由光禄少卿奉特旨擢奉天尹，時不孝焜授雲南賓州佐，吾母以滇南、關左各去家數千里，時時縈念，府君曰：「吾患兒輩不勝官耳。果能揚名顯親，不愈于依依膝下乎？」丙申，不孝軾入爲通政使。丁酉春，奉命撫浙，抵任遣迎兩大人，府君至，而太夫人迄不肯行。戊戌夏，府君欲歸，不孝以溽暑固請逾秋，不許徑去。

至家杜門不出，日與鄰里族黨講論孝友姻睦之義，曲喻旁引，務令通曉。見人有急，隨分周恤。惟恐人知平生不信因果，然遇緇黄之老而疾者，必飯之。塚墓之無後而崩圮者，督家人修之。近舍道路梁筏巇險朽壞者平治，完葺之費，輕則獨任，重則均任。里中有通衢石橋久廢，將重建，謀之鄉人，無一應者，府君經營數年，迄去冬工乃竣，行人稱便。不孝軾子男三，女子五，歸自秦遣二女，餘皆府君嫁之。長子、次子皆府君爲之昏娶，畢事後遣力示知而已。

去冬，不孝膺内擢之命，念老母多病，自癸巳迄今暌違已八載，而府君亦夙有痰嗽疾，奏請繞道歸省。不孝仰窺顔色，雖清癯如削，而有喜容。時起作字，細楷如常日，觀此知吾父無恙也。吾母亦以喜得見兒，病差減。不孝傍徨十餘日，府君强進飲食有加，笑語歡然，顧謂不孝曰：「爾受聖恩至矣，以吾故流連不去，吾甚不樂，將使吾益滋病也。吾幸全愈，脱未愈，若可不去乎？」不孝請少緩，府君怒廢食，不得已辭行，慟哭而别。不孝此時猶謂生離也，孰意竟成長訣耶？府君暨吾母欲得曾孫弄之，望孔迫，春正下澣不孝軾長男必堦及不孝焜子必場各舉一丈夫子。不孝於二月終得家信，甚喜慰，謂是足爲我父母暮年歡。豈知府君已客夜臺乎？嗚呼痛哉！十九日訃至，問病狀，具述立春後漸瘥，時起問家政，忽二月九日呼子若孫、子婦孫婦至前，有一未至者，命亟呼之，至則熟視，無一語，隨令去。翌日晚起，披衣端坐，迄夜半而卒。易簀時，井然不亂，出所儲二百金爲喪費，囑殮葬從儉，曰：「吾未能厚葬吾親也。」隨顧不孝爌等，謂諸子：「聽命爾兄。爾兄受皇恩重，當勉力圖報，勿哀毁。」言至再三而瞑。嗚呼！府君一生精力盡消磨于不孝軾之一身一官，以至彌留之頃，猶丁甯不休。不孝之罪，詎一死足贖乎？

府君少時嘗與族人忿爭，王母張太夫人怒責之，府君涕泣跪謝，自後一生無疾言遽色。追遠報本，尤盡誠敬。凡宗祠蒸嘗，必親率族人涖事，嚴恪竟日，年近大耋，未嘗以老謝。族人有貧不自存者，將鬻子女，府君謂曰：「鬻于我。」人或謂府君不當市族女，府君不顧，償以重價，挈歸付從子婦撫育，歲資其衣食，及長，擇婿嫁之。人以是大服。又有鬻子他姓者，贖令還其父，辭不能養，則鞠之，齒於諸孫。族人或不遜，勃谿詬語至弗能堪，旁觀者不平，明日慫慂府君愬當事，府君忘之矣。常曰：「寧人加我，毋我加人。」生平存心類如此。拊子孫慈甚。即教不孝輩讀書砥節，委曲開諭，不加棰楚。不孝或怒其子，即曰：「吾於若曹何如者？而乃忘之？」不孝爌鄉試屢不售，不孝烔公車下第，每抑鬱不樂，府君正色厲聲曰：「自昔文人老死諸生者多矣，得失有命，怏怏者何爲？」性儉樸恬淡，自幼不持杯勺，食不重味，布衣疏食，終身不改。不孝輩或以新衣裘進，祕之篋，至于蠹敝，不一加身。遠近戚屬餉絲履，輒藏之，至積盈四簏。于吉凶諸禮，概從簡約，不爲無益之費。家居自晨迄夕，不肯有片刻閒。見人衣履器物必爲整齊，拂拭僕僕不憚煩。稍暇，即作書，筆力挺勁如戟，紙盡覆紙背書之，秃如帚，運之若新，日記瑣屑事無遺。自幼穎敏，讀書目數行下。晚歲喜觀唐人雜説、齊諧志怪諸書，且樂爲人津津道之。與人坦懷無城府，而謙卑特甚。每與田夫野老相聚談，形骸罔間。凡有行，必跨騾，見者或誇其健，即加鞭疾馳，以示矍鑠。雖不孝已待罪九列，府君未嘗肯乘肩輿也。愛臧獲如子，婢女及笄者，必擇良民嫁之，不計直。家人或以乏，使令謀配僕人，府君曰：「是供驅策久，忍令長爲我役乎？」人或飲府君酒，酒闌，必視從人醉飽方起。或主人不款從者，府君即不歡，以故人咸樂事府君。比卒，宗族里黨，下逮僮僕，無不號慟。即生平齟齬府君者，亦慟感其不校也。府君一生善行，鄉人卒能言之。不孝軾苦次追念，十不記一，謹述其大概如此。

府君生于順治丙戌五月二十九日午時，薨于康熙辛丑二月十一日丑時，享年七十有七。吾母冷氏封孺人，待封太夫人。外王父，上高邑庠生。大來公諱泰。生子四，長不孝軾，次焜，次爌，次烱，女二，孫男七，孫女九，曾孫二。

皇清誥封一品夫人顯妣冷太夫人行述

嗚呼痛哉！吾母薨矣。不孝等苦凷殘喘，待盡須臾，何能鋪張懿美，告哀乞言於先生大人之前耶？顧念吾母一生恭順孝慈，族黨親戚，類能言之。今音容未渺，謦欬如聞，追想平生，歷歷可數。不孝軾敢忍死吞泣，粗述大凡，詎云有善必彰，用示吾子孫，世世不忘焉耳。

吾母系出上高之牟田冷氏，外王父大來公，以文學知名。吾母自幼端恪，不苟笑言。居外大母喪，哀號累月不絶聲，聞者爲之感惻。及笄，歸先府君，時王父捐館十餘載矣。兩王母孀居暮齒，家門零落，無期功强近之親。吾母佐吾父，屏當擠拄，備嘗辛苦。事兩王母，旨甘無缺，誠愛有加。歲庚戌，適王母張太夫人卒。次年，生王母孫太夫人又卒。吾母積哀致毁，感成氣疾，半生懨羸，實基於此。自是春露秋霜，感時哀慕，至老不衰。每子婦饋食稍豐，輒潸然淚下，曰：「吾事姑日淺，未能盡孝養也。」先府君性整飭，扆履之間，必加檢束。吾母奉承凜若，閨門内雍雍肅肅。凡登吾堂者，無論賢愚，莫不悚然起敬。不孝軾甫生，兩王母喜甚，欲覓乳婦，吾母曰：「生子不自乳，使寄食于人，何以爲人母？況家貧，安所得傭直耶？」不孝等甫能言，教以唯諾；學步，教以退遜。至五六歲，猶日置膝下，不令與羣兒嬉。成童，延師課讀，飲饌修脯，必從豐厚。迨後負笈就外傅，偶有寒暑疾，吾母必先知，遣人視，輒不爽，於諸孫亦然，愛子孫婦如子孫。每擁膝依依，笑言慰勞，事有未當，則反覆開導，必曉悟追悔乃已。女奴年十五以上，爲擇良家，資而嫁之，凡十餘人，皆能修婦道，成家業，蓋吾母教之有素也。性喜清浄，不耐煩囂，尋常坐立，不易處。非喪祭大事，足跡不越户楹。不孝軾涖官潛邑，去家方六百里，迎養，不許。子婦率家人跪請，乃可，至署兩月而歸。厥後歷官内外，屢次迎請，卒不肯行。壬辰，以督學報滿歸，慈顔歡喜，曰：「父母年老，自度能報國則以彼易此，否則毋以利禄違庭闈。」雍正元年春，蒙聖恩特賜一品誥封、御書匾額對聯、兼金上藥、文綺珍玩之錫無算。不孝奉命歸省，陛辭時，聖主降旨「著問爾母好」。不孝乘傳歸里，宣傳恩命。吾母攜闔家望北九叩，感激涕零，旋謂不孝曰：「爾母受此殊恩，爾不能忠即是不孝。」不孝軾聞命悚惕，不能措一語，隨令分散金幣，以廣君恩。惟自製禮服一襲，元旦萬壽衣以祝聖而已。平時不孝等製纻縞衣進，則以賜諸女孫，謂：「吾習慣布縷，烏用此爲？」飲食無嗜好，甘脆肥濃之味屏勿嘗，酒醪一生未嘗入口。見人喜説因果，嘗謂：「爲善本非求福，然因求福而不爲不善，斯亦可謂善人矣。」年六十，既傳家政。于吉凶事，必躬親措置。平時檢點果蔬，間理線纊無虚日。自先府君謝世，哀毁骨立，血淚未乾。而不孝焜卒於官，吾母聞訃，驚悸欲絶，勺水不進者五日，自是昏視重聽，乃謝缺十七字 餘戒家人勿以聞，然精神如□□□□□□日斂衣危坐，無倦容。嗚呼痛哉！方謂百歲可期也，豈意無病而遽逝耶？歲除日，畏寒早卧，次日晨起如常，至初二日熟寢，越三日午後語不孝爟、烔曰：「勉爲好人，吾逝矣，無憾。」遂薨。嗚呼痛哉！時雍正四年正月初五日申刻，距生於順治元年甲申七月初三日辰時，享年八十有三。以不孝軾官，恭遇覃恩，特封一品太夫人，賜金治喪諭祭一。

子四，長不孝軾，甲戌進士，文華殿大學士。娶陳氏，先卒，繼毛氏，先卒。次不孝焜，監生，陝西漢中府西鄉縣知縣，先卒。娶梅氏，先卒，繼金氏。次不孝爌，庚子科副榜，選教諭。娶周氏。次不孝炯，甲午科舉人，候選教諭。娶劉氏，先卒，繼胡氏。女二。一適新昌縣王氏，一適同邑金氏。孫男八。必埸，癸卯恩科舉人，娶周氏，焜出。必考，癸卯恩科舉人，娶劉氏，爌出。必堦，廕生，户部廣東清吏司員外郎，娶張氏。堪，癸卯恩科舉人，娶吴氏。必坦，府學附生，聘李氏。俱軾出。必坊，聘魏氏。必墩，聘胡氏。必填。俱炯出。孫女十，軾出五，爌出一，炯出四。曾孫六。蒙恩，聘劉氏，必埸出。承恩，聘毛氏，必堦出。沐恩，聘彭氏，堪出。報恩，聘彭氏，必堦出。世恩，聘潘氏，必考出。加恩，必堦出。曾孫女四。

遺摺

奏爲君恩未報事。

臣蒙聖祖仁皇帝天恩，由翰林院庶吉士，陞至左都御史，叨蒙世宗憲皇帝隆恩，簡任晉掌銓衡，旋登政府。訓育生成，實同覆載。臣素有羸疾，不時舉發，于雍正七年因久病奏請解任，蒙世宗憲皇帝硃批，嘉奬逾量，臣跪聽嗚咽，跼蹐靡甯，九年又具摺奏請，内閣傳出上諭：「爾病如不可醫，朕何忍留？如尚可醫，爾亦何忍言去？」臣聞□□悚激切涕零。十三年八月，世宗憲皇帝諭旨前往浙江，督理海塘事務。行至德州地方，驚聞世宗憲皇帝龍馭上賓，五内摧裂，倉皇登岸，奔至阜城縣界，接准部文，恭逢皇上御極之初，命臣回京供職，隨令協辦總理事務，封廕重叠，錫予便蕃。三朝注遇，殊恩異數，未有比倫，正冀竭臣駑鈍，少效涓埃，乃數月以來，舊疾大作，屢蒙皇上天恩賞賜參藥，諭令悉心調理，詎臣命薄灾生，咯血不止，衆疾交攻，日加沉重。本月十四日，蒙皇上命和親王看視，復賞内庫銀一千兩，臣已惶悚難安。十五日，蒙皇上浩蕩隆恩，親臨臣第，撫問有加，實千載難逢之曠典。臣自愧非分，感懼交并，冀仰邀天恩，少延殘喘，詎命數難逃，僅存一息，自分永辭盛世，不能再覲天顔，伏念臣遭逢聖主，推心置腹，任重遇隆，毫無報稱，負德辜恩，抱慚入地。

惟我皇上聖學深醇，紹述政治，洞悉原委，詔旨所頒，一本至誠，所以中外傾心，四方安樂，洵萬世太平之慶也。竊惟國家萬事根本，君心而所重者，莫過于理財用人。目前惟鹽課□事，尚須整理經臣條奏，議行未定。伏思國計民生，均應籌畫。臣查額徵所儲，于一切經費，寬然有餘。倘日後有言利之臣，倡爲加增之説，仰祈聖明乾斷，永斥浮言。實爲天下蒼生之福。至于用人尤關緊要，邪正公私，心跡各判，幾微之際，最易混淆，惟在皇上洞察，審擇君子小人而進退之，慎之又慎，此又臣于垂死之時謹竭芻蕘之獻者也。

至于臣素守朴儉，家有薄田，子孫亦足自給，即臣身後事，宜亦令概從簡略。諸凡粗備，又蒙聖恩賞賚，甚屬充裕，臣無餘望。臣長子朱必堦，現任通政使右通政。次子朱堪，現任翰林院庶吉士。三子朱必坦，舉人，世襲拜他拉布勒哈番。人俱朴實，于世事亦略通曉，至其才之果可用否，臣尚未敢深信，惟囑其竭誠盡敬，勉而又勉，子子孫孫，生生世世，永矢報效，以繼臣未竟之志。

臣仰望恩光，不勝嗚咽，九泉之下，啣戴無極，涕泣哀鳴，語不暇擇，貼黄難盡，伏乞聖恩鑒宥，臣不勝激切哀慟之至，謹奏。

朱文端公文集補編卷三

奏疏

條陳賑濟事宜摺 康熙六十年六月十一日

奏爲敬陳管見，仰祈睿鑒事。竊惟堯湯在上，不無水旱之災。而胞與爲懷，痌瘝一體，自古及今，未有若我皇上宵旰憂勤之甚者也。即今五省偶遭亢旱，大沛洪仁，屢加軫恤，每讀上諭，凡有人心者，無不感激泣下。今奉旨發帑金五十萬兩，差臣與光禄寺卿盧詢分往山、陝二省勸糴給賑。臣雖愚昧，敢不仰體皇仁，殫心竭力，少圖報效。今於六月初十日領銀釘鞘訖，隨督同司官分押前往。除山西被旱情形及賑恤事宜，容臣至彼細查具奏外，所有一得愚見，謹臚列爲我皇上陳之。

一、設官原以爲民，安民必先察吏。伏讀上諭，地方官不切實留心爲民，設法料理，以致百姓流離。聖明洞鑒，無微不照。臣請嚴飭督撫正己率屬。司道以下有貪污庸劣之員，立即題參究擬，仍令養活飢民，以貸其死。其或平日不留心民瘼，而惡蹟尚未昭彰，亦令養活飢民，從寬暫留，以策後效。如督撫徇庇，不行查參，經科道風聞糾劾，一併治罪。如有真正實心愛民，設法賑救保全者，即予加等優陞。如此則有司俱體皇仁，萬姓羣沾樂利矣。

一、西北人民素稱善賈，宜令富户出銀，協同慣商運販糧食。河南、山東商人通于南省，山、陝商人通於河南，循環往來，源源不絶。如有地棍敢於遏糴者，從重治罪。仍令沿途文武官差撥兵役防護，毋令疏虞。其淮安、鳳陽等關，遇有米船，立即放行。應納課鈔暫行停徵半年，亦斷不至缺額。其地方紳士有願捐銀米賑飢者，具呈督撫，隨收隨題，按所捐多寡從優議敘，遇缺即用。富民願捐者，併請破格旌獎，以示鼓勵，於救荒大有裨益。

一、救荒莫如平糶。前九卿議截留漕糧貳拾萬石於豫省備用，奉旨依議，欽遵在案。今請再截貳拾萬石，於河南雒陽二府地方平糶，聽山、陝民人搬運。所收米價，仍發南省買米，分年搭運，以補漕項。再，查京倉有遠年攙雜浥爛之米，八旗官兵既不願領，積久將成土灰，殊爲可惜。請飭倉場總督查明，擇其可食者，令直隸總督率同地方官公捐脚價，運往米價稍昂之真定等府，分別米色高下，減價平糶。不特畿輔蒙恩，即附近之太原、遼州等處，亦得就便糴買，以無用爲有用，實爲兩便。

一、各省州縣驛站夫大半虛名侵冒，實在供役者不過十之二三。遇有大差，即令夫頭僱募民夫應用。今宜嚴行督撫逐一確查，除已往不究外，飭令照依定額，召募本地年力壯健之民，按名補實。一人受募，即可全活一家，而流移失業之民，亦不至生事犯法矣。

一、飢民間有轉徙者，原欲覓食求生。乃各省地方官惟恐多人耗食，驅逐不容，飢民進退維谷，勢無生理。宜令所在官司隨便安插，或令傭工度日，或給值墾荒。其有地方官捐貲養贍，全活多人者，督撫核實題薦，則覓食窮民，所往無非樂土矣。

一、歉歲多生疾病，飢民羣聚，穢氣蒸發，每成疫癘。宜通行各省郡縣，選委佐貳首領等官，於市城空閒地方設立蓬廠，延醫胗治。正印官捐俸，修合丸散廣施，庶未病者不至沾染，已病者可望生全。

以上各條，臣不揣冒昧，率陳一得愚見，或於救荒稍有裨益。伏乞皇上睿鑒，敕下九卿速議施行。

奉旨：九卿詹事科道會同速議具奏。

入境奏報情形摺

奏爲奏聞事。竊臣於六月二十二日至汾州府屬之平遥縣，正現在被災之處。百姓見臣賚銀至彼，莫不踴躍歡忭。臣隨宣揚皇上德意，併出示曉諭。一時士民千餘人簇擁臣寓，求臣代題，恭謝天恩。俱望北焚香叩首，祝聖主萬壽無疆。除俟彙奏，併多方勸諭，務期仰副皇仁。及雨水米價，另行摺報外，理合奏聞。臣謹奏。

奉旨：該部知道。

至平陽奏報情形摺

奏爲奏聞事。據各府州縣陸續報稱，六月二十七八，閏六月初二三等日，大雨霑足。已種秋禾，俱經發生。未種者，現在趕種雜糧。在外覓食之民，聞皇恩賑濟，漸次奔回。惟地方儲粟實少，市場糧食缺乏，臣會同巡撫臣蘇克濟飭令府縣官招能幹商人往河南、山東運販，先在附近處搬運濟急。現在平汾二府米價比前頓減，倉斗每石二兩八錢至四兩不等。至臣賫銀勸糶汾州之平遥、汾陽、孝義、介休四縣，經臣親至勸諭，已有承認糶米之户。現在委官收買給散。其永甯等四州縣饑民不多，亦經委官前往糶賑。臣於初三日至平陽府，經過靈石、霍州、趙城、洪洞等縣。臣一路宣布皇上德意，民情感激踴躍。有願捐銀助賑者，另摺開報。查平陽三十四州縣、兩衛所，俱經被災，地方遼闊。今擬分爲五處，每處於適中地方，臣往來居住，督率各官，多方勸諭撫恤，務必盡心竭力，仰副皇上宵旰至意。再，巡撫借動鄰倉，現在平陽府屬散賑。合并奏聞。臣謹奏。

請銀米兼收併開常平事例摺

奏爲請旨事。竊秋禾成熟在八月中旬，饑民尚有兩月乏食。必得接續賑濟，方無一夫不獲，少紓皇上宵旰之憂。現在巡撫臣蘇克濟及地方官捐銀十萬餘兩，又勸諭富民零星捐銀約三萬兩，尚恐未足。臣前經奏請，有願捐銀米賑饑者，督撫題請議敘。今九卿議覆，地方紳士富户并内外現任官員願捐米者，照數收納給收，該督撫題明咨部，即用即陞等語。奉旨：依議。速行。欽此。

臣思願捐議敘之員，必令捐米，恐因挽運艱難，未免觀望不前。應請銀米兼收，庶捐者踴躍争先。再，晉省太原等府積貯俱虚，可否於各州縣暫開常平倉事例：俊秀捐銀一百八兩，准作監生；附增、廩生遞減銀十兩。監生、附生捐銀二百兩，准作歲貢；增生、廩生遞減銀二十兩。民人捐銀三百兩，給七品頂帶；二百兩，給八品頂帶。願爲祖父捐者，亦依此例，俱照時價捐納米麥，限半年停止。其秋收後所捐，積儲備用。統乞皇上睿鑒，御批施行。謹奏。

請議敘摺

奏爲奏聞事。據汾陽縣候選員外郎田周呈稱，願捐銀六千兩賑饑。又洪洞縣原任刑部郎中劉鎮呈稱，伊子候選京官劉常願捐銀三千兩，伊姪候選員外郎劉勷願捐銀六千兩賑饑，各等情到，臣併令赴縣繳銀訖。伏乞皇上敕部照例議敘，優陞即用，以爲急公者勸。又據洪洞縣士民郭允鎮等呈稱，原任刑部郎中劉鎮告假回籍，年近七旬，與親兄劉誌力行善事，重建學宫，起造石橋工料銀二萬餘兩。頃因災荒，先已捐米五百石、銀二千餘兩散給窮民，賴以全活者甚衆。今伊子姪急公捐銀外，復遵勸諭，另自捐銀三千兩交縣備賑。允稱好義善士，懇乞題旌等語。隨行縣查覆無異。據此，理合奏請皇上敕部優旌，以示鼓勵。再，現任工部員外郎劉衮亦即劉鎮親姪，經臣摺請帶到山西辦事，今情願捐銀四千兩，不求議敘。合併奏聞。臣謹奏。

代士民謝恩疏

題爲皇恩之浩蕩無極、輿情之感激難名，懇乞代題，少伸蟻悃事。

據汾州府士民楊廷枚、田順成等呈前事，内稱：「欽惟我皇上至仁樂育，大德好生。視民如傷，登八方於壽域；思饑猶己，躋兆姓於春臺。疊沛恩膏，草野咸資樂利；屢施蠲賑，閭閻共慶生成。頃以平汾等府州偶爾亢暘，遂遭荒歉，伏蒙我皇上廑念歲苦，洞悉民艱，田賦緩征，倉儲借給。又撥鄰倉接濟，固已高天厚地，同此洪慈，往古來今，希逢曠典者矣。兹又發帑金二十五萬兩，特簡大臣勸糶散賑，恩綸所被，山川效靈。使節初臨，甘霖立沛。覩芃苗之立起，慶樹藝之皆齊。兩載難逢，一朝創獲。恭聽宣揚聖諭，更加感激涕零。百姓之生一日未遂，九重之憂一日未紓。是人之所不敢冀於天子、之所不敢必於親者。何幸小民，受此隆恩。枚等歌頌難名，涓埃莫報，惟有焚香叩首，長祝萬壽無疆。螻蟻微忱，無由上達，懇乞俯鑒代題陳謝。枚等有生之年，皆戴德之日矣。」

又據平陽等府州縣士民王名轂、任宏聞等呈同前事，内稱：「欽惟我皇上聖德如天，薄海内外共戴生成。至我山右五郡，尤荷殊恩。六十年來，賜粟蠲租，不一而足。吾儕小民戴高厚而享樂利者非一日矣。詎意去秋接連今夏，雨澤愆期，年穀不登。蒙我皇上軫念民瘼，緩征田賦，借給倉儲，又撥鄰府積穀接濟，格外洪慈。有加無已。兹又特簡大臣，賫帑金二十五萬兩，前來勸糶賑濟。伏讀聖諭，愷切真摯。凡有血氣之倫，誰不感激涕零。但念閭閻有何報稱，不過焚香頂祝聖主萬壽無疆。此則螻蟻微忱所隱結而不能上達者，懇祈俯鑒愚忱，代爲題謝，俾草茅下賤如對丹陛而言情。轂等無任感切。」各等情到臣，理合據情代題，伏乞皇上睿鑒。謹題。

奉旨：該部知道。

請停捐納疏 八月十三日

題爲請旨事。

康熙六十年七月二十三日，准户部咨稱「查左都御史朱軾既稱捐納之員必銀米兼收，庶捐者踴躍急公，應如所請。有情願捐納者，令其具呈，銀米兼收，隨收隨賑等語。奉旨：依議。欽此。欽遵」等因到臣，隨行被災各府屬出示曉諭去後，據馮漢煒等五十二員陸續具呈「情願捐納銀米賑濟」各等情到臣，經臣批令平、汾二府查收，除動支散賑外，所餘銀米，飭令貯倉解司，統聽撫臣造册題報。

伏查平、汾等屬蒙聖主洪恩，秋成豐稔，現在收穫，應請將捐納賑濟議敘一案先行停止。其常平倉事例，部文到晉未久，正在行文各屬收捐，合併聲明。伏乞皇上睿鑒施行。謹題。

奉旨：該部知道。

條陳積儲利弊疏

題爲積儲爲國家本計，請嚴虧空之處分，杜出陳之流弊，以重民命，以廣皇仁事。

竊今歲直隸等省偶遇亢旱，我皇上視民如傷，蠲賑頻加。又屢次欽頒上諭，痌瘝愷惻。萬國臣民捧誦，無不涕零。臣思旱澇乃氣數之偶然，可恃以無恐者，惟在積貯之素裕，則歲不能災，而於天庾帑藏亦無糜費。即如山、陜二省，除盡發本處倉儲外，復大沛皇仁，撥截漕糧及鄰省鄰府米數十萬石，又兩次發内帑一百萬兩，始得措置安全。向使每縣各有積貯萬餘石，何至煩聖主宵旰之慮、糜費如此之多？伏查錢糧遞年支解，查核猶易。米穀存倉，必待賑荒乃發，又有民借民欠、存七糶三等名色可以藉口支飭。是以州縣虧空錢糧者猶少。若倉儲虚耗，則在在不免，甚有變賣倉穀彌補庫項者。監司郡守一任朦蔽，全無覺察。不知錢糧參後追完，於國帑無損；倉儲關係民命，一有虧缺，爲害匪輕。今不肖有司任意侵挪，一經報災，或稱平糶，或稱借貸，或稱煮粥，早已冒銷過半。迨至奉文發賑，計口授食，則又以少報多，有名無實，藉賑恤之曠典爲彌縫之便計，坐令嗷嗷待哺之民流離轉徙。即大吏查察糾參，明正典刑，何足以贖？臣請飭行各省督撫，逐一細查某縣虧空某項倉糧若干，核實造册報部。大縣空三千石以下、小縣空二千石以下者，勒令補還。二年不完，即行革追。虧空多者，嚴拏究審。如有侵欺情弊，立即正法，嚴追家屬完項。督撫隱徇，一經發覺，責令賠還。

再，出陳易新，本屬良法，詎今有司因以爲利，或按里派借，或抑勒富户領放，不獨米色紅朽不堪，胥吏且從中作弊，攙和糠粃土灰，每石實在不過六七斗。迨至還倉，窮鄉小民崎嶇數十百里，擔負運送，守候倉廒。奸胥又多方措索，不遂所欲，經月不收。收則淋尖踢斛，狼藉無算。如遇小歉價貴，則官自出糶。秋收派押買補價銀，十無二三，仍不免交納措勒浮滿之苦。是小民不受積儲之利，反受積儲無窮之害也。臣思出易既所不免，欲不累民，莫如擇地分貯。或商賈叢集之市，或居民稠密之鄉，每縣分貯二三處。鎮市利於糶，鄉村利於借。糶則少減時價，秋成即於本市買補，買價之賤可償賣價之減；借則里民就近出納，既無挽運之苦，又嚴革攙和勒索等弊，未有不欣然樂從者矣。其貯在本倉者，即於坊郭糶借。如不足出三之數，將所屬一年應發俸工悉以穀易銀，但豐凶一例，誰不樂受？如此出易，則民無苦累，而倉儲亦不致腐朽矣。

再，各省賑濟，多稱借動倉糧，捐俸抵還。此亦大吏爲積貯長久之計。但俸工無幾，一年緊急公費，取給尚恐不足，借動倉糧數十萬石，不知抵完何時？臣愚以爲積儲原以備賑，與其冒捐還之虚名，究竟懸項無著，何如嚴察虧空，加謹收貯，歲率屬員捐湊，使倉儲常裕，爲實有濟於民生，無損於國用也。況督撫即不敢欺皇上，郡縣未必不欺督撫。始則虚冒浮開，借非實借；後復朦混捏報，還非實還；甚而借端派累小民，均未可定。請分限三年，勒令補完，違限嚴加議處。如有捏報派累，從重治罪，庶於倉儲有益。至便民莫如社倉，未必處處可行，臣已另疏具奏。緣奉命賑濟，深悉積儲關係緊要，冒昧瀆陳，伏乞皇上睿鑒，敕下九卿議覆施行。謹題請旨。

奉旨：九卿詹事科道會議具奏。

條陳水利社倉疏

題爲水利積儲關係民生，謹陳一得，仰懇聖鑒事。

竊臣奉命賑濟，所過咨訪民間疾苦，凡有應行應革之事，即與撫臣蘇克濟商酌舉行。今平、汾等府秋成豐稔，地方甯静，士民頂戴洪恩，安居樂業。顧臣猶有請者。

山右地高土燥，每遇亢旱，灌溉無資，動煩聖主宵旰之慮。臣查各屬志書，長渠峻堰，引流瀦水，爲農田利益者不少。緣風俗好賈，輕棄本業，郡邑有司又苟且偷安，不爲斯民計長久，昔時水道大半堙塞。至山谷泉源可灌田疇前人未經疏導者，亦所在閒有。請飭專差賢能道員，帶同州縣官逐一細查，開濬修築，永爲地方百世之利。

又臣經過地方，凡有井水澆灌之處，禾稼分外豐茂。詢之土人云：「除高阜難於鑿井外，其平坦地面，隨處可開。」緣田業各户彼此推諉，是以鑿井寥寥。請飭一并確查，每井可灌若干畝，即令受灌田地公同挖掘，隨時修整，亦是水利一端。至積貯爲備荒要務，而便民又莫如社倉。或有行之無效旋而罷廢者，所設非其地，所用非其人也。若晉省，則無慮此。臣歷經平、汾所屬，每鄉必有大村，城堡高峻完固，屋多磚甃，無風雨盜竊之虞。大村左近，小村比密，各相去二三里，遠者不過四五里。期會無奔走之苦，斂散無轉運之勞。以此而行社倉，得其地矣。晉俗素稱淳樸，里閈儕伍地近情親。又每社必有殷實士庶，尤兢兢自守，愛身家而重犯法。今即用此殷實之户主管出納，擇一二公正能幹者爲之輔，餘人自遵規約，不至侵欺負累，則任用有其人矣。又愚民難與慮始。行社倉於屢豐之年，必以爲迂闊無當。今荒後民賴賑貸以生，回思乏食之苦，無不踴躍願行。夫爲百姓計安全，雖於土俗民情有未盡宜，猶將勉强變通而爲之。矧得其地，得其人，又值人心樂行之時乎？臣請敕下山西巡撫，分委能員，協同地方官，於各州縣離城十里外，按莊屯户口多寡，分社設倉。先借廟宇或富户餘房囤積，俟有盈餘，支蓋廩廒。穀本動支常平倉，每社各二百石。正印以下官，遞年捐湊。有田人户聽憑樂輸，不拘升斗。詞訟罰贖，俱令納穀本社。其斂散悉依古法，刊示木榜，使司社遵守。牧令歲一稽察，毋許胥役經手。實爲地方久遠之利。

又查山西每州縣俱有廟會，士民斂銀滋息，動至千金。請飭地方有司確查，除淫祠禁革外，其正神聽民崇奉，所斂銀兩，概令變買穀石。每歲修葺香燭之費，俱取給息穀，或并入社倉。即於倉所建立蜡廟，或聽民另行積貯，與社倉一體斂散。此亦民情所樂從，而於救荒大有裨補者也。

臣從民生起見，不揣愚陋，率陳一得。伏乞皇上睿鑒，敕下九卿議覆施行。謹題請旨。

奉旨：建立社倉之事，李光地在巡撫任時曾經具奏，朕諭以言易行難，爾可姑試。李光地行之屢年，並無成效，民多怨言。張伯行亦奏稱社倉頗有裨益，朕令伊行於永平地方，其果有成效裨民之處？至今未奏。且社倉與民生有益無益，朕亦久留心採訪。凡建立社倉，務須選擇地方殷實之人率司其事。此人並非官吏，無權無役。所借出之米，其還補之時，遣何人催納？即豐收之年不肯還補，亦無可如何。若遇歉收，更誰還補？其初將米穀扣出，收貯於無厫之地，看守無人。及米石缺空之時，勢必令司其事者賠償。是空將衆人之米棄於無用，而司事者無故爲人破産賠償。社倉之設始於朱子，其言載於集内。此法僅可自行於小邑鄉村，若奏爲定例，屬於官吏施行，久之必於民無益。前朕巡幸西省，親歷山、陝，地方山川形勢，皆悉知之。其地原本山多水少，並無河渠窪濕。雖有水泉，亦不能暢引溉田。設有灌注之水及社倉果能有效，大有裨益，前人豈不知乎？今朱軾以建立社倉、引水入田具奏，此事交與他人不得，即令伊於彼處久住，鼓勵試行。若如所言有效，甚善。該部知道。

賑畢奏報情形摺

奏爲奏聞事。

竊晉省蒙皇上洪恩，自發帑到日，大沛甘霖。以後雨暘時若，收成十分至七分不等。臣前住平陽府城，各州縣百姓逐日拈香，環繞臣寓處叩謝聖恩。今由洪洞、霍州至汾州府地方，各處歡聲載道，咸祝聖主萬壽無疆。目下收穫將畢，二麥已種五六分，米價每倉石二兩至二兩三四錢不等。臣俟各州縣造册到日，即回京復命。至平陽之洪洞、隰州，大原之榆次，潞安之黎城及沁州、沁水等處，七月十六七等日偶下冰雹。洪洞經臣親驗，被打四村，所傷不及二分。隰州、黎城亦經委官查驗，被打村莊稍多。餘處據報俱無大損。現在巡撫委官踏勘，合并奏聞。臣謹奏。

奉旨：該部知道。

再請旌紳士義民摺

奏爲請旌事。

竊臣奉命到晉散賑，宣揚聖主洪恩，地方士民莫不感激涕零。凡有力之家，俱情願捐銀助賑。除洪洞縣劉鎮、劉衮共捐銀七千兩，經臣摺奏在案。續據澤州候補副使道王廷揚捐銀三千兩，臨汾縣候選通判亢在時、貢生亢孳時各捐銀一千兩，俱不求敘旌，并各屬捐銀不及三百兩者，令該地方官給扁旌獎外，蒲州候選主事郭珍捐銀一千兩，各屬紳士卞時庸、耆民張瑛等十一人捐銀八百兩至三百兩不等，仰懇皇恩敕部議旌。至包養村莊及買米減糶者頗多，惟蒲州之周起瑜、侯允修家非殷實，鬻產養贍鄰里數百口，尤屬義舉，懇恩一并議旌。再，現任河東鹽法道郭禎捐銀一千兩，不求議敘。統聽撫臣造册報部，理合奏聞。臣謹奏。

奉旨：該部議奏。

朱文端公文集補編卷四

咨户兵二部、河南巡撫禁遏糴

咨爲飭禁遏糴，以恤災黎，以廣皇仁事。

查山、陝二省地瘠民稠，即豐年亦不足本省食用。全憑東南各省米艘，由江淮遡河而北，聚集豫省之河南、懷慶二府，由懷慶府之清化鎮進太行山口，運入山西；由河南府之三門砥柱運入潼關。秦晉民人藉此餬口，由來已久。今風聞河南各州縣，因二省旱荒，搬運日多，阻遏商販，不容西行，以致西延平汾等府米價騰貴，流移載道。不獨有乖救災恤鄰之義，亦大負聖天子一體痌瘝之至意矣。況河南現在歉收，正須東南商賈源源而來。若米舡阻滯河干，不能速售，又不獲重息，將來勢必裹足不前，亦大非豫省之利。理合移咨貴部，星即轉飭該撫鎮，嚴檄文武官弁，凡遇山陝米商來至彼地，任憑販運，毋得遏抑。如有兵役地棍人等恃强阻撓，或勾通流棍，恣行搶奪，立刻查拿，治以重法。若地方文武官員不行查察，以溺職參處。如此則商販流通，而沿路車脚人夫受雇得食亦有裨益，上副聖心，下全災黎，所關不小。爲此合咨貴部，煩爲查照施行。

咨直隸總督禁遏糴

咨爲欽奉上諭事。

照得晉省人稠地窄，民閒食用，全憑畿南及中州等處接濟。兹值荒歉，米價高昂，而真定之井陘、獲鹿地方官弁遏阻販糴，深屬未便。前經咨明貴部院嚴飭通運在案。今接閲部文，鄰近商賈凡有運販米穀，地方官務令通行，不得攔阻。相應再行咨請貴部院立即出示曉諭，以便晉人往來運販。如有官弁、棍蠹借端勒詐，仍祈從重治罪，庶米穀流通，西省人民賴以全活矣。擬合移咨，煩爲查照施行。

咨山西巡撫飭行六款

咨爲敬陳管見等事。

照得本院條奏六款，經部議覆。奉旨：依議速行。欽遵在案。除外境販運及安插流民聽貴院移咨鄰省督撫外，至「部議地方官有貪污實蹟不恤民瘼者，督撫據實題參，從重治罪；仍照依品級，責令養活饑民。惡跡尚未昭彰者，查明亦令養活饑。民如有實心愛民設法賑濟者，保題即陞」等語，查吏治關乎民生，而揚清激濁，惟封疆大臣是賴。今山右五郡守令賢否不齊，貴都院無不洞悉。除愛民賢員，俟秋成後覈實保題外，現在貪污不恤民瘼之員，自應飛章糾參，責令養活饑民。至劣跡未甚昭著者，從寬暫留，罰養饑民。統祈貴院迅速分別酌行，庶激勸行而吏治清，民生大有倚賴矣。

又「部議地方紳士并内外官員願捐米者，照數收納，題明即用即陞，富户破格旌獎」等語，查現在饑民需賑甚迫，煩即通行出示曉諭，併行司刊刻實收頒發，嚴飭州縣不許需索分文；如違，官參吏處，庶捐者踴躍急公，於荒政大有裨益。

又「部議驛夫現在如有空缺，即行召募頂補，如違題參」等語，查所屬驛站，近年差使煩多，不無苦累，但站夫空缺者所在不少，煩即嚴飭頂補，毋令虚冒。

又「部議遴委佐貳等官，遇有疾病饑民，設立棚廠，廣備丸散胗治」等語，查現在各屬饑民疾病者不少，秋間更難調護，煩即委員設廠，速製丸散醫治。

以上各款，均關緊要。本院奉使賑濟，雖無地方之責，但目擊情形，惟恐饑民失所，致負聖主委任。爲此移咨貴都院，煩逐一嚴飭施行，仍祈咨覆。須至咨者。

咨撫院學院鹽院捐恤寒儒

咨爲捐恤寒儒，以培學校事。

照得士子讀書勵行，首先立志。若蒙袂輯屨於有司之前，與凋瘵齊民比肩乞賑，得請則嗟來，不得則麾去，辱身賤行，莫此爲甚。然朝廷設學校以養士，苟坐視捐瘠而莫之救，司此士者，咎將奚辭！本院經過地方，親見諸生尫羸之狀，不禁惻然。況硯田之豐稔無期，藝圃之逢年尚遠，向隅獨泣，更切傷心。今酌量公捐周恤，除平日多事及有産業者不給外，其實在饑困之廪增附生，每學少者不過二十人，多者不過三四十人，每名周銀六錢。平、汾二府及沁州、陽城四十八學，約用銀七百餘兩。本院勉捐銀五十兩，移咨撫都院捐一百兩，學院捐一百兩，鹽院捐五十兩，藩司捐五十兩，臬司捐三十兩，河東道捐三十兩，驛道捐三十兩，平陽府捐三十兩，汾州府捐二十兩，州縣各捐銀六兩。先飭州縣移學查明册報，領銀給散，庶寒儒得沾周恤，學校均被洪慈。爲此各咨貴院查照施行。

行委協賑官

爲遴委監賑事。

照得各屬饑民待賑甚急，誠恐地方官聽信胥役舞弊，冒濫遺漏，使饑民不沾實惠；又或假勸糶名色擾累富民，及給散不就民便，致匍匐守候，爲害不淺。除本院不時親自稽察外，合行遴委賢員監督。爲此牌仰各該縣，牌到，即親赴某州縣，遵照屢次示諭勸糶散賑，務令饑民普沾實惠。如有以上情弊，立將胥役人等重處。該縣毋得瞻徇，致干未便。速速。

行府嚴革牙行

爲嚴革糧食奸牙以恤災黎事。

照得平、汾所屬甘霖大沛，秋成有望。目前窮民乏食，除陸續賑濟外，仍飭各州縣招商，於附近地方買米平糶；并委官飛赴江南、河南等處買運，月内可到。現在市聚糧食不少，價仍騰貴，皆緣牙行把持高擡所致。仰即出示，將糧食牙行暫革，聽商民自行交易。省一分牙錢，即可減一分價銀，於窮民不無少補。如敢故違，即拿奸儈重處，不得寬縱。仍將出示禁革過緣由具文報查。速速。

行府設法捐賑

爲設法捐賑事。

照得：貴，司賤之命；富，爲貧之母。閭里有富户，貧民賴以無饑。至鼓舞振興，使民樂從，則地方守令之責也。今撫都院捐銀四萬兩，監司以下捐銀八萬兩，以此倡率勸捐，謂宜鼓舞樂輸，不令而行。乃所屬捐者寥寥，豈賞格未懸歟？抑郡邑奉行未善歟？勸非抑勒，惟開誠布公，動以至情，無論多寡，必與表揚，庶人情踴躍争先。本院奉命賑濟，心力交瘁，惟望諸公捐助，上副皇仁，下全民命。至宣德達情，使者職分當然；矧慷慨善行，何敢壅於上聞。仰府文到，即將先後捐過姓名及所捐數目開明具報，以憑會同撫都院分别獎賞。其多者即予題請，從優議敘。

再，地方實無蓋藏，全憑鄰省接濟，仰飭每縣挑選能幹商民二三人，攜資販運；或官給與本銀，仍行沿途文武官防護，不得攔阻。果能販運驛絡，實有裨益，即與捐賑者無異，自當一體優獎。文到，限五日内將買米人姓名報查，毋得視同泛常，致干未便。速速。

行府嚴催散賑

爲嚴催事。

照得饑民嗷嗷待賑，屢催星速買米給散。經今旬日，並不將散賑日期具報。其饑民户口數目，亦未據開送。殊屬不合。爲此嚴催。牌到，立即分頭給散。如買米未齊，不妨一面買，一面賑，不得遲延怠玩，致干參究。速速。

行府飭查倉糧

爲飭查事。

照得平、汾二府常平倉穀，尚有存貯。此時米價騰貴，顆粒皆珠，未便朦混。仰府文到，即將各案存貯米石逐一開報。如有虧空折耗，亦即據實聲明，立押勒限買補。至平糶借賑，必有批詳咨題實據，不得借詞掩飭，致干未便。速速。

行司飭催報册

爲飭催事。

前據該司呈報，除平、汾二府外，尚有報災之沁州、澤州、襄垣等九州縣。内陽城縣已據册開麥田被災九分、十分不等，其餘八州縣是否成災、曾否得雨、播種秋禾作何軫恤，未據申報。爲此，仰司官吏照牌事理，速即查明，插羽飛報。其陽城縣饑民户口，星催造送，均毋遲違。火速。火速。

行府州嚴禁私派

爲飭禁事。

照得私征私派，奉文嚴禁已久，乃晋省各屬尚有革除未盡者。如衙用薪蔬，短少價值；生辰令節，派送酒席，或製屏製衣；新官到任，備辦轎傘鋪墊；上司過往，伺候酒飯、下程、紙張油燭什物等項。又，驛站草料，沿鄉勒買，並不發價。甚而一切公捐，俱按里均攤。尤可恨者，縱容胥役，麥熟秋成，按户抽豐。捕衙編查烟户門牌，俱索規例。種種誅求，擾民已甚，合行嚴禁永革。爲此牌仰該府州，文到，即行出示曉諭，將一切陋規盡行革除。如有不遵，許被害士民立刻呈控，并詳撫院勒碑永禁，取具遵依。碑摹報查，毋得視同具文，致干未便。速速。

行府嚴禁收捐需索

爲敬陳管見等事。

本院條奏六欵，部覆奉旨：依議速行。欽此。內一欵「地方紳士富户并内外現任官員願捐米者，計官職之大小、捐米之多寡，具呈該地方官照數收納，出給實收，隨收隨報」等因，奉旨：通行。欽遵在案。合行出示曉諭。爲此牌仰該府，速行所屬各州縣，照發來示稿大書多張，遍貼曉諭。官生士民人等有情願捐納賑饑者，速赴該州縣具呈收納，出給實收，立即詳報，題請敘旌。該州縣官隨到隨收，聽官生自行彈兑。如敢額外需索分文及縱容胥役措勒遲延，許本官生立赴本院暨撫都院衙門呈控，以憑飛章參處。毋違。牌到速行。

行府采訪節孝

爲采訪幽芳，以崇節孝，以敦風化事。

照得山右平、汾等府偶遭荒歉，我皇上軫念民瘼，蠲賑頻加，又大沛洪仁，遣使賫金羅賑。簡書到晉，甘霖霑足，災黎已慶更生。第念此邦素尚風節，豈乏高人株守巖穴，不食嗟來？亦有嫠婦寂處閨房，寧甘餓死。此皆唱名給粟、計口授餐之所不及者也。又若孝子順孫，糠覈不敷，力營甘旨，即受升斗之惠，難共朝夕之需。雖窮且益堅，固賢者之素志，而善無不録，乃聖世之恒經。本院奉命按臨，自應隨地采訪，加意存問，以副皇上砥礪風化之至意。爲此牌仰該府轉飭各州縣，牌到，即速查明，破格優恤，務令安全。仍出示曉諭鄉約人等，據實具呈舉報。至公道出於學校，諸生如有確見，不論紳士庶人之家，一併開列事實，報學取結申詳，以憑移咨題旌。約甲學書人等，不許掯勒需索，如違重究。凛遵。速速。

行府飭議補賑

爲飭議事。

照得臨汾等十二州縣現在續賑。其襄陵、浮山、岳陽、太平、絳州、絳縣、稷山、河津、滎河、臨晉、蒲州、芮城、平陸、垣曲、解州、安邑、夏縣、猗氏、萬泉、聞喜、曲沃、翼城二十二州縣，可否不須再賑，或細查饑民中最苦及逃荒回籍未經補給者，量行散賑，仰府速議報奪。毋違。速速。

行府續賑

爲飭知事。

照得平郡城南各州縣秋成較早，糯黍間有熟者。前此嗷嗷待哺之民，此時不無緩急之別。一概續賑，則錢糧不敷均勻；量給升合，又恐實在饑甚待斃之民所領些微，終難活命。前經檄飭牧令率領官役，或敦請紳士，攜帶錢米等物，分頭四出，遍歷各村，擇其甚者拯救。誠恐州縣漫不經心，苟且塞責，合將應賑之人開明示知，仰府立飭遵照。仍將賑過姓名開送本院，遣官按册稽查。如有一名揑飭，除領過銀米一概不准開銷外，仍行參究不貸。

一、現在乏食，形容羸瘦不堪者，宜賑。

一、鰥寡孤獨廢疾者，宜賑。

一、逃荒在外，未經播種，今始回籍，屢次未賑者，宜賑。
一、一家之内，或父母，或妻子，有饑餓死者，酌量給賑。
一、外來流民饑餓垂斃者，量賑。
一、病者賑藥。
以上賑濟，照例大口給七分、小口減半，具令鄉約確查，并訊本人。如有冒領查出，將鄉約重責枷號。

行府飭種二麥

爲飭行事。
照得雨澤既足，種麥在即，民間籽粒絶少。仰府速飭各州縣，於外境買運平糶。仍勸諭藏麥之家借給鄰里，麥秋加倍償還。倘有負欠，稟官比追。至被旱粃麥難於發生，斷不可用；且麥種各有地宜，買運務須詳慎，毋得貽悮。一併出示曉諭。毋違。速速。

行府議行社倉

爲議行社倉，以廣積儲，以備荒政事。

竊惟朱子社倉之制，爲萬世備荒不易之良規。而後人不敢輕議舉行者，一則恐收掌之難其人，一則恐蓋藏之無其地也。本院奉命糴賑，即展轉謀維，欲爲斯民圖善後之策。自入晉境以來，相時度勢，竊謂社倉之法，惟晉省最易行。十室之邑，必有忠信，而唐魏遺風，尤多良士，非澆漓奢縱者比。且經行各縣村落中，牆堡完固，室宇宏敞，可無風雨盜賊之虞。誠得有司官實心奉行，每縣擇殷實村庄四五區設立社倉，或借囤民居，或暫囤廟宇，俟生息盈餘，另建倉儲。其本米借動常平積儲，每倉二三百石不等。州縣官以下，仍酌量捐助，併勸義民隨力捐輸。務須加謹收貯，令本地方紳士耆民公舉才行兼優、家道溫飽者，每社二人，總司出納。春夏憑保借給，秋收還倉，每石收息三斗。小歉蠲息一斗五升，大歉全蠲，只收本米。其息二倍本數，即還官本；四倍以上，除收納正米之外，但收耗米五升，永不收息。每年冬月造册報縣存查，不許胥役經手，致滋擾累。如收掌之人侵耗以及狥情濫借，拖延不還，許村内人首告。責令賠償，另换別人收掌。倘收掌二十年，毫無前件情弊，郡縣覈實詳報，延爲鄉飲介賓，院司給扁旌奬，免其襍項徭役。如此則鄉黨自好之人肯任賢勞，而偶值荒歉之年，不憂匱乏矣。但合乎人情，宜乎土俗，若何而行之無阻，若何而行之無弊，有非皇華使臣所得而周知者。爲此牌仰該府，轉行所屬各縣，傳集本地方紳士耆老，共相商搉。倘有所見，幸一一開陳，以憑酌奪入告，務使於事無擾，於民有濟。勿謂一官如傳舍而弗爲久計也，則賢有司之樹德於兹土者靡既矣。毋遠。速速。

行府咨詢水利

爲咨詢水利事。

照得天時旱潦，聖世不免，而所恃以爲補救者，無如水利。山右地邊西北，岡巒蜿蜒。石泉溪澗，所在縈帶。晋汾諸水，汪洋沮洳，綿亘南北。考之志乘，長渠峻堰，引流瀦水，爲農田利益者，無在無之。詎風俗好賈，輕棄本業，而郡邑有司又往往苟且偷安，不爲斯民計長久。昔時水道，十九堙塞，以致蓄洩無自，饑饉頻仍。本院奉命賑濟，目擊流亡，推原所自，不勝歎悼。爲此牌仰該府官吏，牌到，即轉行各州縣確查所屬境内，有無陂塘溝洫，可否疏濬，或前有而今久淤，或前無而今可創，相形度勢，廣咨博考，逐一繪圖詳註，并各陳所見，以憑酌議。

又本院經過地方，見有井之處，苗稼青葱。詢之土人，一井可灌地七八畝，鑿井之費不過五六金。假使每數畝各鑿一井，何至灌溉無資？此又通水利之窮，高原下隰，無地不可爲者也。至高岸流蔭不到之處，必須車戽。僱募南匠製造車具，一處造就，處處倣傚。遇有坑谷阻隔水道，用木筧架空接遞。如谷寬不可架筧，則逐段遞車。即汲井欲其遠到，亦用遞接之法。如此則無不可取之水，即無不受灌之地矣。相土之宜而揆其利，其法不一。仰一并確查，妥詳本院，將以上聞，毋徒恃焦頭爛額之力而迂曲突徙薪之計也。牌到，速行。毋違。

行府勸借麥種

爲飭知事。

照得種麥在即，荒後苦乏籽粒，除一面糴運平糶外，聞各鄉村紳士義民之家，尚有所儲自食之麥，冀其減餐分惠，暫假貧民作種。爲此牌仰該府行縣，將本院勸借文啓星夜刊刻印刷，併照式多書本院名帖，牒學遣役，沿鄉遍致。毋違。速速。

勸借麥種啓

晉省連年荒歉，哀鴻徧野。聖主念切民瘼，宵旰焦勞，蠲賑頻加，又發帑金，遣使給散。簡書到晉，一路甘霖大沛，禾黍與翼，民慶更生。惟是節届秋分，正播種二麥之候，念此枵腹殘喘，何從購覓籽粒？諺云：一麥抵三秋。倘種不及時，或竟致抛荒，民饑正未有涯矣。因思北土飯以麵食爲主，中人以上之家。無不豫備一歲之需。所望分減饔飧，貸此窮民，麥秋倍還，負者官爲追比。於人有濟，於己無損，當亦仁人君子所樂爲者矣。矧鄉先生宦成名立，優游林下，可不爲聖天子少分饑溺之憂？諸生讀聖賢書，以利濟蒼生爲念，施由近始。至耦耕儕侶，出入與俱，何以人饑而我獨飽？天道靡常，能無瞿瞿？前撫都院發簿勸捐，慷慨樂從者不過數人，餘皆觀望逡巡。使者恐日久吏緣爲奸，屢次出示戒飭。又聞不肖有司，時或指公勒借，亦經示禁。現在撫都院飭府勒碑永垂，所以爲爾紳士富民計者，不可謂不盡心矣。今不勸捐而勸借，不勸借金錢而勸貸麥種，倘猶置若罔聞，是鄉先生不仰體皇仁也，士其名而市井其行也。民不爲身家計長久也，亦大負撫都院及使者相愛之意矣。陽虎謂：爲富不仁。如此等輩，吾直謂之冥頑無知。晉俗夙稱好義，諒不出此。恐榜示不能徧曉，特差學役持刺奉勸。其或貯積無多，并望糴買借給，來秋權衡子母，悉照原價。務期慨允迅發，不勝翹企之至。特啓。

行府訪旌隱德

爲飭訪事。

訪得各屬紳衿富民，有不願捐賑請旌，私自散粟拯救鄉鄰者，避急公之名，敦好施之實，隱德篤行，較之遵勸捐輸者又加一等。仰府即行各州縣查明優待。遇舉行鄉飲酒禮，即延爲介賓、耆賓。如係生員及有子弟讀書者，加意作養。本院輶軒所至，采風問俗，如此善行，正所樂聞。并速開具姓名及所全活人數申報，仍出示曉諭。毋違。速速。

行府飭借官錢

爲飭借麥種事。

照得種麥在即，所在籽粒騰貴，深爲可慮。雖勸諭紳衿義民通借，勢難遍及。即轉運平糶，無奈窮民力不能買。再四躊躇，惟有少貸官錢，可濟急需。爲此牌仰該府并轉飭各州縣暫動捐項若干兩，取具鄉約及同借人保結互結，每户酌量借銀二三錢，麥熟交還，免其加息。大抵家無麥種之民，即是領賑之户。該州縣臨鄉查發，除村多富户者不借、力能設法營辦者不借、佃户責在田主不借、有水地者不借，實在應借者，大州縣不過二三千家，所需約五六百金。一轉移間，小民受惠無窮矣。其有借銀不糶麥播種者，查出加倍追還。力能營辦冒借者，重處。鄉約拖欠不還，責令鄉約互結人倍償。還時合村彙繳，[隨繳]隨收，不許胥役需索毫釐，如違處死。事關民命，毋得視同泛常。毋違。速速。

行府飭勘雹災

爲飭勘事。

查臨汾、洪洞、吉州等處，俱有氷雹打傷田禾。當連年荒旱之後，方幸秋成有望，民得更生，今復罹此灾，殊爲可憫。自應詳題請蠲請賑。但此時不踏查明白，災民候勘，不得耕田種麥，貽悮非小。爲此牌仰該府轉飭各州縣，星速履畝踏勘，實在被災田地若干，所傷分數若干，一面取結具詳；仍令作速播種二麥，并多方撫恤，毋令失所。霍州、靈石二處，有無冰雹，一并查報。毋違。速速。

行府查旌義捐紳士

爲設法捐賑事。

據該府册報，汾陽縣紳士耆民共捐銀一萬數千兩助賑。查汾屬連年荒旱，饑民嗷嗷待哺，地方有司束手無策。今遵照撫都院發簿勸捐，紳士踴躍捐輸，至於累萬，洵無愧古人仗義疏財之節，殊爲可嘉。除一面移咨奏請敘旌外，合先飭獎。爲此牌仰該府，分別所捐多寡，三百兩以上者，用本院銜送扁；一百兩以上者，用該府銜；十兩以上者，用該縣銜。俱行縣牒學，遣門斗，將扁字分送，聽本家自製懸掛。去役毋得需索毫釐，亦不許用鼓吹花紅將送，致滋騷擾。如違，察出重處。再，一縣捐者四百餘人，民人居多，未必盡係殷實之家，恐有勉强抑勒。該府仍應飭查，如非情願，免其兑繳，另造册報。仍出示曉諭。毋違。速速。

勸糶示

示爲遵旨勸糶，以副皇仁，以恤災黎事。

欽惟我皇上御極六十年，無刻不以民依爲念。平時農田水利、常平積儲，所以爲斯民計安全者，無不周矣。一遇水旱災荒，蠲租賑粟，刻不待時。今晉省連歲歉收，直至今年五月，皇上備悉情形，立論九卿速議拯救，有遲延時刻，災民即不能待之旨。凡有人心者，捧讀恩綸，無不泣下。兹復特命本院賫銀二十五萬兩勸糴散賑，蓋恐本屬倉庫不敷，而運粟外境，又倉卒無及。爲急救萬民計者，又若此其至也。仁聖如天，古今未有。凡屬臣民，俱當仰體德意。維爾三晉素多義士，即使家無餘蓄，而減口分餐，罄家輸産，苟能續垂死之性命、完已散之骨肉，尚踴躍争先而爲之。矧以紅朽之藏，值善價而沽，其名奉公，其實利己，於人則周急，於己則繼富，又何憚而不爲焉？乃聞有粟人户不無遲疑觀望，其故有三：不欲冒富户之名，一也；恐窮民見而覬覦，二也；有司短價勒買，三也。此小民長慮却顧之恒情，亦無怪其然。第世家大族，富不以粟。若農人銖積寸累，擔石之儲，出而應糴，所值幾何，何富名之與有？窮民感沐皇仁，方幸更生，又何敢多事于法？至委員協同牧令臨鄉買米，照時給價，分毫無虧，此又爾等所共見共聞者也。爲此合行出示曉諭：凡有粟之家，無論多寡，作速報官請糴，毋得遷延。倘有不肖有司及衙役、地棍人等借端魚肉富户，婪賍弄法，上下其手，以無爲有，以少爲多，致滋擾累，本院按臨訪聞，官員飛參，棍蠹杖斃，斷不姑寬。即本院及奉差各員所隨人從，敢有騷擾地方一草一木者，許爾民訴實，立拿杖斃。至無食貧民，自當静候發賑，不得乘機生事，致干重究。各宜凜遵毋違。特示。

散賑條約

示爲欽奉上諭事。

照得本院奉命糴賑，任大責重。自顧才識短淺，絶無長策，所賴地方守令及遴委各賢員虚心實政，設措於無可設措之中；薦紳先生、子衿耆老，亦各廑念梓里，協力劻勷，庶幾救得一分，便是一分。矧上下同心，官民一體，未必不感召和氣，立致豐亨也。至勸糴散賑事宜，亦須布置於先事，乃不周章於臨時。謹率所見條列於後：

一、各州縣本官未必能得民情，又久爲蠹胥窺測把持，難於杜弊。勸糴散賑，必須另選廉能官，每縣各一員。更須擇其聲望最優者，會同部院官往來稽察，庶無侵冒。本院亦隨處按臨察覈，以杜狥隱。

一、本院及各部院官奉差出京，自齎數月行糧，惟恐多一外來食米之人，即耗本地一人之食。薪蔬等項，亦照時發價現買，不許毫釐短少。今委用各員，亦宜潔己奉公。所有盤費口糧，俱各自備，不得擾累地方絲忽。如有故違，許地方官據實詳報。倘敢狥隱，一并參處。若能實心辦事，設法周詳，著有成效，事竣覈實題敘，斷不食言。

一、奉旨勸糴，並非强糴。該州縣官協同委官親歷民閒，先持名帖敦請地方紳士耆老，并傳集保甲人等，多方勸諭，務令踴躍出糴。其或家無餘蓄，而能仰體皇仁，設法應糴，此又高賢格外之盛心也，另當查明優奬。餘詳前示。

一、糶米三四五石者，就近送至散賑處所；十石以上者，地方官差人搬運；數十石以上者，令附近飢民就便領賑。俱委監督官眼同驗明給價，不得扣克分釐，致干大法。

一、散賑全憑核造清册，務使民沾實惠。倘有里甲胥役任意增減户口，以致冒濫遺漏，本官不能覺察者，一經訪問，官參役處。

一、各州縣先期立局，大縣六七處，小縣四五處。或就寺廟之便，或另搭蓬廠，俱擇于道里適中之處，庶免飢民匍匐遠行。

一、各州縣先期刊刷小票，照册填明某户大口幾名，小口幾名，一一用印給發，至期驗票給米。如有吏役需索票錢，立斃杖下。其老幼孤寡不能赴領者，許至親執票代領。

一、各州縣官查造饑民户口完畢，即大張告示某鄉於某日賑濟，風雨無阻，免使饑民守候。

一、赴局領賑，挨户唱名。一邊點進給米，一邊領出。毋得擁擠，反致遲悞。

一、散賑日，地方官捐米煮粥，務要潔净，勿令餿宿，亦不許用石灰等物催滚。至期，州縣官親自嘗驗。發米後，每一饑民給一大碗，弗使枵腹而返。如天熱不便煮粥，每人給錢五文。

一、領米人在途，倘有强暴搶奪者，立即追擒杖斃。

一、饑饉之年必多疾疫，該州縣官速即另立病坊，安置病人。挑選佐貳首領等官，延醫胗視。正印官捐俸，修合丸散廣施，庶不至傳染，可望生全。

以上數條，多古人已試成法。行之有效，存乎其人。各宜凜遵毋忽。至如何仰副皇仁，恤此災黎，使不至於瑣尾溝壑，官紳士庶應各有見，幸即見教。切望，切望。須至示者。

嚴禁勸糶擾累事

示爲曉諭事。

照得勸糶原非强勒，勸捐應聽情願。誠恐地方官奉行不善，反滋擾累，合行出示嚴禁。爲此示仰士庶人等知悉：如有胥役棍徒敢于借端擾累者，立拏重處。至家有餘積，自當踴躍應糶，並隨力捐賑。多者題請優敘，少亦彙報旌獎。美名厚實，一舉兼得，何憚不爲？各宜凜遵毋違。特示。

嚴革陋規示

示爲曉諭事。

照得各處陋例，凡京差及上司過往地方，州縣官票著坊長、甲長、行户人等伺候公館器用、什物及氈彩、對聯等項，甚而豫備下程酒席。縱呈送不收，耗費已多，累民不少。本院奉命按臨，凡民間疾苦，職應咨訪。除行府飭查外，理合出示曉諭。爲此示仰軍民人等知悉：如有前項陋例，即行據實具呈，以便移咨撫院嚴革，勒碑永垂，毋得瞻顧自誤。至本院經過駐宿旅店，一切椅棹、氈彩等項，不得違禁伺候。地方官不許投送下程酒席、手禀。如違，定究不貸。特示。

申禁散賑諸弊示

示爲曉諭事。

查得散賑積弊多端。衙役索錢，鄉保狥情，已多冒濫遺漏。及至散賑，米則升斗不遵制斛，銀則扣尅戥頭。間有點名不到者，不許補領，亦不註明册内，官役通同侵欺入已。甚而册載五六口，只給三四口。抑或借端叱逐，全不給發。種種惡弊，不一而足。除委員逐一清查監放，本院仍周歷各屬，嚴加訪察外，合行出示曉諭。爲此示仰饑民人等知悉：如有以上情弊，許赴欽差部員及監賑官處控告。審查得實，官參役處，斷不姑寬。慎勿瞻畏自誤。特示。

嚴禁勒借示

示爲嚴禁事。

訪得山右有等不肖牧令，魚肉富户。每遇公事，藉端勒借銀兩。稍不如意，即中以禍。爲害地方，莫此爲甚。除行府嚴查揭報，併飭詳明撫院，勒碑永禁，取遵依碑摹報查外，合行出示曉諭。嗣後如有前項不法官員指公勒借，許被害人等赴司府控告詳參。本院奉命按臨，凡係民間疾苦，務期一概釐剔，以仰副皇上愛民如子至意。各宜凜遵毋違。特示。

勸諭積穀示

示爲勸諭積穀，以備荒歉事。

照得晉人習慣貿遷，不知重農積穀。往往家累鉅萬，廩無一歲之儲。不幸而有水旱之災，貧者富者俱嗷嗷待斃矣。本院奉命勸糴惟見野老山農負擔和糴。平日挾重貲操奇贏之術者，乃朝買暮炊，自救不暇。萬一鄰境運販不至，市肆絶糧，將何恃以無恐耶？本末輕重之别顯而易明，而晉民貿貿，自貽伊戚，殊爲可憫。爲此出示勸諭士民人等：

凡爾有力之家，務須隨時糴貯，按口授食外，遞年存剩千餘石，十年之久，可得萬石。此不過歲省日用，耗費千餘金，於他項貿易貲本無損。晉地高燥，無霉蒸之患。借給里黨，又可出陳易新。遇荒歉，則自贍贍人，歲不能災。慷慨施予之餘，仍照時價出糶，獲利尤奢，更有爲地方裨益者。豐年糴者多，不至甚賤傷農；荒年糶者多，不至甚貴傷人。此即常平之遺法，行之於下，較行之於上，尤爲可恃。本院仰體聖天子如傷之仁，思爲爾民長久安全之計，不憚諄諄告誡，慎勿以爲迂遠無當，置若罔聞也。特示。

勸緩私逋示

示爲勸緩私逋之追呼，以保窮黎事。

照得農夫終歲勤動，所耕不及百畝，所收不過十斛。除國課田租外，一家衣被及婚嫁喪葬、鄰里親朋往來酬酢萬不得已之費，皆取給其中。是以窮鄉小民，收穫方竣，瓶盎已空。縱令屢豐有慶，究竟一飽無時。矧山右連年洊饑，米價騰踴，展轉流離之狀，不忍見聞。此時富家巨室借給釜庾，使苟延性命，豈非厚德？秋成操券索償，亦復何辭？第念溝壑乍起，瘡痍如故，朝廷惟正之供且經緩征兩載，若私家些微債負，盡力追呼，使賣男鬻女，以增太倉一粒，豈徒爲德不卒，盡廢前功，其愈于慳吝殘忍，坐視死亡而莫救者幾何矣！爲此出示勸諭紳士軍民人等：

無論新債舊逋，銀米不過十石、十兩以下者，一概從寬住息，俟來秋陸續歸還。如係鰥寡孤獨及赤貧無藉之輩，即焚券蠲除，市義種德，所失者少，所獲者多。本院爲窮人計，即所以爲爾等富室計也。至貧民互相那貸，不在此例。各宜凜遵。特示。

祈雨文

維康熙六十年六月二十五日，欽差賑饑都察院左都御史朱軾，謹爲文致告於山西府屬城隍之神曰：

我皇上痌瘝一體，時切已饑已溺之思。凡爲小民衣食計者，至周且悉。無如不肖有司，每不以民生爲意。即如常平積貯，本爲備荒計，乃日削月侵，徒填谿壑，窮黎曾不得沾升斗之惠。

此民怨所以騰，天心所以怒，災祲之降，未必不由於是。顧吾民天子之民也，怒有司而災及民，於有司乎何損？且百神奉天以左右民，猶有司之於君也。禦災捍患之謂何而不能爲之所，其異於有司之漠視不救者幾何矣！使者身在草土之中，一息僅存，驚聞詔命，扶病冒暑，疾驅而來。縱德薄不足昭格，而區區一念之誠，當亦神祇所共鑒也。使者即不足惜，聖天子詔書憯切，悲憫有加，亦既動天地而泣鬼神矣。神而未之知也，何以爲神？其知之也，命下有日矣，何以旱暵如故也？今夏已過半，一望如焚。種者未坼，生者待枯，未種者尚十之八九。斯時不雨，夫復何望？伏乞明神大顯威靈，告之皇天后土，乞之海若河伯，甘霖立沛，原隰均霑，庶民生有賴而神功與帝德俱永矣。惟神有靈，尚克鑒之。謹告。

祭亡故災民文

維康熙六十年歲次辛丑八月宜祭日，欽差賑濟都察院左都御史朱軾，陳羊一、猪一、澆酒與飯，致祭於平、汾二府屬餓死災民之靈，而告之曰：

共托兮大造，我與若兮鈞心與貌。倏獨於爾兮滋殘，何昊天兮不吊？烏有噣兮獸有牧，哀人之生兮士女惟穀。魃肆威兮稷遽降，膾農師兮屠勾芒。穈芑既已如焚兮，來牟樹而又戕。紛總總其浩繁兮，旋瑣尾以溝瀆。夫誰非生之者之所珍兮，飽烏鳶其骨肉。號父昆兮無所，割妻孥兮安屬？春風扇兮春草碧，秋夜長兮秋月白。子規叫兮魂泠，精衛啼兮血滴。想無辜之枕藉兮，竟莫主而奚棲。烱青燐於荒草兮，寄悲嘯於寒枝。俄九閶之垂照兮，雖幽遐而咸覩。頒王言之渙汗兮，沛中天之湛露。曰是顛連之罔告兮，譬則己之所饑亟？命使以遄征兮，惟衽席之是期。哀草土之餘息兮，猥尪羸而承乏。聿駪駪於原隰兮，擔天庾以興發。灑薰風兮靈雨，翼有稷兮與有黍，招集流離兮此惟安處。蓬之户兮蓽之房，語喁于兮訴流亡。泣復泣兮乍相見，怨復怨兮久相望。獨伊人之早逝兮，先不能以援也；矧噢咻之多遺兮，余曷職其徧也。痛山澤之捐瘠兮，量蔑由以見也；咎惟萃於軺車兮，勿更遷其怨也。伊唐魏之土著兮，何非汝之所偕？是宜隱佑以盈甯兮，毋爲厲以洊災。山蒼蒼兮水茫茫，曰汾與霍兮汝惟翱翔；雨冥冥兮風淅淅，曰林與社兮汝惟棲息。念汝祀之無人兮，且格歆於使者；將去汝以遠適兮，望長空而莫逆。忽哽咽以無言兮，涕浪浪而若瀉。嗚呼，哀哉！尚饗！

附録

楊婧　張千衛　整理

附録一　朱文端公年譜

案：公年譜原編於六世孫瀚，流布絶少，且於生平行誼、列朝恩遇不無簡略。舲時爲公重梓藏書，爰取公國史本傳、誌狀碑版與夫載籍之可徵者，補訂之，冠諸文集之首，後之稱先正、録群輔者，庶其有取於斯。同治八年二月六世族孫舲謹識。

公姓朱氏，諱軾，字若瞻，案自傳云：又字伯蘇。劉宫保鳳誥云：吾鄉朱文端公，名蘇公之名。裘文達公，名歐陽之名。其所自待如彼。號可亭。世居江西瑞州府高安縣坡山之艮溪里。十世祖雪坡公，諱益中。明永樂乙未進士，歷任刑部郎中。治獄多平反，矢心清白。之官不攜家累。年五十，卒於京邸，惟一老僕侍，囑曰：「未能報吾君親，歸以『忠孝』二字語子孫。」迄今族姓繁衍，間有家庭詬誶，責以公遺訓，未嘗不懔懔也。三傳至官一公，諱應洪。積德勵行，鄉里稱長者。時群從科甲蟬聯，家門赫奕。公懷盈滿之懼，乃結茆郡北之艮溪，詠歌遊釣以自娱，久之，遂家焉。又三傳至公曾祖竹亭府君，諱崇遂。厭薄舉子業，從吉州鄒東廓先生遊，潛心理學，發明天人性命之旨，著述甚富。萬歷之季，出粟賑飢，活數千人。直指使欲上其事請旌，固辭止之。早歲艱嗣，娶李氏，晚乃生子二，次爲公祖斗如府君，諱朝綬，邑庠生。娶張氏，生公伯父君馭府君，諱輅，郡庠生。又娶孫氏，生公父北坡府君，諱極光，娶冷氏，上高邑廩生泰女。曾祖、祖、考俱以公貴，覃恩誥贈光禄大夫。曾祖母、祖母、母俱誥贈一品夫人。案公考光禄公行述云：王父卒時，府君甫離襁褓，煢煢孤影，無大功以上親。虎瞰者攘袖起，勢危甚，張太夫人持府君泣曰：「身家不兩全，恣使取之，庶活此藐孤也。」語聞競侵攫，瓜裂過半産去，賦存逋完，而家僅矣。公兄弟四人，次焜，次爌，次烱，公其長也。

康熙四年乙巳，公以八月十一日生於艮溪里。生而洪聲廣顙，顴骨插鬢，稍長岐嶷，大口長目，步闊二尺，見者已知爲非常人。案陳守譽重刻軺車録跋云：公高祖當明嘉靖之季，賑荒之功極大，至公曾祖及祖皆有賑荒之功。相傳公之祖曾遇大飢，既竭己之倉廩以賑之，心猶未已，乃借於同姓之富室以繼之，其人亦好善，慨然付借，及秋熟加息償之，其人愕然曰：「君本濟人，何償焉？」公之祖曰：「吾本借耳，安得不償？」彼此再三推讓，其人不得已，乃受其償而歎曰：「此美事讓君獨爲之矣。」公之先世如此，天乃篤生公以報之。嗚呼！積善之家必有餘慶，豈不信哉？豈不信哉？

五年丙午，公二歲。

六年丁未，公三歲。

七年戊申，公四歲。

八年己酉，公五歲。

九年庚戌，公六歲。

是歲，嫡祖母張太夫人卒。案公妣冷夫人行述云：軾甫生。兩王母喜甚，欲覓乳婦，吾母曰：「生子不自乳，使寄食於人，何以爲人母，況家貧，安所得傭值耶？」不孝等甫能言，教以唯諾，學步教以退遜。至五六歲，猶置膝下，不令與群兒嬉。

十年辛亥，公七歲。

是歲，少祖母孫太夫人卒。公始就外傅，從族兄枚及授讀，塾中客指鋸板令爲破題，公應聲曰：「送往迎來，其所厚者薄也。」客大奇之，有神童之目。案公與族人書：自予總角入塾，輒爲族中長老所愛憐。明子伯常語塾師曰：「此吾家千里駒也，爲我善教之。」又公鼎時文序云：「枚及，予受業師也。」

十一年壬子，公八歲。

十二年癸丑，公九歲。

十三年甲寅，公十歲。

案公考光禄公行述云：王父念一生攻苦，下帷三，登副薦，卒抱荆泣，以此憂鬱，致傷其生，遺命數百言，歷道孤苦困躓及育子之艱，詞甚悽切。不孝軾幼時於神櫃中拾書，府君聞而哭，不孝亦哭。鄰里來訊問，皆相對嗚咽。王父著作盈笥，府君每一翻閱，輒涕零。嘗以王父時文授不孝，讀未竟篇，失聲長號，一慟幾絶，自是不復省覽云。

十四年乙卯，公十一歲。

十五年丙辰，公十二歲。

十六年丁巳，公十三歲。

十七年戊午，公十四歲。

十八年己未，公十五歲。

十九年庚申，公十六歲。

二十年辛酉，公十七歲。

二十一年壬戌，公十八歲。

是歲，讀書龍城寺。案公公鼎時文序云：公鼎，予孫行，長予一紀。歲壬戌，肄業龍城寺，同人甚衆，獨公鼎與予相得益彰。余金熙朝新語：朱文端公少好學，用志不紛。塾師嘗會飲，公不與，讀書不輟，師命爨夫遺以酒肉，置座間，若無覩也。每見古大儒、名臣、循吏之行，輒筆記之。

二十二年癸亥，公十九歲。

二十三年甲子，公二十歲。

二十四年乙丑，公二十一歲。

是歲，娶夫人陳氏。案儀禮節略昏禮附論云：吾鄉婚日，親友醵錢爲賀，壻家置酒高會，飲畢，少年轟遝入房，撤帳勸酒，甚而以墨塗壻面，針刺侍婢，謂之鬧房。予年二十一完婚，先期告之族長及親戚之長者，嚴爲拒絕。嗣是，吾家此風遂息。據此，原編稱娶夫人陳氏在二十二歲者，誤也。

二十五年丙寅，公二十二歲。

二十六年丁卯，公二十三歲。

是歲，試於府，爲知府河南李公澐根所知，拔置第一。應道試，提學道長洲何公棅取入郡庠。案公光禄公行述云：丁卯，不孝軾補博士弟子員，亦授徒里中，父子硯田爲活，僅謀朝夕。武億李堅行狀：曾祖澐根，由户部郎中出知瑞州府，明敏多惠政，拔高安朱文端公於寒微，教之卒爲名臣。張望陳翠池傳：翠池遷瑞州府教授，朱相國文端出門下，嘗許文端：「子巖廊可待也。吾于南城得梅生，今得子，子必勉之。」梅與文端皆貴盛，而文端尤爲名臣。

二十七年戊辰，公二十四歲。

二十八年己巳，公二十五歲。

二十九年庚午，公二十六歲。

三十年辛未，公二十七歲。

長女朱貞女生，陳夫人出。

三十一年壬申，公二十八歲。

三十二年癸酉，公二十九歲。

秋八月，應江西鄉試領解，主考翰林院編修宋公大業、户部郎中王公可大。宋拔公於落卷中，評云：「遍閱通場，雖時遇賞心，總未離時徑，非流膚淺，即涉粗疏。每歎合作之難，獨此卷清空夭矯，百折千迴，古氣淋漓，筆力遒勁，直從八大家中沈浸沐浴而出，西江此調，久不彈矣。得此反覆欣賞，狂喜累日，觀其命意措辭，迥絶塵表，直如天半朱霞、雲中白鶴，斯真曠世逸才，伯祥大士之後一人而已。拔冠多士，以爲起衰振靡之式。」宋爲大學士文恪公德宜子。揭曉，相見歎異，曰：「河目海口，惟吾先公，今子繼之矣。」案公光禄公行述云：癸酉，禾大無，斗穀百錢。不舉火者三日夕，幾鄰於莩，以貸免。膺鄉薦，府君竭膏髓營諸費，遣赴計偕。

三十三年甲戌，公三十歲。

春三月，捷胡任輿榜進士，主考吏部尚書熊公賜履、禮部尚書杜公臻、兵部侍郎王公維珍、工部侍郎徐公潮，同考翰林院編修沈公辰垣。王有「江深五里，海深十里」之評。沈尤擊賞，謂陸、歐復生也。

三十四年乙亥，公三十一歲。

夏四月，殿試三甲，賜同進士出身，改翰林院庶吉士，習國書。

三十五年丙子，公三十二歲。

在館供職，是年覃恩封公父徵仕郎、翰林院庶吉士，母冷氏七品孺人。

在館供職。

三十六年丁丑，公三十三歲。

散館，以知縣用。案散館故事，御試習清書者兼試漢文，卷窄而文繁，有倡言清文不必漢字底稿者，公從其言，卷進呈，則清書無漢文底稿者，皆爲違式，以知縣補用。

三十七年戊寅，公三十四歲。

在京需次。案公李怡齋墓表云：憶康熙三十七年，軾需次銓曹，僦居城南僧舍。

三十八年己卯，公三十五歲。

在京需次。

三十九年庚辰，公三十六歲。

選授湖北潛江縣知縣，迎養父光禄公、母冷太夫人。刊註上諭十六條，以教士民。序略云：「軾起家縣令，筮仕得楚之潛江，思教民易俗，莫如上諭十六條，爰用楚中鄉語，註爲訓解，使婦人孺子皆可通曉。朔望親集士民，宣講於明倫堂。又優其禮數，使各解説於其鄉。軾偶以事出郊坰，輒召其父老子弟，爲之解説，環立如堵牆，人人傾聽。案鄂爾泰撰公神道碑略云：潛江，楚劇邑，民澆吏黠，俗敝賦繁。公至，下免耗之令，正供之外，一無所取。

四十年辛巳，公三十七歲。

在潛江任。公廉介不苟，麤糲自甘，陳夫人躬紡績爲助，衙署蕭然，不異爲諸生時。有一帶，經十年，弊甚，不能復留，戲作長句别之云云。案公有四餘堂詩鈔自注云：「四餘，署中有是額，謂三餘并公餘也。」集爲嗣孫世爵所編，蔣士銓序云：「公詩不事規撫，不尚粉飾，以直達性真爲主。帙内篇什，大抵爲諸生及宰潛江時作也。」又朱筠笥河文鈔·先府君行述云：王父諱登俊，筮仕湖北之長陽縣。當是時，高安朱文端公亦爲湖北屬令，兩公以同姓約爲兄弟，相得歡甚。其循良之跡，湖北人稱之，以爲兩公伯仲也。府君居恒又數爲不孝言文端清風儉德，未嘗去口。

四十一年壬午，公三十八歲。

在潛江任。秋，箋註李長吉昌谷集成。案是箋板本流傳絶少。從叔父葵泉公，曾於京師琉璃廠書肆，購得第一、二殘帙兩卷，卷端標題「朱可亭箋註」，則非自爲刊本，可知也。有自序一首，采入文集補編。又序尾名印之外，副以「學宗濂洛」四字，公之志可以知矣。案原編云：「是年註莊子内外篇，未見。」

十一月，長子必堦生於署，側室謝淑人出。

四十二年癸未，公三十九歲。

在潛江任。時邑人有命案，實係鬭毆致死。公據情審擬。時湖北巡撫員缺，署事爲總督喻公，疑爲故殺，駁飭覆審，公仍照原詳以覆，再駁，再覆如初詳。喻公調公至省城詰責，謂：「如此執拗，豈吾所見不若爾耶？」公和顏以對，言：「獄貴初招，令所據乃初詞，公所據者，訟師所教唆，反覆遁詞耳。故未敢曲從也。」喻公怒訶曰：「爾猶執己見，吾不能劾爾耶？」公笑曰：「故殺罪不赦，畏參劾而枉殺人，令不爲也。」拂袖徑出。喻公怒甚，即擬具劾疏，其幕友以爲令詞直，不當劾，相持久之。新巡撫劉公殿衡至，喻公相見，即述公事，商酌劾疏。劉公曰：「吾在京師，即聞朱令賢，信如公言，真賢令也。當共列薦牘，奈何劾之？」喻公意解，事乃已。公政聲益高，逾年，困者甦，悍者馴，法立而人不犯，囹圄空虚，教化大行。初，潛江文風靡敝，鄉試中式者，廖落無幾人。公召生童校試，拔其秀發者十數人，月加課試，指畫口授，接待優渥。邑子弟見而羡之，争自濯磨，蒸蒸不變。曩所拔者，次第掇巍科。十年來，科名鼎盛，論者謂與文翁化蜀比烈焉。

四十三年甲申，公四十歲。

在潛江任。

次子瑾，生於署，側室謝淑人出。

四十四年乙酉，公四十一歲。

在潛江任。

十二月，行取入都。案詩集別潛有「銅符幾載竊君糈，又向金臺曳短裾」、除夕「十年再上長安道，兩歲中分半夜時」之句。○舲藏有竟陵王萌楚辭評註四卷，其姪帶存考音，公爲校訂，多所發明。如云：「高陽苗裔」，先叙家世，遂爲千古紀傳之祖。「正則」「靈均」，於本名字外，別創美號，其今人別號之權輿。「悔相道」以下六章，於山窮水盡處，忽設悔之一想，志益堅，情益深，文字益暢，此即孔子居夷之想。自「重華陳辭」以後，飄然上征，上下求索，問靈氛，要巫咸，窮天極地，遊行媮樂，忽然「臨睨故鄉」，悲不自禁，如聽繁聲而忽寂如，看蜃樓而忽散，如夢華胥而忽醒，令讀者神摇目眩，天下大觀於此極矣。湘君「告余不閒」，寫盡昏庸之主厭棄老成之態。湘夫人「嫋嫋秋風」二句，開六朝、唐人無數奇句。東君：曰者，君象。「皎皎既明」，有燭照覆盆之喜，非復長夜漫漫之象矣，蓋深致望於君也。皆獨抒己見。然校訂何年，不可考。案公詩集後載有石城舟次懷帶存詞一首，自注云：「去冬郢歸，帶兄同舟，時讀楚詞。」想是官潛時也。謹次於此。

四十五年丙戌，公四十二歲。

正月到京，授刑部主事，旋轉本部員外郎。案前年二月，御史黄秉中疏言：「漢人一爲知縣，俸滿三年，行取到部，即得考選科道，殊覺大驟。請嗣後行取知縣，先以六部主事用，俟練習有年，始許考選。」從之。

四十六年丁亥，公四十三歲。

陞本部郎中。部中堂司多員，異同莫適，爲主吏緣爲奸，撓正掣肘。膺斯職者，多婞阿因循，以傳舍視其官，否則深文以避咎。公慨然曰：「吾正患心未盡，理不足耳，何衆論之惑？」每遇聽獄，必諦審原委，詳悉舊案，比合律例，折以情理之中，多所平反。時有巨猾余姓繫獄，有力者代爲營救，謂公寬仁，必脱之。公獨持法論不貸，衆撼以危言，公曰：「吾識早定，豈以勢利奪耶？」卒論如律。又公庫借逋，已奉恩旨寬免追呼，有欲以掊克見才者，誅求甚急，公與同官李君陳常力持不可，爭月餘，卒如公議。公受聖祖仁皇帝特達之知，實自此始。

四十七年戊子，公四十四歲。

任刑部郎中。

四十八年己丑，公四十五歲。

三月會試，充同考官，分閲禮記房，得士二十二人，授翰林院庶吉士者七人。未出闈，即奉命提督陝西學政。

側室謝淑人卒於京邸。

四十九年庚寅，公四十六歲。

在陝西任。光禄公來視，纔閲三月，謂公曰：「此席豈可多人。」遂決歸志，留不可，公元配陳夫人乃挈子女以從。俄而，夫人以疾卒於路。

公莅扶風，率諸生謁横渠夫子廟。因是，博士繩武以張子全書漶漫，重刊未逮爲請，公得讀全書，每對諸生闡明張子以禮爲教，在變化氣質而實踐其事。諸生聞之，莫不悚然立志。期年，關中正學，豁然大明。

又選刻名文爲校士録，細加平點，以訓士子。

又手定造士諸格，編藏於篋，遇門下士有出任學政者，取以相示，曰：「吾於是職，常瘁心力焉，幸勉行之。」

五十年辛卯，公四十七歲。

在陝西任。歲試册報部科，公不名一錢，部科吏怒，拒册不收，故遲之，爲公罪，鐫二級調用。時科試未竣，代者且至，秦士入試院合詞監臨者，請奏留公，不得，則大譁，監臨爲好言寬之。會有以其事上聞者，聖祖以問九卿，大司寇韓城張公廷樞昌言：「朱學使公明廉謹，實爲空前絶後。」衆論皆同。特旨命領職如故。鄂碑云：「聖祖仁皇帝休養生息，垂五十年，海内殷富，江湖寬深，藏疾納垢，有貪夫墨吏，幸脱蕘誅，而公獨危苦浚兢，屹然有立。凡公所以受知三朝，出入貴重，蓋自作宦於秦楚始也。」案陳兆崙陳君復齋墓誌：聖祖仁皇帝之末，天下學政號爲清官者，曰陳瓆，曰高安朱軾。

五十一年壬辰，公四十八歲。

任滿，春歸里。修葺宗祠，倡捐祭田，纂修譜系。案公文集有族譜闕疑、族譜解惑、族譜辨異等篇。又念世俗冠婚喪祭，或簡野無文，或侈靡踰節，因博搜三禮及晉唐宋明議禮諸書，輯爲家儀，刊諸祠中，至今族姓守而弗失。長女朱貞女持服適李氏守志。案貞女許字建昌大司空李公鳳翥之子家駒。辛卯，家駒登賢書，未幾病卒。貞女遂適李氏守志。又儀禮節略昏禮附論云：予長女幼許李氏，年二十已納幣有吉日，以前室喪而止。越二年，壻卒，時予官秦中，又逾年而歸，將擇配，女泫然涕零，以守義請。予曰：「爾讀曾子問乎？女未成婦而死，歸葬於女氏之黨。未婚，可即其室乎？又女死，壻齊衰，待弔。既葬，除。壻死，亦如之。未聞未嫁而有守義之禮也。」女默默不語，卒不可奪，乃聽之。此賢知之過也。雖然，可以爲難矣。

五十二年癸巳，公四十九歲。

三子必坦，生於京邸，側室陳恭人出。

六月，擢光禄寺少卿。案李文貞公年譜云：宋公以己丑充會試同考官，公與同事得其爲人，試事竣，輒以其清慎恪勤之節聞於上。嗣是，朱公自郎署出督陝西學政，名聲益振。至是，任滿家居，公密薦之，由家起爲光禄寺少卿。

五十三年甲午，公五十歲。

在京供職。四弟烱中式江西鄉試舉人。

五十四年乙未，公五十一歲。

夏，擢奉天府府尹。公以禮義教習旗民，然五方趨利者輻輳，漸啓澆薄，公察流寓之奸黠者驅懲之，土著之質樸者奬勵之，民益以和樂。其地井疆向來未甚清晰，民所種地，苦豪族兼并，公畫一清釐，强禦屏跡，愿者咸得各守其業。案公上諭註解序：近年官奉天旗民雜處之地，亦嘗於暇日宣講，垂白之老有流涕者。

次弟焜，授雲南賓川吏目。

五十五年丙申，公五十二歲。

秋，擢通政司通政使。

五十六年丁酉，公五十三歲。

春，授浙江巡撫。比下車，以澄清吏治、維持風俗爲急務，謂察吏莫先於獎廉懲貪，而風俗必要於去奢崇儉，二端皆身自表率之。首下令蠲除巡撫衙門一切供億陋規，身衣麤疏，出入儀從減去大半。飭院吏無得曳紈綺，闔屬凜然，不待苗薙髮櫛，而已望風易轍。郡邑長吏有循聲者，輒爲優獎，其最者即列薦章。間以敗檢聞，召而訓誡之，不悛乃參劾，不少寬假。謹案：公撫浙於寮屬不輕許可，獨稱蔣時若、洪澍清廉慈惠，爲兩浙循良第一。見湖州府志名宦。浙俗婚嫁競尚侈靡，至鬻田舍，有一經嫁娶而饔飧不給者。其下貧户，每過期無偶，公酌豐儉之宜，立之程，檄各屬遵守。嗣是，貧富不相耀，里黨賓蜡讌會，止五簋，俱有常品。案浙人有「朱公席」之稱。行既久，民甚便之。又念國奢則示之以儉，國儉則示之以禮，浙江多明禮君子，近世若陸當湖、朱竹垞、毛大可、柴虎臣、萬充宗昆季諸公，皆深於三禮之學，制節謹度。觀其會通而江河日下，鄉先正莫能挽，匪守土之責，如何？取舊所刻家儀三卷，益以士相見、鄉飲酒禮，共二十卷，刊而布之。浙之士大夫莫不承式。北新關，爲猾胥淵藪，每貨舫至，括責無已。公主之，莫敢獰争，商便而課亦裕。敷文書院，故萬松書院也。康熙五十五年，巡撫徐公元夢摺請賜額，聖祖仁皇帝親灑宸翰爲「浙水敷文」四大字，頒院，敕徐公勒石供奉，自此改稱敷文書院。後有正誼堂，堂之樓爲存誠閣，閣之後有殿，供碑摹至聖先師像，逶迤而西，山徑盤曲數十武外，有舫式屋，顔曰「載道」，有軒顔曰「表裏洞然」，再西有亭翼然面湖，顔曰「玩心高明」，皆公所題也。見徐達吉清波小志。公拔士之好學能文者，俾入書院，頒發教條，詳加勸勉。每月數至講堂，諭令讀書立品，多士奮興，庚子鄉試榜發，皆名諸生，而書院尤盛。案李紱敷文書院文讌呈朱都憲汪學士詩自注云：「浙士百二十取一名，書院七十中十四名。」又宋雨宜華國文集：朱文端公撫浙，慮浙之俗奢侈無由而變也，因公出見一婦人盛妝，命呼之至，問其夫何人，答曰：「賣菜者。」命入署，令至厨下，問誰爲夫人？時夫人與衆女奴雜作爲中饋事，婦人竟莫辨，公指示之曰：「此炊者爲夫人也。」命留午飯，以蔬菜供婦人，食畢，命之出，竟不知其爲何。浙之士大夫歎曰：「國奢示之以儉，此古大臣之用心也。」自是浙俗一變。

十一月，繼配毛淑人卒於署。

五十七年戊戌，公五十四歲。

在浙江任。

三月，題請修築海寧石塘，下用水櫃，外築坦水，再開濬備塘河以防泛濫。疏載文集補編。

薦沈近思。杭世駿端恪沈公神道碑：沈公近思字闇齋，號位山，錢塘人。高安公撫浙時，以賢能薦監督清河本裕倉，嚴立條規，搜剔奸蠹，積弊一清。彭啓豐沈端恪公墓誌銘：高安相國雅重公，哭其喪，爲表墓曰：「理學名臣。」蓋深知公者也。案：公之薦位山也，以白中丞寓書於公，聘位山主講豫章、敷文兩書院，皆辭不就，故有是薦。

刊大戴禮記、儀禮節略竣。文集並有序。謹案：純皇帝欽定儀禮義疏，多采其説。欽定四庫全書收入存目經部禮類，有提要一篇。

五十八年己亥，公五十五歲。

在浙江任。疏劾巡鹽御史哈爾金、筆貼式三恪勒索商人，上命刑部尚書張廷樞、學士德音往審，得實，論如律。

刊張子全書、四禮翼、顔氏家訓、温公家範。文集並有序。

五十九年庚子，公五十六歲。

在浙江任。

七月，題請建築海寧縣老鹽倉、上虞縣夏蓋山等處大石塘，并開濬中小亹淤沙，又請專設海防同知以司歲修，下部議行。部議：

浙江海塘，先經福浙總督覺羅滿保、巡撫朱軾以海寧、上虞二縣修築工程上請，行令勘議確估。今稱會勘得上虞縣夏蓋山起，西至雀子村止，一帶沿海土塘，多被海潮沖坍無存，地與海平，且沖開缺口數處。其南大亹，久已淤成平陸，江海不循故道，直沖北大亹而東，并海寧之老鹽倉亦皆坍没入海。所有海寧、上虞二縣建築、開濬需用錢糧數目、調委監工、修築官員各事宜，臚列備陳。

一、議築海寧縣老鹽倉北岸石塘，以防海水内灌。查老鹽倉一帶，正當江海交彙，今土塘隨浪坍頹，現在沖開徐家壩一口，與内河支港相通，已築石壩堵塞。且老鹽倉北岸，皆係民田、廬舍，支河汊港甚多，俱與上河通聯，東即長安鎮，與下河官塘僅隔一壩。若不於此急築石塘堵禦，萬一土岸坍盡，決入上下運河，則鹽潮直汪嘉、湖、蘇、松列郡，關係甚鉅。今擬於老鹽倉北岸，東自浦兒兜起，西至姚家堰止，共一千三百四十丈，砌築石塘，方可保護杭、嘉、湖三府民田水利。除現在採買蘆葦、乾枯等料，於患口先築草壩，又就近開采武康縣大石，購買巨木，乘此春夏，運至工所，急築石塘，以防潮水泛溢。查該督撫既經勘明，關係甚鉅，應如所題購買木石，乘時建築，務期堅固。

一、議築石塘之式，以防潮水連根搜刷。查海寧沿海地方，俱係沙土，且潮汐往來，變遷無定，今沿海一帶漲有微沙，乘此新漲時，急將石塘砌築，將來沙能漸聚，便可擁護塘根。臣與撫臣再四商確，因地制宜，就於塘岸用長五尺、闊二尺、厚一尺之大石，每塘一丈，砌作二十層，其高二十尺，於石之縱鋪側立、兩相交接處，上下鑿成槽筍，嵌合聯貫，使其互相牽制，難於動摇。又於每石合縫處，用油灰抿灌，鐵鐢嵌口，以免滲漏散裂。塘身之内，培築土塘，計高一丈、寬二丈，使潮汐大時不至泛濫。塘基根脚，密排梅花樁三路，用三和土堅築，使之穩固。總期一木一石皆得實用，不敢浮費錢糧，亦不敢草率修築，致貽後患。應如所請，如式砌建，以垂永久。

一、議開中小亹淤沙，以復江海故道。查赭山以北、河莊山以南，乃江海故道。近因淤塞，以致江水海潮盡歸北岸。今雖砌築石塘，然中小亹淤沙不開，則回潮沖刷，一日兩次，土石塘工終難穩固。今多僱民夫，將中小亹一帶淤沙，上緊挑濬，計挑過一千九十丈，大汛時，潮水亦可出入。現在將已挑者開濬深闊，未挑者兼工開濬，使江海盡歸故道，則土塘、石塘可免潮勢北沖之患。查中小亹挑濬既有成效，應行該督撫將已挑者再加深寬，未挑者速行開濬。

一、議督上虞縣夏蓋山石塘，以防南岸潮患。查上虞縣原有土塘五千一百四十七丈，以障蔽民田。夏蓋山之南，夏蓋湖周圍一百五里，蓄水注蔭上虞、餘姚二縣之田，並籍土塘捍禦。近年夏蓋山對海中流，漲有圓沙數十里，潮逼南岸。今先將患口填塞，其潮水稍緩之處，上虞之民愿專築土塘。惟夏蓋山西邊，實爲最險要衝，非建石塘，斷難遮護。隨親勘丈量，共長一千七百九十丈。今用長五尺、寬二尺、厚一尺大石，於羊山及夏蓋山開採運用，隨地勢高下，每丈十三層以至三十四層不等，縱横叠砌，庶南岸之潮患可禦。查夏蓋山潮勢稍緩之處，上民既愿捐築土塘，應令其速行建築。其西邊最險之處，既經勘明應建石塘，應如所題如式建砌。

一、議實需銀數，以濟巨工。查沿海塘堤，實爲各郡保障。若不及時修築，貽患無窮，即或苟簡因循，亦恐隨成隨毁。今海寧縣老鹽倉北岸新築石塘一千三百四十丈，所需工料等項約共銀九萬二千兩，可以預爲估計。惟樁木、人工難以預定，應俟工完之日，查驗另銷。上虞縣夏蓋山新築石塘一千七百九十丈，共估需用銀五萬八百兩。兩處石塘工料，共估銀一十四萬二千八百兩，除將五十七年海塘捐納案内餘剩銀六萬三千二百九十九兩現在撥用外，其不敷銀兩，一時難於措處，請將浙省各府屬現存常平倉捐監之例暫停，統於海塘案内收捐補用，俟工竣足額，即行停止，仍歸常平倉收捐。其現在不敷工料銀兩，請於藩庫先行動支，俟收捐補項可矣。

一、議調委經理各官，以專責成。查藩司爲錢糧總滙，兩處塘工凡收貯銀兩支領出入之數，俱令布政司傅澤淵總理稽核。其海寧縣老鹽倉北岸石塘，遴委温處道蔣敷錫新自督修，統司稽察，再委處州府知府蘇稷督修沿塘草壩。船政同知陳良策、紹協都司孟飛熊等挑濬中小亹淤沙。其上虞縣夏蓋山石塘，專委紹興府同知閻紹等各員分任督修。其雇募夫匠、儹運石料等項，仍令海寧、上虞二縣知縣專管策應。查調委官員，應如所題，怠玩侵冒，自行嚴參。至修築工程，係地方官專責，無容議叙。

一、議專員歲修，以保永固。查沿海潮汐，惟浙江爲最。非有專員經管，未見實效。請將南岸紹興府之上、餘、山、會、蕭五縣石塘、土塘，專交紹興府同知閻紹管理。北岸杭州府之海寧、仁和、錢塘三縣之石、土塘，專交原任金華府同知劉汝梅管理。嘉興府之海鹽、平湖二縣石、土塘，專交嘉興府同知王沛聞管理。各員銜内添入「海防」字様，專任責成，小有損壞，即時修砌。其屬轄之巡檢場員，聽其調委分任，惟杭郡别無閒員可以經理塘務。查金華原非劇郡，向設同知一缺，請裁去，添設杭州府海防同知一員，專司其事，即將開復候補同知劉汝梅補授，任滿之後，此三缺即於通省同知、通判、知縣揀選調補，庶人地相宜，於塘有益。至歲修錢糧，現在無項可動。查寧邑海塘捐監餘剩銀兩，原留藩庫爲歲修之用，今動支修築石塘，應仍於新工案内，照從前餘剩之數捐足還項，留貯藩庫，爲逐年歲修之用，亦如所題可也。

秋，三弟熿中式江西鄉試副榜。案：文集有三弟行狀。

十一月，擢都察院左都御史，瀕行，劾去二令，公語長子必增曰：「此二人素貧劣，自吾至任，嚴加訓飭，始知斂戢。吾去後，彼必大肆其慾，後人劾之，則其罪不可測。吾止以不謹去之，正所以全之也。」公念老母多病，自癸巳迄今睽違八載，而光禄公亦夙有痰疾，奏請繞道歸省，拜疏即行，十二月到家，傍徨十餘日，光禄公顧謂公曰：「爾受聖恩至矣，以吾故流連不去，吾甚不樂。」公請少緩，光禄公怒廢食，不得已，辭行，慟哭而别。

刻孝經四本管窺竣。謹案：四庫全書收人存目經部孝經類，有提要一篇。

六十年辛丑，公五十七歲。

光禄公以二月十一日卒於家，三月十九日公在京聞訃，時值萬壽聖節，丁憂疏不得上，至二十九日吏部始奏聞，照例解任丁憂，四月初一日閣票依議，初三日聖祖仁皇帝摺本未下，初五日内閣啓奏，奉旨「著在京守制」，公聞命，病加劇，頭暈嗽不止，日進粥半甌，形骸骨立。初九日，上疏請終制。疏曰：臣蒙皇上超擢，由知縣累陞今職，遭遇之隆，無以復加，捐糜頂踵，未由仰報。詎意臣父朱極光於本年二月十一日在籍病故，隨經報部具題，奉旨：「朱軾著在任守制。欽此。」臣聞命，感愴涕零，何敢復有推諉，上瀆宸聽。但臣父素以忠孝大義教臣，居官稍有過失，必嚴加呵斥。即兩次外任，迎請到署，數月輒回，不欲以甘旨累臣。臣實未嘗稍盡子道，聞訃驚悸，哀難自已。伏思皇上孝治天下，萬國臣民共沐至德要道之化。臣亦人子，若戀職留京，竟不躬親喪葬，此心何以即安。臣累任内外，兢業自持，未嘗偷閒一日，況今身列正卿，異寵踰量，豈敢借名圖安？惟是父子天性，痛楚難忍，兼以臣母冷氏，年近八旬，病在牀褥，臣心更加悽切。今臥病（苦）［苫］塊，奄奄一息，即使就職辦事，必致墮廢官守，君親兩負，何以爲人？伏乞皇上憫臣苦衷，恩准回籍守制，生死銜結。倘餘生不填溝壑，服闋後，星馳赴闕，勉竭駑駘，圖報涓埃。臣荒迷失次，冒昧陳情，伏乞皇上睿鑒施行。尋奉旨：「已有旨了，該部知道。」

十九日再疏，懇請終制，通政司收送内閣，閣臣謂：「既已有旨，不便再奏。」將本發還。公自維既不能奔喪，惟有請赴軍前效力，可以墨縗從事，五月初六日，遂具疏請假葬親，併往軍前效力。疏云：臣蒙皇上隆恩，由縣令累陞至左都御史，俱係越等超擢，非臣意料所及，是以每聞寵命，慚懼交並，自責自訟，以無能仰報爲恨。今遭父喪，又蒙皇上著臣在任守制。臣自揣庸劣，久應罷斥。皇上所以留臣，亦以驅策有年，不忍令臣遽去耳。臣乃顧惜私情，不知感恩留戀，有人心者必不出此。惟是臣父自幼而孤，顛連困苦，鬻産傭書，延師教臣。及臣出仕，又恐以甘旨累任，不肯就養。臨終囑臣母，戒臣毋得哀毁，服闋務須竭忠報國，言至再三，更不他及。是臣父教臣以義，督臣以忠，惟恐臣曠職負恩，焦心勞思於臣之一身一官者數十餘年，以至於死。臣苦塊哀慕，追念平生，摧心刺骨，無以自解。臣母冷氏，又遣家人語臣，謂亡父停棺待葬，病母忍死待訣。語語傷心。切犬馬之戀，又縈烏鳥之私，展轉躊躇，不知所措。伏思人臣事主，義不顧家，然必實能出纖毫之力，效尺寸之長，方謂移孝作忠。若謂碌碌無能，素餐尸位，身雖在官，於國何補。頃者西陲小醜犯順，普天同仇。賴皇上聖謨廣運，天威遠震，西藏永清，犁庭在即，臣子盡瘁爲國，無過於是。臣聞父訃，哀痛昏迷，卧病咯血，自分將填溝壑，無能上報聖恩。今服藥調治，醫家謂月餘可愈。雖駑弱不能執鋭行間，而押運糧餉，會計出納，猶堪稍效微勞。但臣父喪，不獲憑棺一哭，送骨歸土，未免掛牽迷亂，冒懇皇仁，給假數月，臣歸家營葬臣父，併慰臣母，完畢束裝，即馳赴軍前。聽臣以金革之事，暫釋喪服，回日按期追補。庶子情少伸，得以安心效力，上報聖恩，下成父志。臣父有知，亦含笑於九原之下矣。倘戀職留京，安享高位，有玷臣職，益虧子道。皇上即不責臣，臣心無以自安。伏懇皇上允臣所請，俾得稍紓忠悃，兼遂私情，子子孫孫，銜結無既。伏乞皇上睿鑒施行。疏送通政司，因有「軍前效力」字樣，收送内閣，閣臣云：「要效力，自具劄奏。」原本仍封還。公憂痛日甚，初十日，又以懇賜給假葬親，併請軍前效力等事具題，通政司不收。十二日乃更定原本繕劄子，遣家人齎赴熱河進奏，奉旨交内閣，閣票未上，已奉聖諭差往山陝賑濟，言「左都御史朱軾丁憂，因伊前任浙江巡撫時居官好，著在任守制。今伊奏請往軍前效力，伊係讀書之人，往軍前如何效力？似這等處，該去效力」等語。閣臣行知到京。

六月初十日，公扶病起程往山西，病勢日甚，更兼泄瀉，日行百餘里，中夜哀號不止，幾瀕於危。十一日，繕疏條陳賑濟便宜五事。二十二日，至汾州府屬之平遥縣暫住，病稍差。公復念久旱不雨，即加賑濟而農事無望，終非長策，民心仍皇皇無定。二十五日，竭誠齋戒，祭城隍神，以祈甘雨，越二十七八，閏六月初二三等日，大雨如注，差役四路查看，則數百里内同時得雨，乃具摺奏報情形，聖心慰悦。案：公辦賑時，章疏、文移、示諭、條約之有關勸懲者，先是，洪洞劉比部鎮編刻爲輶車録，今並采入文集補編，不另刊云。

八月十三日，疏請停捐納。又稔知天下州縣倉儲虚耗，條陳積儲利弊。並采入文集補編。

九月二十三日，復命到京，聞聖駕由熱河回鑾，即詣密雲接駕。

十月十一日，以解任借帑效力河工，因便葬親等事繕劄，親賫至暢春苑。十三日，面奏，奉温旨慰諭，再往山西試行水利、社倉，蓋公散賑時曾條陳此二事也。十六日，起身往山西。

十一月十五日，奉旨差往陝西，會審魏二等案。謹案：因川陜總督年羹堯劾知府徐容、甘文煊虧帑，命公往鞫問。

十二月十三日，至西安府，入貢院居住，勉力讞決獄具。

六十一年壬寅，公五十八歲。

二月初九日，自西安府扶病還京。十五日至山西蒲州地方，又以叩懇天恩准給暫假等事繕劄，遣家人賫奏，奉旨交内閣閣擬二票。二十七日，上皇上折本，未下，二十九日内閣啓奏，奉旨：「朱軾准給假安葬伊父，事畢速行回任，該部知道。欽此。」

三月初三日，接奉恩旨，即自真定府地方起身回籍，差家人賫摺謝恩，星夜奔馳，至二十九日到家，長號不已，一慟而絶。虞、祔禮成，體益尫羸，見賓客扶杖，猶不能起，擬以病具奏展假，給廬墓左，終喪而後出。

十二月上旬，忽聞聖祖仁皇帝龍馭上賓，哀慟昏迷，久而後定。即日拜辭祖靈，輕裝就道，星馳至京，叩謁梓宫，哀慟尤極。

雍正元年癸卯，公五十九歲。

正月，奉命侍皇四子、皇五子講席。

二月初九日，奉上諭：「左都御史朱軾係皇考簡用大臣，居官素清，朕纘承大統以來，實心行走，孝行著聞。伊家有八旬之母，恩詔内應封夫人，著加賜一品夫人封典，并賞該省藩庫銀二千兩，爲伊母養贍之資。」又賜匾額曰「淑範崇年」。又賜聯曰：「柏府清風貽令子，萱堂煦日慶遐齡。」

三月，加吏部尚書銜。

四月，充順天鄉試正考官。

五月十一日，加太子太保銜。十七日，特旨：「今順天主考朱軾、張廷玉，公慎自矢，細心披閲，盡拔佳文。内外簾官，亦能各自淬礪，屏除弊端，發榜之日，輿論翕然，朕心甚爲嘉悦。其酌加議叙，用示優獎，兼使嗣後考官咸知激奮，以副朕興賢育才之意。欽此。」吏部議覆，言已加太子太保，應加爲太子太傅。又御題詩扇曰：「高岳生良佐，興朝瑞老臣。南昌挂藻鑑，北斗柄權衡。忠豈惟修職，清能不近名。眷言思共理，爲國福蒼生。」又廕長子必堦爲户部員外郎。

七月初三日，爲母太夫人八十壽誕，公先期乞假歸慶，奉特旨俞允。又賜内庫銀千兩，兼珍御上藥緞帛有差。陛辭時，降旨：「著問爾母好。」并賜「朝堂良佐」匾額。至家，奉母太夫人命，以賜金完碧落橋。文集有碧落橋記。

九月，回京，充恩科會試正考官，得楊炳等二百七十人。案：張廷玉是科九月初六日奉命爲正考官恭紀詩自注云：拜命之頃，深切惶懼，上面諭曰：「汝與朱軾，朕深信必能副委任、慰衆望也。」李調元淡墨録：朱文端公於雍正癸卯二月偕張文和公主順天鄉試，九月仍偕張文和總裁，並諭：「不拘朕定進士一百八十名名數，不拘省分，不限額數，有可取佳卷，選出另行具奏。」其信任如此。高士熙湖北詩録：楊炳字蔚文，號郢川，鍾祥人，雍正元年癸卯恩科會元。卷呈御覽，奉硃批：「卓識名言，不獨優於諸卷，即近科亦不見。欽此。」殿試探花及第，授翰林院編修，召入内廷，賜廬圓明園左側。歷陞侍讀學士，充日講官、起居注。典試順天、江西，提督福建學院。案：是科南宮有正續兩榜不下六百人，得士最盛，如陳文恭公、王巳山、張曉樓、周力堂，帥闌皋諸公，俱出其中。又充修明史、會典、則例總裁。案有旨徵求山林隱逸有識有學之士纂修明史，公以陝西鄠縣王心敬應，王以老病辭，有寄公論修明史書，見豐川續稿。案江藩國朝宋學淵源記：公督學關中，敬禮豐川，數造廬請益焉。

又偕户部侍郎陳公守，創建高安會館於京師前門外之燕家胡同。文集有高安會館記。

薦王承烈字遜功，號復菴，陝西涇陽人，康熙己丑翰林。是年以公薦，授江南道監察御史。案：文集有與王遜功司寇論氣質之性，又少司寇墓誌銘，謹案：上即位命臣工得上封事。孫嘉淦上三奏，曰親骨肉，曰停捐納，曰罷西兵。上召諸大臣示之，責掌院學士曰：「汝翰林乃容此狂生。」學士叩頭謝，公在旁，徐對曰：「此生誠狂，然臣服其膽。」上良久大笑曰：「朕亦不能不服其膽。」嘉淦由是即召對，授國子司業。

次子璂，姪必考、必場，並中式江西鄉試舉人。

二年甲辰，公六十歲。

五月，次弟焜卒於陝西西鄉縣任。案藍鼎元朱貞女傳：是夏仲父西鄉令君卒，父聞訃，悼傷過甚，復嘔血。

六月，兼吏部尚書。時銓曹司屬不皆久任，老吏輒藏其牘，意爲先後，衆患之，莫能禁，公諭所屬曰：「朱子謂人心須如一本册子，當官涖事固莫據於册也。今册多改竄，既不可信，專恃臨時查核，耳目偶遺，必受欺矣。」可屬遵諭行之，册清而銓政以肅。八月，復充會試正考官，得王安國等二百九十人。案文集甲辰會試録序：甲辰春大比天下士，於鄉補行癸卯正科，而於八月試直省士子於南宫。禮臣列試官名以請，復膺寵命。兩歲之中三持文柄，自有制科以來，無此榮遇也。又阮元淮海英靈集：王安國字書城，號春圃，會元，榜眼。釋褐日，座主朱文端公謂之曰：「學人通籍後，留得本來面目爲難。」公奉斯言，故操節與之相類。

十月，長女朱貞女卒。蔡世遠二希堂集、藍鼎元鹿洲初稿並有朱貞女傳，謹案。高宗純皇帝在藩邸，有題朱貞女傳詩。

十二月，奉旨往浙查勘海塘，面奉上諭：「浙江海塘工最爲緊要，署巡撫石文焯前奏必須通用石塊修築後，又奏稱不必用石，如此全無定見，誠恐貽悮塘工。朕已批諭令法海、佟吉圖作速詳議具奏矣，但恐法海等初任，不諳地方情形，汝做過浙江巡撫，必知海塘緣由，著汝馳驛前往浙江，將作何修築之處，會同法海、佟吉圖詳查定議，交與法海修築，汝即回京。朕思海塘關係民生，必須一勞永逸，務要工程堅固，不得吝惜錢糧。江南海塘，亦爲緊要，汝浙江事竣，即至蘇州，會同何天培、鄂爾泰將查勘蘇州塘工如何修築之處，亦定議具奏。欽此。」

三年乙巳，公六十一歲。

三月，疏請修築杭、嘉、紹等府塘工。疏采入文集補編。

七月，疏請移封之法，公以世宗皇帝嗣統覃恩屢下，人臣所感被者，封典榮親，尤爲激切，而拘牽成例，不能遍及，云：「自念身受三世之錫命，父母哀榮之典，尤荷非常。推廣皇仁，加之四海，爲政之大端也。乃疏曰：凡四品以下文官，止封父母及本身妻室者，請照武官之例，聽其以本身妻室封誥移封祖父母。又八九品，向止封本身，不封其妻，故雖以己身封典，移封於父，不能及母，請嗣後八九品官，止封父母，不必封其本身。又教授官止九品，教諭、訓導並無品級，然其體在州同、縣丞之上，且蒙聖恩俱以正途補用，請將教授照知縣例，封學正、教諭照縣丞例，封訓導照九品例封其父母，則覃恩尤爲廣被。又封母者，止封嫡母、生母，而繼母不能並封，有繼母在堂者，相形未安，請得三母並封，以勸孝慈。並准行。

九月，授文華殿大學士，兼吏部尚書，命偕怡賢親王往直隸查勘水利營田。

十二月，合疏。案：有查勘畿南水利情形疏、畿南請設營田疏，並采入文集補編。

又是年大將軍年羹堯以罪誅，父遐齡年八十餘，法當坐，公奏：「以子刑父，非法也。臣簿録年氏家書，遐齡訓其子嚴，罪在子不在父。」世宗是之，遐齡得免。

四年丙午，公六十二歲。

正月，合疏請分直隸諸河爲四局：南運河與臧家橋以下之子牙河、范家口以東之淀河爲一局，請令天津道就近總理。永定河爲一局，請改永定河分司爲河道，駐固安縣，總理其沿河州縣各設州判、縣丞、主簿等分防。北運河爲一局，請裁去舊分司，令通永道兼管。范家口以西各淀地及畿南諸河爲一局，請改大名道爲清河道，移駐保定府，管理其河道。各員必久任熟練，應聽直隸總督選題引見簡用，其同知以下各員，俱於河員内選補，下部議行。案：有京東水利情形疏、京西水利情形疏、請定考核以專責成疏，並采入文集補編。

二月，丁母太夫人冷氏憂。夫人於正月初五日在籍病没，家訃未至，而巡撫已具疏報聞。奉特旨：「傳諭吏部通政司及在京家屬，不得以伊母訃告知朱軾，彼性至孝，今在營田水利工所，旁無親切之人，若驟聞此信，必至過於哀毁，俟召彼至京，朕懇切開諭，庶無他虞。欽此。」十一日，奉上諭：「大學士朱軾之母冷氏，壼儀淑慎，訓子成名，今聞在籍病故，深可軫惻。朕優禮大臣，推恩賢母，用頒異數，以示眷懷。著江西巡撫動支司庫銀二千兩，賞給伊家，讀文致祭一次，由翰林院撰擬。其差往致祭之員，若總兵官駐劄相近，則遣總兵官。若相隔路遠，則於兩司内派出一員。俟朱軾抵家之時舉行。朱軾查勘水利事竣，到京後，著馳驛回籍，欽此。」比公至京，始奉明旨，併加開諭。十九日再奉上諭：「大學士朱軾事親最孝，朕所素知。今伊母在籍病故，伊聞之自必哀痛切至，但伊母年已八旬有餘，伊禄養顯揚，俱無餘憾，此時正當節抑哀痛，護惜此身，爲國家出力盡忠，正所以盡孝。朕已降諭旨賜銀二千兩，爲伊母喪事之費，就近遣地方大員前往致祭一次，令朱軾奔喪回籍，著馳驛前去。朕深知其家貧，著再賜銀二千兩，爲伊盤費。一切之用。其子亦令隨歸。伊守孝百日，將伊母之事料理完畢，即來京辦事。爾等可詳悉傳諭朱軾知之。欽此。」

公奏請解任終制，即日又奉上諭：「大學士等朱軾奏請解任開缺以終服制，情辭迫切，此乃伊名節所關，朕知其出於至誠，懇允從所請，解任開缺，以全其志。但三年爲時甚久，卸事閒居在籍，伊心亦未必自安，況目前現有畿輔水利之事，正資料理。可於八月起身前來，居住京師，以備委任顧問，不居現任之職，則與家居無異，於禮即盡於心，亦安矣。朱軾素性誠篤，今遭母喪，深恐哀毁過節，爾等可將朕意諄切諭之。伊年高體弱，不宜過於悲戚，況六十不毁，載在禮經。若能仰體朕心，時思朕訓，護惜此身，爲國家出力，伊母有知，亦必深慰，斯爲忠孝兩全。倘過哀以致毁瘠，則有負朕恩矣。爾等並傳諭膳房侍衛永壽，攜茶飯往賜。欽此。」

二十日，公即柴車出京，至家守制。

七月，葬妣太夫人冷氏。墓在里西南之林山虎形，與光禄公合葬焉。賜金既豐，葬畢尚有餘資，公子等請以備祭田，公曰：「君子不家於喪，不可具祭器，又可備祭田乎？」頒諸族戚之貧者，古法也。散給三黨親屬，均沾渥焉。未幾，公以聖旨催迫，限期已逾，抑哀復命。謹案高宗純皇帝時在藩邸，有賜公書曰：士之特立獨行，修身講學於草茅巖穴之中，將以施之政事，爲廟堂棟梁之任也。是故明君在上，必求天下之英才，待之以禮，煦之以和。君臣同德，相得益彰，然後亮天工而熙，庶績堯舜之四岳九官、湯之伊尹、文武之周召，皆君明臣良，用成熙皞之盛。書曰「百揆時叙」，又曰「咸有一德」。詩曰：「濟濟多士，文王以寧。」豈不美哉？三代以下，君臣相得之盛，莫若唐太宗、宋仁宗，房杜王魏、韓范歐富，皆爲名臣。然致君於堯舜，尚有歉焉。豈氣數之未至，學問之未醇，信任之未專歟？若先生遭逢盛代，受知於皇祖，領中外要職，開府兩浙，内召長御史臺，皇父任以綸扉，啓沃論思，誠通志行，豈惟特出班行？雖古人際遇，亦鮮有比倫也。皇父命先生授經我兄弟，得領誨益，親函丈者，四年於兹矣。今春先生奔太夫人喪，甫及半載，即移書相勉以「學問日充，德業日粹，天德王道交修並至」之語。深自思維，頻加悚愧，惟恐不能勤學飭躬，以慰先生之望。雖然，嘗聞於先生矣！蓋天德者，格致誠正以修其身之謂也；王道者，均平齊治之謂也。自人受天之命，莫不秉懿性以生，但爲氣拘物蔽，故天德泯而王道無以行，惟聖人主敬以立其本，窮理以致其知，反躬以踐其實，以修天德，以行王道。故家齊國治而天下平，皆修吾一身所致也。堯克明峻德，而協和萬邦；舜濬哲文明，而六府三事允治。孔子亦曰：「在明明德，在新民。」顔子克己復禮，而孔子告以爲邦之道。此皆天德修而王道行，故能爲天下大聖，後世法則。人君用之，則爲建中立極之本；人臣行之，則有致君澤民之功；學者習之，則蘊之爲德行，行之爲事業。豈有二道哉？書曰：「非知之艱，行之惟艱。」予受學於先生，天德王道之要，道心人心危微之判，日聞於耳，庶幾知之矣。先生之所以勖我，與吾之朝夕孜孜者，其在踐行之實乎？然荀卿有言：「莫便乎近其人。」皇父命先生治喪以期，蓋緣古者諸侯既葬，王政入於國之義。小祥之後，望先生式遄其歸，以輔成勳華之治，庶幾先生德業，可争光於唐宋諸賢，而予亦得朝夕薰陶於有道也。惟先生鑒察不宣。

九月至京，未至時，十七日，即蒙上諭：「大學士朱軾，將至京師，大學士等向朱軾之子朱必堦詢問明白，預行奏聞。遣學士何國宗、副都統永福，出迎賜膳，示朕眷念之意。欽此。」二十四日又奉上諭：「大學士朱軾丁憂回籍，朕本欲成全其志，准其在籍守制三年。但朕左右匡弼需人，而營田水利工程，亦係伊協同辦理之事，故召令來京。三年之内不補原官，准其素服。凡朝會宴饗及應穿補服之處，俱不必到。俾伊得盡人子之心，以展孝思。當日怡親王遭伊母妃之喪，聖祖仁皇帝恩准素服三年，今日朱軾即可比照此例，著仍在内閣，兼理吏部、都察院行走。欽此。」案夏炘聞見一隅録朱高安兩次奪情，真儒臣之不幸。其一在康熙六十年，丁父憂，上諭云云。其一在雍正四年，丁母憂，上諭云云。然則公雖兩次奪情，爲儒臣之不幸，而公力求終制之章瀆請無已。兩朝倚畀，賁錫之典，稠叠有加，較之李文貞公之奪情，爲有光矣。

十一月，疏請收用效力營田人員，准其議叙。略曰：一、自營己田者，照頃畝多寡，予九品以上五品以下頂帶。一、效力者，量工程難易、頃畝多寡，分别録用。一降革人員效力者，准開復。一、流徒以上人犯效力者，准減等。俱下部議行。

又請添設杭嘉湖巡道一員。時上以浙江風俗澆漓，特設觀風整俗使，公疏言：風俗之澆漓，甚於争訟。昔臣巡撫浙江，知杭嘉湖紹四府，率多唆訟之徒，全無情實，告訐紛紛。查分守巡道，職任巡查，兼理詞訟，請添設杭嘉湖巡道一員，其紹興府，屬寧台道管轄。凡民間詞訟冤抑，州縣不能申理者，巡道准理。該員能秉公執法，訟師自知懼畏，争訟漸消，風俗自臻淳厚。上特允所請。

五年丁未，公六十三歲。

素服，居京邸。案彭端淑張文端傳云：雍正丁未，試南宫。上以春寒賜天下貢士棉衣薑茶，試畢，群詣闕謝恩。大宗伯吴公襄宣言於衆曰：「上有旨：汝輩他日作官，當如張鵬翮、朱軾，方不愧朝廷。」其見重如此。見白鶴堂集。

刻禮記纂言竣。謹案：四庫全書收入存目經部禮類，有提要一篇。又杭世駿續禮記集説序：吴草廬纂言變亂篇次，妄分名目，乃經學之駢枝，非鄭、孔之正嫡也。國朝文教覃敷，安溪、高安兩元老，潛心三禮，高安尤爲傑出。纂言中所附録者，非草廬所能頡頏。又李衛稱是書得朱子之心傳，補吴文正公之所未逮。

六年戊申，公六十四歲。

夏，服闋告病。上時遣醫賜藥，日加存問。時公長子必堦任大名府知府，特旨召回京，仍補户部郎中，俾得侍養。

三子必坦以選拔貢入都，朝考。

十一月，三弟爌以效力營田，議叙知縣，卒於京邸。案：文集有三弟行狀。

薦藍鼎元。案藍鼎元行述云：雍正六年冬，以相國高安朱公薦，引見條奏經理臺灣河漕兼資海運、鳳陽民俗、土田、黔蜀、疆域六事。上皆嘉納，授廣東普寧知縣。時朱公侍側，而錢塘沈公爲總憲，俱交贊其才。上云：「朕觀此人，便用做道府，亦綽然有餘。」

七年己酉，公六十五歲。

十二月，以久病未痊，乞解任調理。上手詔慰留之。

刻春秋鈔。謹案：四庫全書收入存目經部春秋類，有提要一篇。史傳三編竣。謹案：四庫全書收入史部傳記類，有題要一篇。又王昶年譜乾隆五十四年，先生得旨授刑部右侍郎。先是，高安朱文端公萃二十一史中名臣、儒林、循吏爲三録，刊成，未及頒行，先生因其可以勵世，出俸金屬高安知縣小門生張古餘敦仁印數百部。及是命下，乃舉以贈總督書公，屬其分給州縣，冀稍有裨於吏治。

八年庚戌，公六十六歲。

五月，怡親王薨，命公總理水利營田事務。案李元度國朝先正朱軾事略云：公與方望溪侍郎交最篤，望溪嘗以周官餘論十篇之三示公，公持至尚書房，手録曰：「當吾世有此異人，而上不聞知，可乎？」望溪曰：「今上信大有爲，而士大夫結習未除。凡吾所云，必君相一德，衆賢協心，然後爲之而可成，成之而可久。不然，上求其誠心，而下應以苟道，民不見德，反受其殃。公志果大行，異日以告於吾君，次第布之，不必知自某也。」及公大拜，乃以實畿輔一篇致怡賢親王，合詞請開水利。望溪謂公曰：「近畿積水，無歸久矣。必以數年疏決支河，俾伏秋潦漲，下流無壅。然後規下地，擇良有司，官治一區爲民表，使民艷其利而争自營之。苟少違其節次，動必無功。」其後爲之數年，果利害相半。公由是益信望溪言。凡吏疵民瘼，辨賢抑奸，胸中所知見，壹爲公盡之。且告以海内大事，宜及時措注者，莫如復明初大寧三衛，兼求唐韓重華屯田故蹟，自歸化城西，連三受降城，以達于甯夏，及經略苗疆，控制臺灣三事。因盡出餘論七篇。公皆概然引爲己任。會西陲用兵，度無暇部署三方，而公尋遘疾，不果行。

十二月，兼管兵部尚書事。

九年辛亥，公六十七歲。

是年病未痊，乞解任，未允。先是運河隄工水溢，部議降級留任。浙江巡撫任内，失察吕留良逆書，議革職。特旨留任。賜居海淀，便奏對。案是年十二月十四日，公等奉旨「摘駁吕留良所著四書講義語録諸書，并請刊布學宫，俾遠近寡識之士子，不至溺於邪説」等因，旋准施行。

十年壬子，公六十八歲。

是年春，奉御筆親批：「覽卿奏，以積疴未痊，暫瘳復起，綸扉重地不可久曠，懇請解退調養，情詞肫切。卿才具優長，品行端謹，老成練達，勤敏和衷，朕所深知。正資倚任，今偶患咳嗽之症，自可從容調理，待其痊可。向來漢大學士多用二員，現今閣中有大學士張廷玉、蔣廷錫二人，辦理實無曠缺。卿當頤養之時，必須寬懷澄慮，不以事物攖心，自然藥餌有功，漸次平復以慰朕之殷懷。今若以久未入直，仍慮及内閣職務，雖矢心匪懈，具見卿之悃誠，而慮思紛縈，殊有乖於調攝之道，不惟非所以自愛，亦非所以仰體朕心之軫念也。朕昨以卿抱病多時，遣内大臣前往看視，聞卿於内大臣前，力疾叩謝，禮數繁多，甚覺勞頓。次日清晨寒冷之時，又來至宫門謝恩，是轉增朕心之不安，於義深爲未協。朕知卿素性拘謹，舉動備極小心，是以近時以來，一切飲饌服食之物，未便頻頻頒賜，正所以冀卿之安逸，望卿之速痊也。嗣後宜恪遵朕諭，時加頤養，導引中和，節勞静攝，即受朕恩賚，亦免其拜跪，始於病體爲宜。卿年尚未甚老，若調攝有方，自能全愈，爲朕宣力之處甚多。此時不必以解退陳情，用是特手書諭旨賜卿，其悉朕眷眷之至意。欽此。」

謹案：高宗純皇帝在藩邸，有春日賜大學士朱軾五十韻詩曰：遲日山河麗，青春風物妍。皇州籠淑氣，天宇燦祥烟。景媚韶華世，人遊熙皞年。先生方抱病，静室獨安眠。當代窮經彦，清時守道賢。事君欣際遇，奉職佛仔肩。寵命登台輔，鴻才掌選銓。寅恭朝宁右，弼亮聖人前。只此冰淵志，那忘對命虔。皇情嘗有眷，臣節總無偏。早歲承綸綍，成童受簡編。芳規看表帥，函丈獲周旋。義府優游永，春風坐卧便。賦詩閒檢韻，味道細烹泉。每自威儀謹，從知學問全。董生醇治術，朱子續心傳。十載如旬日，高山復大川。級長難試綆，質魯詎窺淵。惟借開陳力，常資接引緣。前途初省試，往籍事精研。方示尋鄒屐，旋招泛泗船。高深終莫測，言象未忘筌。竊意精神固，何期衰病連。道存看潤貌，身老惜華顛。解習安心法，參明藥性禪。三年常疢疾，晚歲每迍邅。更受宸衷德，頻蒙恩旨宣。賜醫經歲月，賚食列甘鮮。幾度秋梧落，經時春草芊。尊生資攝理，養静悟魚鳶。入臘魔纔退，頻年病始痊。經帷常一遇，日暮薄言旋。早識文如斗，新叨筆似椽。風披重幕外，晴照綺窗邊。坐久添光霽，來頻領蕙荃。如何新歲到，轉覺舊疣牽。呼僕長扃户，飛花未撲韉。竹爐朝自焙，湯劑勉仍煎。消悶憑書籍，無心託管絃。神清依素几，守寂坐麤氈。未及頒春俸，應勞買藥錢。東皇今布令，黑帝久收權。坦履宜悠爾，沈疴定霍然。追隨私念切，趨步寸心懸。況乃須調鼎，方看用作舷。時平交正泰，君道建如乾。宣力疇堪並，陳猷未或先。陽和敷化國，膏澤被王田。何日趨朝陛，多時隔講筵。裁詩羞未穩，有暇賜雕鐫。

三子必坦，中式江西鄉試舉人。

十一年癸丑，公六十九歲。

署理翰林院掌院學士。薦雷鋐。案雷公行狀云：癸丑會試中式，朝考第一名。朱文端公以踐履篤實、才識明通，薦改庶吉士。

十二年甲寅，公七十歲。

二月奉旨：「朱軾革職等案，俱著開復。」

謹案：高宗純皇帝在藩邸有高安朱老夫子七十壽詩曰：節榜中秋近，年方七袠登。崧高神已降，海屋算應增。道與時偕顯，身將壽作朋。不妨稱祝夕，門第冷如冰。

十三年乙卯，公七十一歲。

應詔薦舉博學弘儒四人。南城潘安禮、龍泉張振義、泰和梁機、臨川李紘也。案李紱送趙意林序云：「雍正十有一年，世宗皇帝特詔開博學鴻詞科，令在京三品以上大臣，在外總督、巡撫，會同學臣薦舉人品端純、學問優贍之士，以應御試。蓋自康熙己未召試，距茲垂六十年矣，事嚴典曠，中外相顧，莫敢先發。踰年，河東督臣舉一人，直隸督臣舉二人，他莫有舉者。特旨切責，諸臣觀望。又踰年，大學士高安朱公舉四人，而封疆大吏所舉猶趦趄不前。」云云。

六月，浙江海塘衝決，特旨召公詢問：「作何修築？」公奏言：「事難遥度，臣愿親往浙江料理。」天顔大喜。蓋是歲新舊堤壞，惟公所築者不壞也。

七月十九日，奉上諭：「浙江海塘工程，關係民生，最爲緊要。朕宵旰焦勞，不惜多費帑金，爲億萬生靈謀久遠乂安之計，所以告誡在事臣工者已至再、三矣。不料經理諸臣各懷私意，彼此參差，以致乖戾之氣上干天和，有今年六月風浪潰堤之事。今雖勉力搶修，尚不知能捍禦秋潮否。至於建築石塘，工程浩大，若諸臣陋習不改，仍似從前，則大工何所倚賴？朕再四思維，大學士朱軾廉慎持躬，昔曾巡撫浙江，諳練塘工，今雖年逾七旬，精神不逮，而董率指示似尚能爲。朕以此詢問之，伊自稱情愿效力。著由水路前往，令該部給與水程勘合，並令沿途撥兵護送。伊子必堦，著隨去。朱軾到浙之日，稽查指授總理大綱。至一切工程事務，仍著隆昇、程元章等照前辦理，俱聽朱軾節制。若大臣中有懷私齟齬者，著朱軾據實參奏，朕必嚴加處分。文武官員等有營私作弊，或怠玩因循者，即行糾參，從重治罪。欽此。」謹案：純皇帝在藩邸，有送相國朱先生奉旨督修海塘詩：數載音容接絳帷，西風無那送行時。春迴北闕承恩綍，秋到南天藉指麾。自是安瀾咸底績，還教沃土慶豐宜。梧窗霽月流光處，别後蒼涼思屢遲。帆挂扁舟野水明，吴頭楚尾正秋晴。思通鎔鐵奇功著，政詠甘棠喜氣迎。寥寂遠天迷去路，蕭疏寒柳繫離情。遥知賜騎旋歸日，帝里應教春色榮。

八月，出京，行至德州，驚聞世宗憲皇帝賓天之訃，慟哭昏絶，久之少甦，奔至阜城縣界，接奉今上特旨：「大學士朱軾，老臣望重，應令回京辦事。海塘事務，另派人辦理。」公聞命，彌切哀感，星夜奔馳，九月初四日至京，恭請叩謁梓宫，哀慟昏暈，扶而後起。旋奉旨：「著總理事務王大臣處，協同辦事。」

九月二十五日，奉上諭：「大學士朱軾，在皇考時宣力多年，朕即位以來，總理事務，敬慎周詳，夙夜匪懈。今皇考梓宫已安奉雍和宫，辦理諸事俱屬妥協，應加恩以示酬庸之典。著賞給拜他喇布勒哈番與伊子朱必坦承襲，世襲罔替。欽此。」

十月，具陳開墾、刑罰、鹽政等疏，公知直省督撫諸臣有以興利爲功者，其屬吏奉行不善，每致累民，莫甚於開墾，因有停止丈量之請。又念賦税之外，事之大者莫若刑罰，弊之滋者莫甚鹽政，公密具條陳，並蒙覆准通行直省。疏並采入文集・補編。

乾隆元年丙辰，公七十二歲。

二月，充會試正考官，得趙青藜等二百四十人。阮葵生茶餘客話：前明主會試三次者王元美，推爲盛事。我朝熊孝感五主會試，范文端、李高陽、陳澤州、朱高安、張文和、史文靖，皆三主會試。劉文正、介受祉宗伯凡四爲總裁。

次子瑛以迴避別試中式，改翰林院庶吉士。先是，賜第在外城，恐朝回日昃，未能從容，又賜第於地安門外，并賜金五百兩爲修宅之費。

七月，恭修世祖憲皇帝實録及纂修三禮義疏，俱充總裁。

八月初八日，舊疾大作，咯血，竟夕不寐，蒙賜葠藥。案雷鋐記西林鄂文端公遺事云：高安公病，余往視問廷臣可任大事者，高安良久曰：「西林」。見經笥堂文集。又李元度國朝先正朱軾事略云：高宗諒陰，依古禮法致行三年之喪，諸王大臣屬望溪草具儀法，及制詔將頒，復速望溪至雍和宮討論。公常左右之，惟恐其言之不用也。疾革，望溪走視，公蹶然興曰：「子所言三事及九篇之書，吾未嘗一日忘。以聖天子維世礪俗，謂子所云禮義之明、人材之興也有日矣，而吾將泯焉，命也夫！子性剛而言直，幸衰疾支離，於世無求，否則尚有國武子之禍。賓實既没，吾病不支，子其懼哉？」公與望溪同直内閣，雖入政事堂，衆既退，坐必下之，行必後之。望溪固辭，公曰：「衆争爲市道交。」即此可示之以禮矣。

次孫紹功，中式江西鄉試舉人。

九月十八日未時，公薨。先是十三日，御醫以公病勢奏聞，上方有祀事齋戒，十四日諭和親王至第慰問，并賜帑金千兩。十五日皇上親臨，聖心悱惻，再顧徘徊，始出公口授謝劄，命長子必堦齎奏。隨檢閱生平著述，至大易之大過卦，握筆審視，似欲有所更定，沈吟而罷。十六日，眷眷以理財、用人爲念，繕具遺疏。疏采入文集補編。

疏奏上，奉旨：「大學士朱軾，品行端方，學術醇正，爲聖祖簡用之人。皇考眷注有加，簡任機務，純修清德，望重朝端，朕自幼讀書宫中，常聞講論。即位以來，正資老臣襄贊，昨聞抱恙沈篤，朕親往看視，尚冀調治痊可，今聞溘逝，朕心深爲震悼。特命輟朝一日，親臨祭奠，以昭敬禮大臣之誼。又賜内帑庫金，經理喪事。兹覽遺疏，拳拳以吏治、民生爲念，具見忠悃，著加贈太傅，入祀賢良祠。所有應得恤典，該部察例具奏。欽此。」尋賜祭葬，予謚文端，其文曰：任隆密勿，賴良弼以宣猷；禮重老臣，眷前勞而賜恤。緬儀型之久著，陳奠醊以薦馨。爾朱軾，學術端醇，器資凝厚。早登詞苑，蜚聲著作之庭；旋宰花封，奏最循良之績。入雲司而讞獄，平允攸稱；出冰鑑以量才，公明丕播。特膺内擢，洊尹陪京。沛膏雨於棠陰，澤流兩浙；肅風霜於柏府，憲總萬邦。晉領銓，衡掌邦典，而官方攸叙簡；司機務，陟綸扉，而調燮咸宜。先皇篤念公忠，再任海塘，重寄朕躬，方資啓沃，召還台衮崇班。迨于積疢已深，曾親視疾。洎乎奄殂入告，復往臨喪。預頒内府之金，俾營身後之事。彝章備舉，綸綍頻加。於戲！持一介之清操，蕭然館舍；遡平生之道範，邈已風規。爾靈有知，尚其來享。

乾隆二年二月十三日，發引南歸。上復命：「前一日著散秩大員一員，帶領侍衛十員，前往奠酒，並於十三日送其起程。再令該部行文沿途地方文武官弁，在二十里以内者，俱至櫬弔奠，並遣人護送，俾長途安穩，早抵故里。其柩櫬准入城治喪，欽此。」遂以是年十二月二十四日，葬於高安坡山艮溪里南之劍山，即公龍城寺肄業處也。案袁易齋守定説雲詩鈔有朱文端公墓下作：鵷鷺曾居第一班，衣冠常惹御香還。獨將經術勸三聖，自起清風播九寰。玉魄騎箕蒼昊上，石麟沐雨翠微間。尋思幾滴西州淚，仰止松楸不忍攀。考易齋自撰年譜云：雍正五年，會試卷落，無錫鄒公升恒房薦爲本房首卷，大總裁沈公近思以後場疵累落第，旋取明通榜第二。時朱文端公與閲落卷，賞余文，屬同邑朱山立干招往見，而余已出都門矣。八年登進士，時清江楊勤慤公爲吏部郎，文端公謂之曰：「袁叔論是江西一枝筆，我擬保舉之。」楊以告，時余病弱方困，念留京必無生理，亟請辭免。嗣奉旨歸班者，發鄰省學習吏治，簽掣湖南。文端公謂户部郎南昌楊允服曰：「我欲保舉袁叔論，而以病辭，何以又往湖南？」楊以問余，余曰：「爲我謝相公，湖南鄰近，可就彼調攝。」以一日文字之知，愛惜若此，真宰相之用心也。

案公著周易傳義，合訂十二卷，是年鄂公爾泰校刊進呈御覽，賜序。謹案四庫全書收入經部易類，有提要一篇。又同邑吴浄友學濂爲刻公文集四卷，雷翠庭鋐爲之序，略云：公學術事功，久乎中外。生平自視欿然其所纂輯諸書，皆本前賢，以裨世教。其自著易、春秋，公既没而後傳於世。奏疏經廷議施行外，未嘗有稿。他序論書記諸作，多不存録。溧陽吴君受之公子，乃得若干卷。云云。

三年，奉旨立主入祠崇祀，其文曰：翊熙朝之泰運，端重良臣；稽册府之鴻猷，宜崇元祀。蓋成勞懋著，生平之風規如存；斯盛烈昭，垂奕世之寵褒益篤。載申綸綍，式薦牲醪。爾原任大學士朱軾，器資端重，學術深醇。起自詞垣，中外著廉明之譽；洊登卿月，封疆流仁愛之聲。皇考洞悉公忠，晉台輔而恩榮彌渥。朕躬久資講論，迄諒陰而倚畀方殷。介節清操，澹泊弗渝乎素志；光風霽月，老成不愧乎名儒。於戲！流芳竹帛，卓然一代之完人；樹範巖廊，允矣千秋之茂典。列豆籩於祠宇，涯澤攸隆；布筵几於里閭，湛恩疊沛。靈其不昧，尚克欽承。

四十四年暮春，上追念清操宿學，御製懷舊詩，稱爲可亭朱先生，詩曰：皇考選朝臣，授業我兄弟。四人胥宿儒，徐朱及張嵇。設席懋勤殿，命行拜師禮。其三時去來，可亭則恒矣。時已熟經文，每爲闡經旨。漢則稱賈董，宋惟宗五子。恒云不在言，惟在行而已。如坐春風中，十三年迅耳。先生抱病深，命輿親往視。未肯竟抱紳，迎謁乃鞠䏭。始終弗踰敬，啓手何殊爾。嗚呼於先生，吾得學之體。

嘉慶四年二月二十九日，奉上諭：「原任大學士朱軾孫嘉淦，居官清正，其子孫現無出仕之人，著傳諭伯璘張誠基查明朱軾孫嘉淦嫡派子孫，擇其人尚明白者，送部帶領引見，將此各傳諭知之。欽此。」江西巡撫查明給咨公之玄孫朱振聲、朱景華、生員朱晉麟赴部引見，蒙恩賞給振聲、景華舉人，一體會試，晉麟特授直隸固城縣知縣。

刻既成，得讀張文和公澄懷主人自訂年譜，謹補録二則。

一、雍正三年八月，上駐蹕於圓明園，以苑東戚畹舊園，賜張廷玉與朱軾及南書房翰林吳士玉等居之。園在御苑之東，相去半里許，奇石如林，清流若帶，曲榭長廊，涼臺燠館之屬，無不備具。

一、乾隆元年正月，奉旨：「著大學士鄂爾泰、張廷玉、朱軾、左都御史福敏、侍郎徐元夢、邵基爲皇子師傅，著欽天監擇日開學。」旋據欽天監擇得二十四日吉，是日清晨，皇長子、皇次子到學，總管太監傳旨皇子應行拜師之禮，廷玉等固辭，遂長揖，賜賚文綺筆硯之屬，與雍正元年同。少頃，召皇子及廷玉等六人進見，面諭曰：「皇子年齒雖幼，然陶淑涵養之功，必自幼齡始。卿等可殫心教導之，倘不率教，卿等不妨過於嚴厲。從來設教之道，嚴有益而寬多損，將來皇子長成，自知之也。」

上顧皇子曰：「師傅之教，當聽受，無違。」二十五日，上親往馬蘭峪謁陵，奉旨：「著果親王、大學士朱軾、鄂爾泰、張廷玉、尚書海望，在京總理一切事務。」

附録遺事未得其年者，謹附於後。

世宗憲皇帝正告廷臣曰：「如朱軾、張廷玉、沈近思、魏方泰，朕保其終無二心。」方苞禮部侍郎魏公墓誌銘。

高安朱文端公，撫浙有政聲，相業亦與韓、富相埒。今特誌其軼事。雍正時以疾罷相，寓京師之煤市街，屋僅數椽。予往問疾，坐床側，所見有寒士所不堪者。架上僅一篋，貯朝衣冠，他無長物。時筠莊兄督糧潞河，奉十金爲壽，公啓封，顧視笑曰：「吾意已領矣。」仍付還，其清介絶俗如此。夏之蓉半舫偶輯。

長興芥茶名品。朱高安相國撫浙日，鮑西岡以二器獻之，受譴。案舊聞載李于鱗爲浙臬，徐子與中行以芥茶餉之，比問及，已賞輿夫。西岡其仿古而爲之耶？戴蓘塘吴興詩話。

洪亮吉書劉文正公遺事云：「公之前爲大學士者，高安文端公朱軾最著。立朝大節，多人所不能及，以采聽未審，敢侯異日。」卷施閣集。

雷鋐記所聞混同顧公事：公生平敬服高安朱公、蝶園徐公、與望溪先生。公嘗言：如高安，乃真無近名之心。經笥堂集

又記所聞相國福公語：公生平服膺高安朱公，曰：「此我心之師也。」經笥堂集。

阮氏元金沙港三祠記：「正氣」之言，始於楚詞遠遊，而文丞相正氣歌實發明之，非有死節至行如文山者不得與也。「先覺」之言，始於孟子，在畎畝則樂道，任天下則覺民，非有任事如阿

衡者不得以類從也。「遺愛」之言，始於孔子之泣子産，非有功德及斯民如鄭僑者不可也。元今定金沙港之三祠，較之六一泉，有互遷者，有除者，有增祀者。云云。其定爲增祀者，於遺愛堂增唐李公德裕、明胡公憲、阮公鶚、戚公繼光、國朝張公鵬翮、趙公申喬、朱公軾、李公衛八人。擘經室文集。

江藩國朝宋學淵源記：國朝儒林實不乏人，如湯文正、魏果敏、李文貞、熊文端、張清恪、朱文端、楊文定、孫文定、蔡文勤、雷副憲、陳文恭、王文端，或登臺輔，或居卿貳，以大儒爲名臣，其政術之施於朝廷，達於倫物者，具載史宬，無煩記録，且恐草茅下士見聞失實，貽譏當世也。

郭起元上方望溪書：梁村蔡公語起元：當代偉人，若高安相國、婕園、力堂兩公，德業聞望。起元誌之，弗敢忘。介石堂集

蔡世遠齋汴子傳：雍正甲辰，舉於鄉，兩上公車，不第，以相國高安朱公薦，授瑞昌縣教諭。同人爲之怏怏。汴子怡然曰：「即此職便難稱，風化之本，人才之基，豈易易事？」涖任僅五月，士習一變，學制一新，諸生事之如安定之蘇湖也。二希堂集

晏斯盛傳：斯盛雍正戊申授山西道監察御史，賜浮水石硯及筆墨，曰：「此大學士朱軾所進，今以賜汝，汝可時時把玩，勉爲朱軾可也。」新喻縣志

公凡所薦舉，初不令其人知。或左右微探其端，必正色曰：「斷自宸衷，非可以私恩市也。」

長御史，時世宗以科道一體，命六科亦統於都察院。科臣有抗争者，語并及公，公叩頭申救，科臣得寬免，時以比文潞公之於唐介云。李元度國朝先正朱軾事略

朱文端軾領解後，嘗訪其宗同年瑞齡於北湖。北湖密邇縣城，居旬餘，或人勸之謁邑宰，軾弗往。蓋名臣進止，其初已嚴正不苟如此。乾隆浮梁縣志　寓賢

附録二　朱軾傳記資料

文華殿大學士太傅朱文端公神道碑

袁枚

乾隆元年秋九月十四日，今天子命車駕親臨大學士朱公第視疾。又四日，公薨。天子再奠于其第，加贈太傅，謚文端。冬十月，公長子通政使右通政必堦、次子翰林庶吉士堪輿機歸葬。剛日已卜，求文其貞珉以光揚休命。

枚伏考史册：堯學于子州父，舜學于務成昭。古之聖人，皆有所從遊以增崇其欽明。二臣者，雖訏謨無聞，而要其能爲堯、舜之師，其人必邁皋、夔而上。公奉世宗詔，侍皇上青宫最久。皇上登極未一載，仁言聖政，重累而下。九州八陔，靡不異音同嘆，慶堯、舜復生。然則公啓沃之功，可以想見。而公之風概，又豈可求諸唐、虞下哉？

公諱軾，字若瞻，號可亭，世居江西高安縣。公宣髮廣顙，音中黄鐘，鬚數十莖，羅羅可數。康熙癸酉舉人，甲戌進士，入翰林，改知湖廣潛江縣事。治獄忤總督某，巡撫劉公殿衡至曰：「吾久聞朱令賢，今觀所争獄，益信。」爲解于督臣而薦之，遷刑部主事，轉郎中。督學陝西，尹奉天，再遷左都御史，巡撫浙江。世宗登極，累遷吏部尚書、文華殿大學士。故事：宰相莅任，必詣翰林衙門。公去而復至，海内榮之。

其撫浙也，浙西瀕海，衢洋石墩，多風魚之災。公楗老鹽倉，淤中小亹渚、夏蓋山，功成，氓廬大安。其任風憲也，大將軍年羹堯以大逆誅，父遐齡年八十餘，法當從坐。九卿俱畫諾矣，公不署名。世宗責問，公奏：「以子刑父，非法也。臣簿録年氏家書，遐齡訓其子甚嚴。子不能從，以陷于罪。罪在子，不在父。」世宗頷之，遐齡竟免。其辦治直隸營田也，以漳、衛諸河爲經，以趙北口兩淀爲咽喉，穹壤引泉，凹坻衛堤，溉田六千頃。其督賑陝西也，安流庸，禁遏糴，勸糶粟，請留漕，立醫廠，增驛夫，雨隨禱降，民與災忘。

公潛躬味道，神識凝然，而于孜贊軍國，静密詳審，朝廷倚如金城。故爲都御史時請終父喪，聖祖勿許。在營田所請終母喪，世宗勿許。公雞斯徒跣，洵涕力請，至於批鱗叩閽。章三四上，黄門近御皆咋舌瑟縮，奪毁奏稿。九卿大臣慰勸者相環，而公陳之愈力。萬不得已，則引古墨縗禮，請從征西戎。兩聖人愛其忠，難須臾離，閔其孝，重違其意，乃詔如怡賢親王居母喪故事，勿朝會，勿吉服，勿補原官，國家有大事，公卿詣廬中諮謀。

性介而和。病，門生某饋參，公呼謝者再。開封稱量畢，仍還之，曰：「以束脩問先生，於誼甚古，受之無所爲非。第書不云乎：『享多儀，儀不及物。』吾體未羸，無藉於參。故稱量之，則已受汝儀矣，奚必及物耶？」

今上在藩邸時，聞公講生民休戚、歷朝治亂尤悉。既即位，凡所陳奏，無不張施。公自知道可大行，輔志弊謀，如恐不及。乾隆元年，首陳除開懇、省刑罰兩疏，其他語秘，外不盡知。然公已七十二歲，鬢頹禿且盡。天子恐用公晚，一切大事，虛己諮詢。公亦忘身殉國，竭罴罴之思，卒以成疾，輔新君九閱月而薨。其遺表曰：「臣遭盛世，入綸扉，既老且疾，口垂閉矣。伏念國家萬事根本，君心所重者，理財用人而已。臣核國儲，經費綽然。後有言利之臣，倡爲加增者，幸勿聽之。至于君子小人之辨，尤易混淆。尚書『逆于汝心，遜于汝志』二語，願皇上時以爲念，則臣魂魄長逝，永無遺憾。」章上，海内傳誦之。

所著有春秋詳解、三禮纂、名臣循吏等傳。夫人陳氏，先公亡，合葬某。

銘曰：

惟天以聖清有德，篤生良弼；惟帝以聖相有庸，恩始榮終。奕奕太傅，學爲儒宗。禔躬何約，艾物何豐！孤終既協，陰陽就宫。變醨養瘠，休我王風。凡彼百工，幸幸衡衡。或才之忌，或盛名之攻。至于太傅，而曰君子，竟罔不僉同。梁木壞矣，心支明堂；舟楫朽矣，慮海波之或揚。讀公遺表，惓惓君王。身墜泉底，心立殿旁。皋謨説命，餘音琅琅。配于太廟，祀于太學。書于旗常，葬于磽确。松柏丸丸，羊虎躍躍。永峙一碑，以伉五嶽。

（袁枚小倉山房文集卷二）

大清故太子太保文華殿大學士兼吏部尚書加五級世襲騎都尉加贈太傅謚文端高安朱公墓志銘

鄂尔泰

雍正十三年八月，今上承嗣大統，首詔禮臣議行三年喪禮，是日，即降旨大學士朱軾：「老成重望，應令還朝，海塘事務另派人辦理。」蓋是歲，浙江海潮壞新舊堤，惟公撫浙時所築者不壞，世宗憲皇帝召公問所以，公對：「事難遥度，願詣浙效命。」天顔大悦，敕令督臣以下悉聽節制。公行至德州，而世宗憲皇帝賓天，訃至，公哀號，還轡奔至阜城，得召還旨。行益疾，比至京，上即命協同總理事務王大臣辦事。聖政日新，每降一詔，海宇臣民謂爲親見堯舜之盛。公以舊學重臣，日趨内庭，辰入酉退，屢陳便宜，並蒙諭旨。公故有肺疾，明年八月，疾作，上遣使存問，無虚日，既太醫奏疾亟，上方齋居，命和親王往視，賜帑金千兩，明日車駕幸賜第，公朝服俯伏卧室門内，上慰問良久，始還宫，乾隆元年九月十六日也。明日，公卒，上復親臨哭奠。傾都咸嘆，以爲皇上敬禮大臣，漢唐以來所不數見，而公生榮死哀，所以至此者，非偶然也。二年春二月，其孤必堦等，卜葬有日，將扶柩歸里，而稽首於公之同官鄂爾泰，曰：「先大夫生歷崇階，殁享美謚，所以邀福於君貺者至矣，盡矣。平生執友，乃獨無徵信之辭，不俚不諛，以照耀窀穸乎？且先大夫有約言丐，公思之。」余自始識公，即如夙好及並在政府，不以餘黷故，聲効益親相知愈悉，微是請餘，固不得辭。

公姓朱氏，諱軾，字若瞻，號可亭，江西瑞州府高安縣人。九世祖諱益，以永樂乙未進士，官刑部郎，治獄多陰德；曾祖諱崇遂，從鄒文莊公學，爲名儒；祖諱朝綬，名諸生；父諱極光，字北坡，號紫衡。明季亂後家落，而北坡長者，里中豪奪之田，衣食不贍，泊如也。公生而廣顙寬頤，既長，鬚髮特稀疏，遥睇若無。識者謂此公輔器。荀子所謂伊尹面無鬚眉者也。年二十九，以第一舉於鄉。明年甲戌成進士，授翰林院庶吉士，越六年，改知潛江縣事。潛江，楚劇邑，民澆吏黠，俗敝賦繁，公至，下免耗之，令正供外，一無所取，而用法平允，不以威刦，士民懷之。乙酉内遷刑部主事，三遷至郎中西曹，故先世舊職，用恢祖德，以清恕聞。己丑，公分校禮闈，旋視陜西學政，期年，教化大行，科臣以細故劾免公，群士譁然，如失嚴師慈母。而輿論迄聞於朝，尋奉特旨，領職如故。當是時，聖祖皇帝休養生息，垂五十年，海内殷富，江湖寬深，藏疾納垢，有貪夫墨吏幸脱堯誅，而公獨危苦，凌兢屹然有立，凡公所以受知三朝，出入貴重，蓋自作宦於秦楚之間始也。丁酉春，由奉天尹開府兩浙，吴越俗尚豐靡，初不喜公簡肅，久乃便之，三年無不歌且泣者。北門榷權税吏，素苛碎病行者，公主之，莫敢獰争，而課亦裕。敷文書院，故萬松書院也。士經公指授，取科名成仕宦者，多有聲績可紀。庚子冬，擢都察院左都御史，明年，散賑關西，全活甚衆。雍正元年，以本官兼吏部尚書，四月，偕桐城張公，典順天鄉試，榜揭，加太子太保，晉太子太傅。自是，屢典試事。三年，授文華殿大學士。先是，辛丑三月，丁父艱，懇請終制，章七上，語特酸痛，悉荷温旨慰留。乙巳，母冷氏殁，世宗稔公篤孝，特許解任歸葬，賜錢二百萬，在官以素服從事，一切朝會祭祀不與，成公志也。

公之爲相也，遭遇世宗皇帝，聰明神武，求治方殷，六服承流，百廢具舉，而公以舂容静重，多所補益，仍粥粥若無能，先帝以是益重之。會怡賢親王句當水利營田，公副其事，仍内領閣部如故。未幾，公疾作，往往而劇，然卒感先帝恩，輒强起。庚戌，兼任兵部尚書。癸丑，署翰林院掌院學士。皆力疾，自效其樸，忠率如此。公卒之前，七月，禮部會試屆期，偕余及邵侍郎基、張侍郎廷璐典試事。既撤棘，復偕纂修三禮，總裁臨事，據案猶矻矻不倦，而疾已沈痼，竟不起，年七十有二。

上既臨哭之，翌日，家人以遺疏上，詔曰：

朱軾品端學正，爲聖祖簡用之人，皇考眷注有加。朕自幼讀書宫中，常聞講論。昨聞抱恙沈篤，朕往看視，尚冀痊可，今聞溘逝，深爲震悼，特命輟朝一日，親臨哭奠，賜内帑金經理喪事。兹覽遺疏，具見忠悃，著加贈太傅，入祀賢良祠。

柩臨發，復詔沿途文武官，郊奠二十里，絡繹護送，中外榮之。

公性約素，介然如律僧，而不爲遷曲，識大體。著述累若干卷，自具先人家法，不以田宅繫意，而公愈益推讓，顧賜金優渥，家亦不貧，是足以寤世之貪冒苟得，與夫捷給偷惰而不瘁心力以任職者。

公曾祖以下，並以公貴，誥贈如其官。曾祖妣王氏、李氏，祖妣張氏、孫氏，妣冷氏，俱贈一品夫人。元配陳氏，誥贈一品夫人，繼室毛氏，並先殁。子三。長即必堦，通政司右通政。次瑆，翰林院庶吉士。淑人謝氏生。又次必坦，舉人，世襲騎都尉，恭人陳氏生。女五人，孫五人，孫女三人，曾孫咸淳。

銘曰：

亭亭豫章，爲國棟梁。懷文抱質，作式岩廊。

出仗乃節，入平乃衡，休休斷斷，惟忠惟清。

不翼而飛，匪根以固，名挾道垂，此焉寧處。

時乾隆二年季冬月吉旦，總理事務少保、保和殿大學士、總理兵部事、世襲一等子、軍功加九級、又加三級鄂爾泰撰。

（李桓國朝耆獻類征初編卷十三朱軾，參校高安朱氏通志所收社山朱氏宗譜）

光禄大夫太子太傅文華殿大學士兼吏部尚書加贈太傅謚文端朱公墓志銘

張廷玉

乾隆元年九月己酉，太子太傅、文華殿大學士兼吏部尚書高安朱公薨於位，上震悼輟朝，親臨其喪，命官治喪事。先三日親視其疾。蓋公勤勞中外，服官三朝，始終一節，立身俱有本末，而天子篤念舊學，恩禮之隆，近古所未有也。其喪之歸，孤必堦等以狀乞余銘，乃考次公之生平大節而誌焉。

公世爲瑞州高安人，九世祖益中以進士官刑曹，有陰德。曾祖崇以理學稱。公諱軾，字若瞻，號可亭，鄉試第一，登康熙甲戌進士。天性清介，篤經學，練世事。當聖祖仁皇帝時，由庶吉士出補潛江令，剔奸弊，興教化，陋規浮耗革除殆盡。嘗以爲邑令得人，則民安而天下治矣。民或以鬬死，上官坐爲故殺，公争之强，欲劾公。公曰：「畏劾而枉殺人，令不爲也。」卒莫能奪。入爲刑部主事，歷郎中，多所平反。有巨猾繫獄，或爲解説，謂公寬仁必得脱。公獨論如法，曰：「枉法以縱奸，吾不能也。」時有奉詔緩追逋帑者，同官急操之，欲以見才。公力持不可，事聞，由是見知。

分校禮闈出，督學三秦，倡明正學，以横渠張子「知禮成性，變化氣質」二語爲教，士大悦服，因試册至部科遲挂，吏議已遣代。秦人聚乞大吏留公，事微聞，上廷訪，僉譽公，乃緩代。由是益見知，擢光禄卿，出尹陪京，入補通政使，出撫浙江，下車即除供億浮侈，奬廉激濁，人比之張益州之於蜀。清而不苛，浙俗以變，民知儉，士知禮，昏喪賓讌有常式。筑海寧、上虞石塘，浚中小亹淤沙，海潮以無害。懲北新關蠹役，行旅得寬，慮囚平反輒數百條，每晨坐治事，至夜不倦，舞文吏無得逞者。嘗言循良之吏，曰廉，曰才，曰慈惠，曰强幹。悖此一，郡邑不可治。由此放之天下而準。故公自爲邑令，至於大府，皆兼四者。所至，士民慕德，久而不衰。

入爲左都御史，值旱，出賑畿山陝，條上六事。其一責墨吏贍飢民以贖過，而通商、截漕、募役、恤災、救疾諸條，規畫曲至。皆報可。又爲條約八事，以飭有司。自禱雨壇，倣古禬説，改祝辭，責百神以不能禦災祐民。越日，數百里同得雨。民相謂曰：「非公，吾屬溝中瘠矣。」事畢，又疏言倉儲分積糴借之法，皆報可。公惠澤及民者，所巡歷爲尤多。

當世宗憲皇帝時，由都御史擢吏部尚書，清銓籍，吏不能奸。是歲典京兆試有聲，晉階太子太傅。典癸卯、甲辰禮闈，拜文華殿大學士。在政府務爲鎮静，思仰承天子所以休惠元元，勞心求治之意，薦賢覆過，惟恐不及。時議以耗羡歸公，公言其不便。其他贊襄裨益者，不可悉數也。公素講悉畿輔水利，奏請經畫，上遂命公從怡賢親王董之，竭勞積七八載。京東廢壤引泉灌溉，多成膏腴，而漳、衛、滏陽、子牙、永定諸河上流無泛溢患。公所籌畫爲多。

雍正三年，奉使視浙江海塘，還奏稱旨。十三年，更奉使出理海塘，中途入奔世宗憲皇帝喪，而嗣天子已召公，既至京，命協同總理政務。當是時，上方紹述前徽，善政具舉。公知無不言，言無不盡。求民之瘼，而疾興利之臣；矜民之無辜，而欲除其蠹吏。上疏言有司加派，冒稱開墾，及刑官就重避輕之弊，最爲深痛，皆荷褒納。天下蒸蒸向風矣。其他嘉謨嘉猷入告者，又不可悉數也。

上方倚任公，而公疾亟，臨終上疏，曰：「惟君心萬幾根本，而理財用人，國之大政。臣閲國家賦額已足經費，儻有言利之臣倡加增説，仰祈乾斷斥絶。君子小人心術之辨，審擇而進退之，慎之又慎。此臣於垂死時，竭芻蕘之獻者也。」上覽之，爲流涕。嗚呼！公之忠愛何如哉！安社稷、庇生民之念，惓惓不忘，而初終一節。此天子所爲重悼惜公者也。

初，公内召爲都御史，迂道省父母，拜疏即行，至京師，父喪，去任，弗許，乃求效力西邊，以墨縗即戎。旋命賑山陝饑，事畢，予歸葬，家居一載。入奔聖祖仁皇帝喪。世宗憲皇帝以是知公孝。公母喪，慰諭曲至，允終制以全其志，而以素服視營田工。蓋公至性純篤，上感聖心，而蒙鑒察者如此。

公著書多，尤精於三禮，皆有疏説。始教族人輯家儀三卷，復廣二十卷。輯名臣名儒循吏傳百餘卷。自諸生至爲宰相，食不貳味，衣不鮮華，而愛國忘家，唯民生休戚是念。凡所學，必以身踐之。是以忠猷耿著，質行淳懿，出入中外四十年，爲三朝耆德。天下識與不識，皆推頌無異辭，可謂一代之偉人矣！

公生於康熙乙巳年八月十一日，享年七十有一，贈太傅，謚文端，賜金祭葬。曾祖崇、祖朝綬、父極光，皆以公貴，贈光禄大夫、太子太傅、文華殿大學士兼吏部尚書。曾祖妣李氏，祖妣張氏、孫氏，妣冷氏及公元配陳氏，俱贈一品夫人。繼室毛氏，贈淑人。子男三人：長曰必堦，通政使司右通政；次堪，翰林院庶吉士；次必坦，舉人，世襲騎都尉。女五人：一許字舉人李家駒，未婚守節；一適生員毛鴻速；一適太原縣佐昊學源；一適太學生徐天明；一適南雄府經歷嚴宗期。副室謝氏，生必堦，贈淑人。陳氏，生必坦，封恭人。

乾隆□年□月□□日，葬公於□□之原。廷玉辱公後，同在政府日久，熟知公之爲人及其勛績，而爲天下惜公。嗚呼！其可無銘也耶？銘曰：

大儒之學，堯舜君民。翼翼朱公，國之良臣。探道窮經，有蔚其文。遭遇其時，山川出雲。牧於大邦，久而見思。成政來歸，百僚之師。出入屏毗，事我三后。舊學不忘，朝夕左右。天子曰咨，予懷民恤。公則入告，去吏掊克。天子曰咨，予嘉好生。公則入告，廷尉之平。幼學壯行，公洵無愧。廉公儉讓，風於有位。昊天不吊，何不憖遺。有偉遺疏，日月並垂。帝臨公喪，涕泗汛瀾。遭逢樹立，如公乃完。謚有太常，事告之史。身乘東維，令名無已。豫江東流，穹碑巖空。於萬斯年，公之幽宮。

（张廷玉澄懷園文存卷十二）

敘交

方苞

余性鈍直，雖平生道義之友，亦多疑其迂遠不適於時用；志同而道合，無若朱公可亭者，而交期則近。雍正元年，公爲冢宰，禮先於余。是年冬，語余曰：「上將用我矣！子尚有以開予？」余曰：「某何知？」公曰：「吾知子乃鄭公孫僑、趙樂毅之匹儔也。子毋隱！」

次年二月，余請假歸葬，始以周官餘論十篇之三示公。及還，相國張公曰：「高安持子周官論至上書房手録，曰：『當吾世有此異人，而上竟不聞知，可乎？』我數以子病久痼止之。子將若何？」余急過公，正告曰：「今上信大有爲，而士大夫結習未除，凡吾所云，必君相一德，衆賢協心，然後爲之而可成，成之而可久。不然，上求以誠心而下應以苟道，民不見德，反受其殃。公志果大行，異日以告於吾君，而次第布之，不必知自僕也。」

乙巳春，公以實畿輔一篇致怡賢親王，合辭請開畿輔水利，余謂公曰：「近畿積水無歸久矣，必以數年疏決支河，俾伏秋潦漲，下流無壅，然後規下地，擇良有司，官治一區以爲民表，使民豔其利而争自營之。苟少違其節次，動必無功。」其後爲之數年，果利害相半，公由是益信余言。自是以後，凡吏疵民瘼，辨賢抑奸，胸中所知見，壹爲公盡之。且告以海内大事宜及時注措者，莫如復明初大寧三衛，兼求唐韓重華屯田故蹟，自歸化城西連三受降城，以達於寧夏，及經略苗疆，控制臺灣三事，因盡出餘論七篇，公皆慨然引爲己任。會西事方殷，度無暇部署三方，而公尋遘沈痾，久而弗瘳，嘗方疾拜賜。有旨命公毋勤，自後即有錫賚，免拜受，毋至宫門。用此不得上言。嘗告漳浦蔡聞之曰：「吾伏枕吟呻，望溪至，輒心開而氣揚。欲於天下事有所轉移支柱，微斯人莫屬。子謹志之！」聞之疾將革，猶掩涕重言以勖余。余困於憂虞，屢欲告歸，公固止之，曰：「譬如巨室虚無人，雖老疾者偃卧其中，盜賊猶有戒焉。吾輩三數人，尚可以疾自引去乎？」

及先帝登遐，今皇帝嗣位，公適奉命巡視海塘，自中途召還。時上方孜孜求治，凡民心所願，欲與善良沈抑者，數月中設張搜擢，計日無虚。衆皆謂發其端者必公，而公與余朝夕南書房，未嘗一言及此。聖孝性成，依古禮經致行三年之喪，諸王大臣屬余草具儀法。及制詔將頒，復速余赴雍和宫討論。公常左右之，惟恐余言之不盡用也。

乾隆二年，公舊疾復作。余就公榻前，相視泫然，將行，公蹶然而興，以手拄頤曰：「子所言三事及九篇之書，吾未嘗一日忘。以聖天子布德推誠，維世礪俗，謂子所云禮義之明，人材之興也有日矣，而吾將泯焉，命矣夫！子性剛而言直，吾前於衆中規子，謂子幸衰疾支離，於世無求，假而年減一紀，尚有國武子之禍。欲諸公諒子之無他，而不以世情相擬耳。賓實既沒，吾病不支，子其懼哉！」

公卒以九月十有八日。前二日，余在直房，日方晛，天氣清和，俄而陰雲起，風沙蒙霧，忽心動，曰：「公疾其變節乎！」使人問之，果然。賓實之疾之將革也亦然，相去始浹旬耳。吁，異哉！始余與公一見如久故，自戊申以後，公行步亦艱，約相送下堂盡階而止。先帝之喪，公與余同次内閣，雖入政事堂，衆既退，坐必下余，行必後余，余懼衆人之聞也，公曰：「衆争爲市道交，即此可示之以禮矣。」

余經説，公手訂者過半，嘗序周官析疑、春秋綱領二書，以示聞之曰：「周情孔思，不圖二千餘年後，乃有如親受其傳指者。吾嘗謂望溪灼見大原，學皆濟於實用，其斯以爲根柢夫！」嗚呼！公今已長逝矣！自公殁後，余行身益不敢自苟，惟公於九原之下，與余心相鑒照耳。

曩公卧病連年，每謂：「吾身後之文，子當任之。」余既序公增纂戴記，公曰：「吾於古文，未之學也，而以意爲之者，亦數十百篇，方自削斲，異日子終訂之」。及公既殁，而家人未嘗以二事屬余，故獨敘次爲交之始末，以志不忘久要之言。其平生忠孝大節，實德顯功，嘉言懿行，概弗著於篇。蓋公之行跡，宜列於國史，而狀與外碑壙銘已具，義不得私爲之傳云。

（方苞方苞集　集外文卷六）

皇清誥授光禄大夫太子太傅文華殿大學士兼吏部尚書加五級世襲拜他喇布勒哈番太傅文端顯考可亭府君行述〔一〕

朱必堦

嗚呼！不孝必堦等，其能述府君之行也耶？府君年逾三十，始生不孝等兄弟，又皆資性愚鈍，懵無知識，凡府君早歲讀書立品，發名成業，嘉言懿行，得於祖父母訓誨，所及者百不得一。雖從宦四方，未嘗少離，然扃户書齋，止於咿唔占畢，即昏定晨省，趨庭所聆詩書義理之訓而外，一切政事，罔敢與聞。雍正元年，不孝必堦以恩陰補授户曹，始得隨侍府君趨蹌朝宁。未幾，又以出守大名，睽違膝下六年。緣府君抱疴，蒙世宗憲皇帝天恩，召還部曹，俾得侍養。嗣是以往，昕夕相依。今歲，不孝府復蒙天恩成進士，改庶吉士，學習史館。同居子舍，府君訓誨之餘，追往道故，乃於府君行業，粗有所聞。而苫塊餘生，又復荒迷失次，豈能詳述府君之行也哉？況

〔一〕轉引自高安朱氏通志，題爲大学士朱轼行述，源自坡山朱氏宗譜。原文多處文意不通，但因是朱軾之子朱必堦所撰，史料價值高，特收録於此。對原來的分段、標點有所改動，並據朱軾文集及附録傳記資料，對文意不通處作部分訂正，其餘不通處，姑仍其舊。

府君生平，忠誠之悃，簡在三朝帝心，孝友之實，孚於鄉黨宗族，教化在學校，功德存封疆，立朝政績載在臺省，機務密勿志於綸扉，章奏録於史書，著述刊梨棗，皆無庸述，亦非不孝等所能殫述。惟是府君道德文章，勳名事業，頗爲海内所同許可。儻蒙當世大人先生有道德能文章者錫之銘，而政府所藏縣難檢閲，時地相遠，聞見參差，則不孝等所記，意雖甚簡略，猶或有取用，敢灑淚和墨述梗概焉。

府君姓朱氏，諱軾，字若瞻，號可亭。世居江西瑞州府高安縣之坡山里。十世祖雪坡公，諱益中。明永樂乙未進士，官刑部郎，不攜家累，治獄多陰德，以忠勤清白著聞。年五十，卒於京邸，隨侍惟一老僕，囑其歸語子孫世守忠孝。嗣是子姓繁衍，三傳至官一公，諱應洪。積德厲行，鄉稱長者，時群從科甲蟬聯，公益自斂，退結茅村北之艮溪家焉。又三傳至先高祖竹亭公，諱崇。遂潛心理學，從吉州鄒東郭先生講學，深明性命之理，著述甚富。萬曆季年，出粟賑饑，活數千人。巡按御史欲上其事請旌，公固辭止之。早歲艱嗣，晚乃生先曾祖斗如公，諱朝緩，暨從曾祖縉雲公，諱朝縉，皆爲邑名諸生。先曾祖，初娶曾祖母張太夫人，生先伯祖君馭公，諱輅。具雋才，有名於郡庠。早卒，生二子，亦相繼殤。後十年，繼娶曾祖母孫太夫人，始生先祖北坡公，諱極光。自高祖暨先祖三世，俱以府君貴，恭遇覃恩，誥贈光禄大夫、太子太傅、文華殿大學士兼吏部尚書。高祖妣李氏，曾祖妣張氏、孫氏，祖妣冷氏，俱誥贈一品夫人。先祖生丈夫子四，長即府君也。

府君生而洪聲廣顙，顴骨插鬢，稍長岐嶷，大口長目，步闊二尺，見者已知爲非常人。讀書日數千言，弱冠盡通九經子史百家之説。先世家業頗豐，自先曾祖暨先祖兩世早孤，無大功以上親，遺田數頃，屋數十楹，虎鬮者競侵攫瓜裂過半，田去賦存，積逋累累，售所餘産以償，家業大落。先祖與先祖母冷太夫人，躬親操作，黽勉拄指。府君授徒家塾，資脯脩以給甘旨，供膏火。蝸廬解舍，韋帶褐衣，泊然自處，日贊研於完編亞簡中，歌聲出金石，識者謂有先憂後樂氣象，咸以遠大相期。

丁卯，補弟子員，試輒冠其儕伍。於時，場屋之文趨尚平易，講墨裁者，拘謹束縛，尺寸不得逾，若韓蘇大家海湧山矗之篇，與有司之尺度若馬牛其風。老師宿儒相戒爲厲禁，府君弗顧也。癸酉入闈，每題灑灑千言，摇筆淩紙，騰天躍淵，見者咋舌驚歎，謂真才子古文，然難爲識者。榜發，竟首領鄉薦，主司爲翰林宋公諱大業，部郎王公諱可大，咸有國士之目。宋公爲大學士文恪公諱德宜子，既相見歡異，曰：「河目海口，惟吾先公，今子繼之矣。」明年甲戌歲，聯捷禮闈。座主爲大學士孝感熊文端公諱賜履，尚書秀水杜公諱臻，侍郎後陞尚書錢塘徐公諱潮，漢軍侍郎王公諱維珍，閲府君卷，有「江深五里，海深十里」之評。本房沈公諱宸垣，尤聲賞動容，嗟歎謂陸贄、歐陽脩復出。蓋府君蓄道秉德，含經茹史，故能見光華於文章，而數鉅公神識，早於場屋尺幅間遇之也。殿試，賜進士出身，改授翰林院庶吉士，學習國書。府君勤勤懇懇，手胝口沫，晝夜不懈，人咸哂爲迂。府君謂翰林撰述，必滿漢文貫通，若任部院官則閲滿文尤明晰，蓋政事文學早已自許矣。丁丑散館，御試習清書者兼試漢文。卷窄而文繁，有倡言清文不必兼漢字底稿者，府君從其言。卷進呈，則清書無漢文底者，俱爲違式，以知縣補用。

庚辰，謁選得湖廣潛江縣，迎養先祖暨先祖母於署。潛江澤國，俗敞賦繁，黠吏干没，出入輕重任意。府君精强仁恕，通曉吏事，兼其弊蠹剔殆盡。復下免耗之令，正供外無絲毫多取。自甘粗糲，先嫡母陳太夫人躬紡績爲助，衙署蕭然，如諸生時。判牘如流，按事摘伏，洞中肌理，猾胥多遁去。邑有人命案，實係鬬毆致死，府君據情審擬。時湖北巡撫缺員，署事爲總督喻公，疑爲故殺，駁飭覆審。府君仍照原詳以覆，再駁再覆如初詳。喻公調府君至省城詰責，謂：「爾如此執拗，豈吾所見不爾若耶！」府君和顔以對，言：「獄貴初招，今所據，乃初審之辭。公所據者，訟師所教唆，反覆遁辭耳，故未敢曲從也。」喻公怒訶曰：「爾猶執己見，吾不能劾爾耶！」府君笑曰：「故殺罪不赦，畏參劾而枉殺人，令不爲也。」拂袖徑出。喻公怒甚，即擬具劾疏，其幕友以爲令詞直，不當劾，相持久之。新巡撫劉公諱殿衡至，喻公相見，即述府君事，商酌劾疏。劉公曰：「吾在京師，即聞朱令賢，信如公言，真賢令也。當共列薦牌，奈何劾之？」喻公意解，事乃已。府君政聲益高，逾年困者甦，悍者訓，法立而人不犯，囹圄爲虚，教化大行。初，潛江文風靡弊，鄉會試中式者，寥落無幾人，府君召生童校試，拔其秀發者十數人，月加課試，指書口授，接待優渥，邑子弟見而羡之，争自濯磨，蒸蒸丕變，曩所拔者，次弟掇巍科。數十年來，科名鼎盛，論者謂與文翁化蜀比烈焉。府君留心吏治，嘗謂：「邑盡行賢宰，則人主可無爲而治。」又謂：「吏者莅也，爲天子莅此民也。自牧伯監尹下逮一州一邑之長，統謂之吏，吏得其人則民安，民安而天下治矣。曰廉、曰才、曰慈惠、曰强幹，舍四者不得爲循良。詩云：『不竞不絿，不剛不柔。』敷政優優由乎此，則放之天下而準。悖乎此，雖一郡一邑不可得而治。」故府君在潛江披郤導窾，遊刃有餘。黄霸之節用殖財，尹翁歸之置籍詰奸，張敞之經術自輔，實兼用之。後此之監牧方州，鈞衡國是，皆自此見其端也。

乙酉，例當行取，府君被薦入都，士民攀戀環泣，走送數百里。是年授刑部主事。丙戌，陞本部員外郎。丁亥，陞本部郎中。部中堂司多員，異同莫適，爲主吏緣爲奸，撓正掣肘。膺斯職者多婞婀因循，以傳舍視其官，否則深文以避咎。府君慨然曰：「吾正患心未盡理不足耳，何衆論之惑？」每遇聽獄，必諦審原委，詳悉舊案，比合律例，折以情理之中，多所平反。時有巨猾佘姓繫獄，有力者代爲營救，謂府君寬仁，必脱之。府君獨持法論不貸，衆撼以危言，府君曰：「吾識早定，豈以勢利奪耶！」卒論如律。公庫借逋，已奉恩旨寬追呼。有欲以掊克見才者，誅求甚急。府君與同官李君陳常，力持不可，争月餘，卒如府君議。府君受聖祖仁皇帝特達之知，實自此起。凡内外大獄，悉令裁決。

己丑會試，充同考官分閲禮記房，得士二十二人，授翰林院庶吉士者七人，其未與館選者，若韓君孝嗣、閻君詠等，皆宿學有才望。未出闈，即奉命提督陝西學政。府君念秦地古多賢哲，而欲誘掖後學，使塗徑易循，莫如宋横渠先生之教，乃刊録張子全書，每對諸生標闡開示，謂：「言性言命，心玩之，必身體之。張子生平宗旨，在於知禮成性，變化氣質，此尤契緊爲人處。」諸生聞之，莫不悚然立志，關中正學豁然大明。至於頒條教、振文風、除弊竇、減供應、培士氣而協人心，秦中士夫尸祝俎豆者，壤相接，咸震服，謂自楊文襄三督陝學以來，未有盛於府君者，然在府君適行所無事而已。舊時陋例，歲試册報部科，並有册費。府君不名一錢，費無所出，以册發鋪司處。至京師，部科吏胥駭異，怒不收，沈擱逾兩月。禮科劾府君造册遲延，下部察議，部覆降二級調用。旋命翰林院檢討潘君從律往代。時府君科試尚有二府未及按臨，録遺甫竣，而部文適至，遂謝事治任將歸。比鄉試，首場點名散卷訖，士子七千餘人，齊詣至公堂，跽具公呈，言學使朱公至清至明，今以造册遲延細故解任，諸生失此宗師，無所景仰。懇請疏留，始終教化。監臨者斥使各歸號舍，諸生堅跪不散。復勸諭逾時，衆語益嘩，知勢不可奪，乃紿曰：「爾等論誠公，但考場中例不奏他事，俟出闈，當爲爾等入告。」衆始散。比揭曉，監臨者亦不復奏。然有以其事上聞者，具言府君居官謹慎，操守清廉。聖祖特旨下其語問九卿。刑部尚書韓城張公首昌言：「朱學使公明之頌，實屬空前絶後，衆論皆同。」次日，覆奏，言：「朱某居官誠爲謹慎，操守誠爲清廉。臣等所聞皆與諭旨相合。」於是，聖祖特降旨，令府君照舊考試竣事。時代者已至秦，坐觀府君校試。秦士歡欣鼓舞，以爲古未有也。

壬辰春，歸里，召親好，道故歡。竭積歲俸入之餘，葺家祠，置祭田，擇族中賢者董厥事。詳考世係，續纂家乘，千支萬派，條析而縷貫。捐資付梓，用以敬宗收族。與群從子姓談論，諄諄以忠孝、敦睦、儉勤爲要務。

是歲考察學使，例舉一二員内陞九卿，首舉府君。奉旨：「朱軾著内升。」癸巳，補光禄寺少卿，良醖大官諸署，句稽井井而不爲苛刻，祭祀所需品物，必誠必敬。

乙未，超四級，特簡奉天府尹。部京鎖鑰，北陲龍首鐵嶺、幹羅、鳳凰城諸處，皆與外藩壤地相錯，府君以静重鎮之。其地水泉甘美，土脉膏腴，雉、兔、魚、鹿、果、蔬、五穀之屬豐茂蔚起，甲於天下。府君益以禮義教習旗民，風俗淳茂，有無相通，行者不賫糧，宛然太古之遺。然五方趨利者輻湊，漸啓澆漓。府君察流寓之奸黠者驅懲之，土著之醇樸者奬勵之，民益以和樂。其地井疆向來未甚清晰，民所種地苦豪族兼併，府君畫一清釐，强禦屏蹟，愿者咸得各守世業。丙申，陞通政使司通政使。府君在任僅五月，銀臺清簡，公餘多暇。惟九卿會議必虚心商酌，不激不隨，同僚欽服，每發一議，衆皆樂從，清節碩望隱然爲朝宁冠冕。

聖祖仁皇帝每與群臣論大臣中人品，指數某某爲最，則府君必與焉。會丁酉春，浙江巡撫缺出，不俟廷推，特旨命府君前往節鉞。未臨，浙中皆想望風采。比下車，以澄清吏治、維持風俗爲急務。謂：「察吏莫先於獎廉懲貪，而風俗必要於去奢崇儉，二端皆身自表率之首。」下令蠲除巡撫衙門一切供億陋規，身衣疏粗，出入儀從減去大半，飭院吏無得曳紈綺，闔屬凜然，不待苗剃髮節，而已望風易轍。郡邑長吏有循聲者，輒爲優獎，其最者即列薦章間。以敗檢聞，召而訓誡之，不悛乃參劾，不少寬假。寬嚴並濟，彰癉無私，吏皆奉法。浙俗婚嫁競尚侈靡，至鬻田舍，有一經嫁娶而饔飧不給者。其下貧户，每過期無偶。府君酌豐儉之宜，立之程，檄各屬遵守。嗣是貧富不相耀里黨，賓臘燕會止五簋，俱有常品，毋羅設珍饌。行既久，民甚便之，曰：「公教我儉也。」又念國奢則示之以儉，國儉則示之以禮，浙江多明禮君子，近世若陸當湖、朱竹垞、毛大可、柴虎臣、萬充宗昆季諸公，皆深於三禮之學，制節謹度。觀其會通而江河日下，鄉先正莫能免，匪守土之責而何？乃取舊所刻家儀三卷，益以士相見、鄉飲酒禮，共二十卷，刊而布之。其書以朱子家禮爲綱，以儀禮爲緯，旁采杜岐國通典、丘文莊儀節、徐健庵讀禮通考，凡近儒論説，於禮少有發明者，悉爲采入，謂是書務矯時弊，力崇古道。然古禮有必不可行，近俗有不可廢，斟酌損益，期於盡善，端教化，厚人心，不遷就以隨時，不迂闊以戾俗。書成，浙之士大夫莫不承式。幕中未嘗延賓佐，每蚤起，坐治事堂中，手書口答，五官並用，鈴柝沉沉，炳燭不倦。稽核簿籍，刊削闒冗，老吏悉就絛鏇，無敢舞文以逞。而尤慎於刑獄廷讞，慮囚亭疑，閲實平反輒百餘條。與兩司道府論某獄情實，某獄誣枉，條舉姓名，訟牒銖黍不遺。搜隱摘伏，若龜卜數計，屬吏咸驚以爲神。浙西瀕海，潮汛爲患，自府君經營慘淡，堤塘堅固，至今無恙。後來相度海塘大臣，咸稱爲府君至誠所感云。北新關爲猾胥淵藪，每貨舫至，邏者猙獰林立，括責無已。府君爬搔鉤剔。抵其隙，删其蠹。肩挑負販及行李衣箱，俱不得開視課裕，商樂而行者不病。浙江舊有萬松書院，爲全省士子肄業之地。府君特加修理，因觀風考試，拔士之好學能文者俾入書院。頒廢教條，詳加勸勉，每月數至講堂，諭令讀書立品，至於文藝。公事之餘，丹黄甲乙，董勸並行，多士奮興。是年，庚子鄉試榜發，皆名諸生，而書院尤盛。

冬十有一月，府君奉特旨内陞都察院左都御史。府君念先祖及先祖母多病，奏請繞道歸省。或言君命召，不俟駕迂道，恐須候旨，府君言：「聖主孝治天下，必無他慮。」拜疏即行。十二月到家，先祖扶病起，作細楷字如常。先祖母亦相顧色喜。病差減，徬徨十餘日，先祖强進飲食，語府君曰：「爾受聖恩至矣，以吾故留戀不去，將使吾益病。脱未愈，若可不去乎？」府君請少緩，先祖怒廢食，不得已涕淚辭行。

明年三月十九日，先祖訃至京邸，府君一慟幾絶，咯血不止，勺飲不入口者三日。時值萬壽聖節，丁優疏不得上，至二十九日吏部始奏聞，照例解任丁憂。四月初一日，閣票依議。初三日，聖祖仁皇帝折本未下。初五日，内閣啓奏，奉旨在任守制。至府君聞命，病加劇，頭暈嗽不止，日進粥半甌，形骸骨立。初九日，乃上疏請終制，言：

臣蒙皇上超擢，由知縣累陞今職，遭遇之隆，無以復加，捐糜頂踵，未由仰報。詎意臣父朱極光，于本年二月十一日在籍病故，隨經報部具題，奉旨：『朱軾著在任守制，欽此。』臣聞命感愴涕零，何敢復有推諉，上瀆宸聰。但臣父素以忠孝大義教臣，居官稍有過失，必嚴加呵斥。即兩次外任迎請到署，數日輒回，不欲以甘旨累臣。臣實未嘗稍盡子道，聞訃驚悸，哀難自已。伏思皇上孝治天下，萬國臣民共沐至德要道之化。臣亦人子，若戀職留京，竟不躬親喪葬，此心何以即安？臣累任内外，克業自持，未嘗偷閒一日。況今身列正卿，異寵逾量，豈敢借名圖安？惟是父子天性，痛楚難忍。兼以臣母冷氏，年近八旬，病在床褥，臣心更加淒切。今卧病苦塊，奄奄一息，即使就職辦事，必致墮廢官守。君親兩負，何以爲人？伏乞皇上憫臣苦衷，恩准回籍守制。生死銜結，儻餘生不填溝壑，服闋後星馳赴闕，勉竭駑駘，圖報涓埃。臣荒迷失次，冒昧陳情，伏乞皇上睿鑒施行。

尋奉旨：「已有旨了，該部知道。」十九日再疏，懇請終制。通政司收送内閣，閣臣謂：「既已有旨，不便再奏。」將本發還。

府君徬徨晝夜，益加哀楚，雖戚黨百方勸譬，莫能寬解。自惟既不能奔喪，惟有請赴軍前效力，可以墨縗從事。府君遂於五月初六日，具疏請假葬親，並往軍前效力，言：

臣蒙皇上隆恩，由縣令累陞至左都御史，俱系越等超擢，非臣意料所及，是以每聞寵命，慚懼交並，自責自訟，以無能仰報爲恨。今遭父喪，又蒙皇上著臣在任守，臣自揣庸劣，久應罷斥。皇上所以留臣，亦以驅策有年，不忍令臣外去耳。臣乃顧惜私情，不知感恩留戀，有人心者必不出此。惟是臣父自幼而孤，顛連困苦，育産庸書，延師教臣。及臣仕，又恐以甘旨累臣，不肯就養。臨終囑臣母，戒臣毋得哀毁，服闋務須竭忠報國，言至再三，更不他及。是臣父教臣以義，督臣以忠，惟恐臣曠職負恩，焦心勞思於臣之一身一官者數十餘年，以至於死。臣苦塊哀慕，追念平生，推心刺骨，無以自解。臣母冷氏又遣家人語臣，謂亡父停棺待葬，病母忍死待訣。語語傷心。方切犬馬之戀，又索烏鳥之私，輾轉躊躇，不知所措。伏思人臣事主，義不顧家，然必實能出纖毫之力，效尺寸之長，方謂移孝作忠。若臣碌碌無能，素餐尸位，身雖在官，於國何補。頃者，西陲小丑犯順，普天同仇。賴皇上聖謨廣運，天威遠震，西藏永清，犁庭在即，臣子盡瘁爲國，無過於是。臣聞父訃，哀痛昏迷，卧病咯血，自分將填溝壑，無能上報聖恩。今服藥調治，醫家謂月餘可愈。雖駑弱不能執鋭行間，而押運糧餉，會計出納，猶堪稍效微勞。但臣父喪，不獲憑棺一哭，送骨歸土，未免掛牽迷亂，冒懇皇仁，給假數月，臣歸家營葬臣父，並慰臣母，束裝完畢，即馳赴軍前。聽臣以金革之事，暫釋喪服，回日按期追補。庶子情少伸，得以安心效力，上報聖恩，下成父志。臣父有知，亦含笑於九原之下矣。儻戀職留京，安享高位，有玷臣職，益虧子道。皇上即不責臣，臣心無以自安。伏懇皇上允臣所請，俾得稍紓忠悃，兼遂私情，子子孫孫，銜結無既。伏乞皇上睿鑒施行。

疏送通政司，因有「軍前效力」字樣，收送内閣。閣臣云：「要效力，自具劄奏。」原本仍封還。府君憂痛日甚。初十日，又以「懇賜給假葬親，並請軍前效力」等事具題，通政司不收。二十日，乃更定原本繕劄子，遣家人賫赴熱河進奏。奉旨交内閣，閣票未上，已奉聖諭差往山陜賑濟，言「左都御史朱軾丁憂，因伊前任浙江巡撫時居官好，著在任守制。今伊奏請往軍前效力，伊係讀書之人，往軍前如何效力，似這等處該去效力」等語，閣臣行知到京。

六月初九日，府君扶病起程往山西，病勢日甚，更兼洩瀉，日行百餘里，中夜哀號不止，幾瀕於危。二十二日至平遥縣。暫住，疾稍差。閏六月初三日，至平陽府，疾漸愈。籌所以活饑民者，日夜無停晷。十一日，繕疏陳賑濟事宜，言：

五省遇遭亢旱，大沛洪仁，屢加軫恤，每讀上諭，凡有人心者，無不感激泣下。今奉旨發帑金五十萬兩，差臣與光禄寺卿臣盧詢分往山陜二省，勸糶給賑。六月初十日領銀釘鞘，隨督同司官分押前往。除山西被旱情形及賑恤事宜，容臣至彼細察具奏外，所有一得愚見，謹臚列，爲我皇上陳之：

一、設官原以爲民，安民必先察吏。伏讀上諭，地方官不切實留心爲民，設法料理，以致百姓流離。聖明洞鑒，無微不照。臣請嚴飭督撫正己率屬，司道以下有貪污庸劣之員，立即題參究擬，仍令養活饑民，以貸其死。其或平日不留心民瘼，而惡跡尚未昭彰者，亦令養活饑民，從寬暫留，以策後效。如督撫徇庇不行查參，經科道風聞糾劾，一併治罪。其有實心愛民，設法賑救者，即予加等優敘。

一、西北人民素稱善賈，宜令富户出銀，協同慣商運販糧食。河南、山東商人通於江南，山陝商人通於河南，循環往來，源源不絶。如有地棍敢於遏糶者，從重治罪。仍令沿途文武官撥兵役防護，毋令疏虞。其淮安、風陽等關，遇有米船立即放行，應納課鈔，暫行停征半年，亦斷不致缺額。其地方紳士願捐銀米賑饑者，具呈督撫隨收隨題，按所捐多寡，從優議敘，遇缺即用。富民願捐者，並請破格旌獎以示鼓勵。

一、救荒莫如平糶。前九卿議截留漕糧二十萬石，於豫省備用。奉旨依議，欽遵在案。今請再截二十萬石，於河北三府地方平糶，聽山陝民人搬運。所收米價仍發河南買米，分年搭運以補漕項。再，查京倉有遠年挽雜浥爛之米，八旗官兵既不願領，積久將成土灰，殊爲可惜。請飭令直隸總督，運往米價稍昂之真定等府，分别米色高下，減價平糶。不特畿輔蒙恩，即附近之太原、遼州等處，亦得就便糴買。

一、各省州縣驛站夫，大半虛名侵冒，實在供役者不過十之二三。遇有大差，即令夫頭雇募民夫應用。今宜嚴行督撫逐一確查，除已往不究外，飭令照依定額，召募本地年力壯健之民，按名補實，一人受募，即可全活一家，而流移失業之民，亦不至生事犯法矣。一饑民間有轉徙者，原欲覓食求生。乃各省地方官，惟恐多人耗食，驅逐不容，進退維谷，勢無生理。宜令所在官司隨便安插，或令庸工度日，或給值墾荒。其有地方捐資養贍，全活多人者，督撫核實題薦，則覓食窮民所往無非樂土矣。

一、饑民群聚，穢氣蒸發，每成疫癘。宜通行各省郡縣，選委佐貳首領等官，於市城空閑處所，各設立蓬廠，延醫診治。正印官捐俸，修合丸散廣施，庶未病者不至沾染，已病者可望生全。

等因，奉旨下九卿詹事、科道，會同速議，並照所請覆准府君。羽檄飛馳，移諮户部及山陝、河南、直隸各督撫，迅速遵行。

復念久旱不雨，即加賑濟，而農事無望，終非長策，民心仍皇皇無定。二十五日，竭誠齋戒祭城隍神，以祈甘雨。其辭曰：

我皇上痌瘝一體，切己饑己溺之思，凡爲小民衣食計者，至周且悉。乃不肖有司不以民生爲意，如常平積貯，本爲備荒，日削月侵，徒填溪壑，窮黎不得沾升斗之惠。此民怨所以騰天，心所以怒災祲之降，未必不由於是。顧吾民，天子之民，怒有司而災及民，於有司乎何損？且百神奉天以左右民，猶有司之於君也。禦災悍患之謂何？民饑而不能爲之所，其異於有司之漠視不救者幾何？使者身在草土之中，一息僅存。驚聞詔命，扶病冒暑，疾驅而來，縱德薄不足昭格，而區區一念之誠，當亦神祇所共鑒也。況聖天子詔書憯切，悲憫有加，亦既動天地泣鬼神矣！神而未之知也，何以爲神？其知之也，何以旱暵如故？今夏已過半，一望如焚，種者未折，生者待枯，未種者尚十之八九，斯時不雨，夫復何望？伏乞明神大顯威靈，告之。皇天后土，乞之海若河伯，甘霖立沛，原隰均沾。庶民生有賴，而神功與帝德俱永矣！惟神有靈，尚克鑒之。

越一日，二十七、八兩日，大雨如注，四郊沾足。差役四路查看，則數百里内同時得雨。閏六月初二、初三，復連日大雨。乃具奏情形，聖心慰悦。時山西巡撫、司道、府州縣等官，見府君至誠懇切，人人感動，争先效力。

府君猶恐賑之不善，特頒散賑條約，榜示各府州縣，言：

本都院奉命糶賑，任大責重，自顧才識短淺，絶無長策。所賴地方守令及遴委賢員，虚心實政，設措於無可設措之中。紳士耆老，亦各廑念梓里，協力匡襄。庶幾救得一分，便是一分，矧上下同心，官民一體，未必不感召和氣立致豐亨也。至勸糴散賑事宜，亦須佈置於事先，乃不周章于臨時，謹率所見條列於後：

一、各州縣本官，未必能得民情，又久爲蠹胥把持，難於杜弊。勸糴散賑，必須另選廉能官聲望最優者，每縣各一員，會同部院官往來稽察，庶無侵冒。本都院亦隨處察覆，以杜徇隱。

一、本都院及部院官，奉差出京賫數月行，糧薪蔬等項，俱照時價現買。今委用各員，亦宜潔己奉公，俱各自備盤費，不得擾累地方。如有故違，許地方官據實詳報。儻敢徇隱，一併參處。若能實心辦事，設法周詳，著有成效，事竣核實題敘，斷不食言。

一、奉旨勸糴，並非强糴。該州縣官協同委官，親至民間，先持名貼，敦請地方紳士耆老，並傳集保甲人等，多方勸諭，務令勇躍出糶，查明優獎。

一、糴米三四五石者，就近送至散賑處所。十石以上者，地方官差人搬運。數十石以上者，令附近饑民就便領賑。俱委監督，眼同念明，給價不得扣克分釐，致幹參處。

一、散賑全憑清册，務使民沾實惠。儻有里甲胥役，任意增減户口，以致冒濫遺漏，本官不能覺察，一經訪聞，官參役處。

一、州縣先期立局，大縣六七處，小縣四五處。或就寺廟之便，或另搭蓬廠，俱擇於道里適中之地，庶免饑民匍匐遠行。

一、各州縣先期刊刷小票，照册填明，某户大口幾名，小口幾名，一一用印給發，至期驗票給米。如有吏役需索票錢者，立斃杖下。其老幼孤寡不能赴領者，許親人執票代領。

一、各州縣官查造饑民户口完畢，於五日前即大張告示，某鄉於某日賑濟，風雨無阻，免使饑民守候。

一、赴局領賑，挨户唱名。局開兩門，一邊點進給米，一邊領出，毋得擁擠，反致遲誤。

一、散賑日，地方官捐米煮粥，務要潔淨。至期，州縣官親自嘗驗。發米後，每一饑民給粥一大碗，弗使枵腹而返。如天熱不便煮粥，每人給錢五文。

一、領米人在途，儻有强暴搶奪者，立即追擒杖斃。

條約既頒，群情益加感動。府君又念人民衆多，銀米有限，而秋成尚遠，作何接濟？復具劄子，請銀兼收，並開常平事例，言：

秋禾成熟在八月中旬，饑民尚有兩月乏食，必得接濟續賑，庶少紓皇上宵旰之憂。現在撫臣蘇克濟及地方官捐銀十萬餘兩，又勸諭富民零星捐銀約三萬兩，尚恐未足。臣前經奏請，有願捐銀米賑饑者，督撫題請議敘。今九卿議覆「地方紳士富户，並内外現任官員，有願捐米者，照數收納，該督撫題明諮部即用、即升」等語。奉旨：依議速行。臣思願捐議敘之員，必令捐米，恐因挽運艱難，未免觀望不前。應請銀米兼收，庶捐者踴躍争先。再，晋省太原等府，積貯俱虚，可否於各州縣暫開常平倉事例，止捐貢監生及七八品頂帶，俱照時價捐納米麥，限半年停止。其秋收後所捐者，積儲備用。

奉旨照年請行，於是銀米充足。

府君仍晝夜籌畫，凡有益於賑務者，無不周到。如諮鄰省督撫禁止遏糴，行府縣設法勸賑，嚴禁私派陋規、採訪饑民中山林隱逸、孝子順孫、節烈婦女，照例請旌。未賑者，飭令補賑，已賑者，飭令續賑。飭借官錢資給民人牛種，勸緩追索私逋，以紓民力。賑務既完，勸諭富民積穀，莫不以至誠惻怛之詞，廣宣切諭，每牌檄所至，觀者色動神飛，有泣下謂：「天子遣此大賢，活我晋人，非得公則僵殍盈野矣！」府君又念捐納非久行之法，原奏暫行即止。時届八月，即上疏停止。

又慮積貯多有名無實，非盡發其弊，上達天聽，嚴立章程，終無實濟。因具疏上言：

旱澇乃氣數之偶然，可恃無恐，惟在積貯之素裕，則歲不能災。即如山、陝二省，盡發本處倉儲，復大沛，皇仁，撥截漕糧及鄰省鄰府米數十萬石，又兩次發内帑銀一百萬兩，始得措置安全。向使每縣各有積貯萬餘石，何至煩聖主宵旰之慮。

伏查錢糧遞年支解，查核猶易，米穀存倉，必待賑荒乃發。又有多方名色，可以支飾。是以州縣虧空錢糧者猶少，若倉儲虚耗，則在在不免。甚有變賣倉穀，彌補庫項者。監司、郡守一任朦弊，不知錢糧參後追完，於國帑無損，倉儲關繫民命。一有虧缺，爲害匪輕。今不肖有司任意侵那，一經報災，或稱平糶，或稱借貸，或稱煮粥，早已冒銷過半，迨至奉文發賑，計口授食，則又以少報多，籍賑恤之曠典，爲彌縫之便計，令嗷嗷待哺之民，流離轉徙。即大吏查參，明正典刑，何足贖溝中之瘠？臣請飭行各省督撫，逐一細察，某縣虧空某項倉糧若干，核實造册報部。大縣空三千石以下，小縣空二千石以下，勒令補還。二年不完，即行參革追補。督撫道府隱徇者，一經發覺，責令賠還。

再，出陳易新，本屬良法。詎今有司，因以爲利，或按里借派，或抑勒富户領放。不獨米色紅朽不堪，且胥吏從中作弊，攙和糠秕灰土。迨至還倉，窮鄉小民崎嶇數十百里，擔負運送倉敖。奸胥又多方措索，不遂所欲，經月不收。收則淋尖踢斛，狼籍無算。如遇小歉價貴，則官自出糶，秋收派押買補價銀，十無二三，仍不免交納措勒浮滿之苦。是小民不受儲積之利，反受儲積無窮之害也。

臣思出易既所不免，欲不累民，莫如擇地分貯，或商賈叢集之市，或居民稠密之鄉，每縣分貯二三處。鎮市利於糶，鄉村利於借。糶則少減時價，秋成即於本市買補，買價之賤，可償賣價之減。借則里民就近出納，既無挽運之苦，又嚴革攙和勒索等弊，未有不欣然樂從者矣。其貯在州縣本倉者，即於坊郭糶借，如不足出三之數，將所屬一年應發俸工，悉以谷易銀，但使凶豐一例，誰不樂受？如此出易，則民無苦累，而倉儲亦不至腐朽。等因，旋奉旨頒行直省。事竣覆命，九月二十三日到京。聞聖駕由熱河回鑾，即趨詣密雲接駕。至十月十一日，以解任、借帑、效力河工、因便葬親等事繕劄親賫至暢春苑，擬求面奏。門單已入，九卿大人勸阻，並奪取劄子。至十三日面奏，奉温旨慰諭，再往山西試行水利、社倉，蓋府君散賑時，曾條陳此二事也。十六日起身往山西。十一月十五日部文到晉，奉旨差往陝西，會審魏二等案。十二月十三日至西安府，入貢院住居，勉力讞決獄具。六十一年二月初九日，始自西安府扶病還京。十五日至山西蒲州地方，又以叩懇天恩，准給暫假等事，繕劄遣家人賫奏。奉旨交内閣，閣擬二票，二十七日上，皇上折本未下，二十九日内閣啓奏，奉旨：「朱軾准給假安葬伊父，事畢速行回任。該部知道。」

三月初三日接奉恩旨，即自真定府地方起身回籍，差家人賫折謝恩。星夜奔馳，至二十九日到家。將至家門，長號不已。比至先祖柩前，一慟而絶。祖母暨不孝弟兄等號呼撫摩，乃漸蘇。調理數日，神氣稍定，始經營葬事。附棺之物，必誠必信，比送殯哭泣盡哀，路人感動。咸以爲府君至性，年耆艾而孝慕不衰，世之所稀見也。虞祔禮成，體益羸，見賓客扶杖，猶不能起。疑以病具奏，展假結廬墓左，終喪而後出。

十二月上旬，忽聞聖祖仁皇帝龍馭上賓，哀慟昏迷，久而後定，垂泣諭不孝等曰：「天奪吾父，又遭扳髯之痛，降我鞠凶，何爲至此極耶？君父深恩在三之誼無殊，今老親大事粗畢，理應奔赴國喪，不能復守五墓，汝曹勉之。春秋祭祀必誠，毋使我遺恨於外也。」即日拜辭祖靈，輕裝就道。星馳至京，叩謁梓宫，哀慟尤劇。僚友見府君毁瘠，莫不勸諭。恭逢世宗憲皇帝嗣統，孜孜求治，每遇國家大政及進退人材，必特命府君與王大臣參議，日無寧晷。

歲癸卯，雍正改元，三月，奉旨加吏部尚書。恩科鄉試於四月舉行。特簡府君與户部尚書今大學士桐城張公典京兆試事。五月十一日榜放，得人極盛。是日奉特旨加太子太保。十七日，又奉特旨：「國家大典，首重掄才，必主司鑒空衡平，内外廉官協心共事，加意離剔，放榜後方得士心悦服。京師首善之地，關繫尤重。朕於雍正元年特開科並廣額數，欲振興文教，俾單寒積學之士，人人自奮。今順天主考朱軾、張廷玉公慎自矢，細心搜閲，盡拔佳文，内外簾官亦能各自淬厲，屏除弊端。放榜之日，輿論翕然，朕心甚爲嘉悦。其酌加議敘，用示優獎，兼使嗣後考試官咸知激奮，以副朕興賢育才之意。欽此！」尋吏部議覆言：府君已加太子太保，應加爲太子太傅，張公加太子太保。並奉俞旨。

是年六月，爲先祖母八十正壽，府君先期乞假歸家拜慶。奉特恩俞允，又賜御書匾額、對聯、内庫銀千兩，兼珍御上藥、緞、帛等物，府君賫捧以歸。鄉閭聚觀，歎爲未見。九月回京，即奉命復同張公典恩科會試，得人益盛。

明年甲辰六月，奉旨兼理吏部尚書事務。銓曹同屬不皆久任，老吏輒藏其牘，意爲先後，衆患之莫能禁。府君諭所屬曰：「朱子謂人心須如一本清册，子當官莅事，固莫據於册也。今册多改竄，既不可信，專恃臨時查核，耳目偶遺，必受欺矣。」司屬遵諭行之，册清而銓政以肅。八月正科會試，復同張公命爲正主考，而閣學今陞總憲福公、少宰今陞尚書史公副焉。乙巳歲，奉旨補授文華殿大學士，仍兼吏部尚書。

府君感激恩遇之隆，難於報稱。日夜思所以仰裨國計民生者，間與怡賢親王籌及畿輔營田水利，以録聖主愛民求治之至意。遂合詞陳奏，蒙俞旨即行，併發帑金百萬兩爲經理之費。直隸所屬諸水，交流多至九十九道，而漳、衛、滹陽、滏沱、子牙、永定、灤、潞諸河爲之經，土性墳墟，易於淤塞，下淤則上淹，素爲民患。而趙北口東西兩淀池尤爲咽喉之地，大加修浚，則不惟無害，而溝渠澮洫可以爲利。至於近山之廢壤，引泉灌之，則與南壟方田相同。其近河沮洳之地，修築堤岸，以資蓄洩，亦可比南方湖田。民不知耕，皆成棄壤。府君積年籌之甚熟，既與怡賢親王共主其事，遂畫定章程，分任人員，大加經理水利之法，則人夫工價、土方、丈量、天秤、水線、水準、散籌、收籌、測深用夯、卯期笄工，莫不井井。營田之法，首重溝渠廣深，相地分爲三等，蹴泉源，鑿陂塘，收攝行潦，築壩安閘，製造人、牛、風、水等車，無不全備，殫精竭誠，心力交瘁。

適乙巳秋間，浙江海潮泛溢，沖壞塘身，損傷人民廬舍。上以府君向任巡撫，修治有方，從無潮患，特命府君往浙江，會同撫臣查勘修理。尋具疏題云云。奉旨下部議覆，悉如府君所奏。府君還朝，面陳海塘形勢，修治大要。天語諮賞，委任益深。適丙午春，先祖母在籍病歿，家訃未至，而巡撫已具疏報聞。奉特旨傳諭吏部通政司及府君在京家屬，不得以伊母訃告知朱軾：「彼性至孝，今在營田水利工所，傍無親切之人，若驟聞此信，必致過於哀毀。俟召彼至京，朕懇切開諭，庶無他虞。」

又奉上諭：

大學士朱軾之母冷氏，壼儀淑慎，訓子成名，今聞在籍病故，深可軫惻。朕優禮大臣，推恩賢母，用頒異數，以示眷懷。著江西巡撫裴率度動支司庫銀二千兩，賞給伊家。讀文致祭一次，祭文由翰林院撰擬，其差往致祭之員，若總兵官駐扎相近，則遣總兵官；若相隔路遠，則於兩司内派出一員。俟朱軾抵家時舉行。朱軾查勘水利事竣，到京後，著馳驛回籍。

比府君還朝，奏事訖如，奉明旨並加開諭。府君哀不自禁，甫出宫門，即僵地大慟，嘔血滿地。隨行司官扶掖以出，至賜第，絶而復蘇者再。

又上諭大學士等：

大學士朱軾事親最孝，朕所素知。今伊母在籍病故，伊聞之自必哀痛切至。但伊母年已八旬有餘，伊禄養顯揚，俱無餘憾。此時正當節抑哀痛，護惜此身，爲國家出力，盡忠正所以盡孝。朕前已降諭旨，賜銀二千兩，爲伊母喪事之費，就近遣地方大員前往致祭。今朱軾奔喪回籍，朕深知其家貧，著再賜銀二千兩，爲伊盤費一切之用。其子亦令隨歸。伊到家守孝百日，將伊母之事料理完畢，即來京辦事。爾等可詳悉傳諭朱軾知之。

是日，又奉上諭大學士等：

朱軾奏請解任開缺，以終服制，情詞迫切。此乃伊名節所關，朕知其出於至性誠懇，允從所請，解任開缺，以全其志。但三年爲時甚久，卸事閒居在籍，伊心亦未必自安。況目前現有畿輔水利之事，正資料理。可於八月起身前來，居住京師，以備委任顧問。不居現任之職，則與家居無異，於禮既盡於心，亦可安矣。朱軾素性誠篤，今遭母喪，深恐其哀毁過節，爾等可將朕意諄切諭之。伊年高體弱，不宜過於悲戚，況六十不毁，載在禮經，若能仰體朕心，時思朕訓，護惜此身，爲國家出力，伊母有知，亦必深慰。斯爲忠孝兩全。儻過哀以致毁瘠，則有負朕恩矣。爾等並傳諭膳房侍衛水壽攜茶飯往賜。

府君即柴車出京，至家哀毁如喪先祖時。苫塊，即居柩旁，既窆仍席草，不敢安牀褥。時賜金豐厚，既營葬事，尚有餘資。不孝等請以備祭田，府君曰：「君子不家於喪，不可具祭器，又可備祭田乎？頒諸族戚之貧者，古法也，散給三黨親屬，均沾渥焉。」府君哀思不絶，入則哭於廟，出則哭於墓。徘回經年，而聖旨催迫，限期已逾，明年秋，始抑哀覆命。

九月至京師，未至時，即蒙上諭：「大學士朱軾將至京師，大學士等向朱軾之子必堦詢問明白，預行奏聞。遣學士何國宗、副都統永福出迎賜膳，示朕眷念之意。」又奉上諭：「大學士朱軾丁憂回籍，朕本欲成全其志，准其在籍守制三年。但朕左右匡弼需人，而營田水利工程，亦係伊協同辦理之事，故召令來京。三年之内不補原官，准其素服。凡朝會宴饗及應穿補服之處，俱不必到。俾伊得盡人子之心，以展孝思。當日怡親王遭伊母妃之喪，聖祖仁皇帝恩准素服三年，今日朱軾即可比照此例，著優在内部都察院行走。」故府君雖居京邸，素服蔬食三年如一日焉。

自世宗憲皇帝嗣統，覃恩屢下，人臣所感被者，封典榮親，尤爲激切，而拘牽成例不能遍及。府君自念身受三世之錫命，父母哀榮之典，尤荷非常，推廣皇仁，加之四海，爲政之大端也。乃疏請移封之法，凡四品以下文官，止封父母及本身妻室者，請照武官之例，聽其以本身妻室封誥移封祖父母。又八九品官，向止封本身不封其妻，故雖以己身封典，移封於夫不能及母，請嗣後八九品官，止封父母，不必封其本身。又教授官止九品，教諭、訓導並無品級，然其體統在州同、縣丞之上，且蒙皇恩俱以正途補用，請將教授照知縣例封，學正、教諭照縣丞例封，訓導照九品例封其父母，則覃恩尤爲廣被。又封母者，止封嫡母、生母，而繼母不能並封，有繼母在堂者，相形未安，請得三母並封以勸孝慈。並奉旨下部議覆准行。

當是時，府君内總閣部諸務，外兼水利營田，出入奔馳，舊疾復發，又項結痰核咳嗽遺不止，至雍正六年疾遂大作。蒙世宗憲皇帝遣醫賜藥，日加存問，未能痊可。不孝必堦，時已由部郎外補大名府知府，特恩召不孝回京，仍補户部郎中，俾得侍養。又特命内大臣佛倫至賜第看視府君病勢。府君自思告病已近一年，繕摺懇解職任。奉硃批：「覽卿奏，以積疴未痊，暫瘳復起，綸扉重地不可久曠，懇請解退調養，情辭肫切。卿才具優長，品行端謹，老成練達，勤敏和衷。朕所深知，正資倚任。今偶患咳嗽之症，自可從容調理，待其痊可。向來漢大學士多用二員，現今閣中有大學士張廷玉、蔣廷錫兩人，辦理實無曠缺。卿當頤養之時，必須寬懷澄慮，不以事物攖心，自然藥餌有功，漸次平復，以慰朕之殷懷。今若以久未入直，仍慮及内閣職務，雖矢心匪懈，具見卿之悃誠，而慮思紛索，殊有乖於調攝之道，不惟非所以自愛，亦非所以仰體朕心之軫念也。朕昨以卿抱病多時，特遣内大臣前往看視，聞卿於内大臣之前，力疾叩謝，禮數繁多，甚覺勞頓。次日清晨寒冷之時，又來至宮門謝恩，是轉增朕心不安，於義深爲未協。朕知卿素性拘謹，舉動備極小心之，是以近時以來，一切飲饌服食之物，未便頻頻頒賜，正所以冀卿之安逸，望卿之速痊也。嗣後宜恪遵朕諭，時加頤養，導引中和，節勞静攝，即受朕恩賚，亦免其拜跪，始於病體爲宜。卿年尚非甚老，若調攝有方，自能全愈，爲朕宣力之處甚多。此時不必以解退陳情，用是特手書諭旨賜卿，其悉朕倦倦之至意。」府君跪接御批，恭誦再四，涕泗交頤。調理稍痊，勉力供職，元氣未復，舊疾復作。

明年，天恩允解部務，專直内閣。尋以失察吕留良私書，部議革職，荷蒙聖恩特旨留任。又蒙恩旨，賜居海淀，以便奏對。府君每承天語訓誨，退必敬謹劄記，日久成帙，供奉不忘。未幾，復蒙聖恩賜還原職。翰林院顧成天請駁正吕留良講義，奉旨命府君與禮部尚書青陽吴公總理其事，半歲書成。又以總修律例，書成，蒙恩議敍。八年十二月，奉旨兼管兵部尚書。十一年十一月，署理翰林院掌院學士事。府君雖舊疾時作，每事必周詳，辦理案牘，披閲嘗至夜分不寐。

十三年，因浙江海塘辦事諸臣意見參差，措置未善，復有衝決。宸衷軫念濱海民人，宵旰焦勞，特旨召府君詢問作何修築，府君奏言：「事難遥度，臣願親往浙江料理。」天顔大喜，謂卿所舊治之事，熟悉情形，今能不憚遠行，事無不妥，特令督撫及總理塘工諸大臣，悉聽節制。府君即於八月出京，行至德州，驚聞世宗憲皇帝賓天之訃，時不孝必堦奉旨侍行，親見府君慟哭昏絶久之，少蘇，令家人回轅北行。

比至阜城，已奉今上特旨：「大學士朱軾，老成望重，應令回京辦事，海塘事務另派人辦理。」府君聞命，彌切哀感，星夜奔馳。九月初四日至京，恭請叩謁梓宫，哀慟昏暈，扶掖而後起，齋居内閣，飲食俱廢。方懼無以贊襄大禮，蒙恩召對，温旨諄切，府君感激涕零。旋奉旨著總理事務王大臣處協同辦事。未幾，又奉旨賜與世襲拜他喇布勒哈番世職。蓋三朝知遇之隆，實非尋常意計所及也。

府君自念受恩愈重，報稱益難。恭逢聖主御極恩詔，屢頒新政之行，人人自以爲親見唐虞之盛，而年老智衰，無能裨補，惟有知無不言，言無不盡，庶幾仰報聖恩于萬一。時時體訪民艱，知直省督撫諸臣有以興利爲功者，其屬吏奉行不善，毋致累民，莫甚於開墾一事，因具疏言：

所貴乎開墾者，原爲人無恒業，而地有遺利，督令耕餘爲足民計，非徒增益賦税起見也。我國家重熙累洽，生齒日繁，通都巨邑，無一隙未耕之土。蓋小民身家衣食之費，皆於是出，斷無可耕可種之地而肯任其荒者。其僻遠州縣間有未盡墾種之處，緣山田磽确，旋墾旋荒。又或江岸河濱，東坍西長，變易無定，是以荒未盡開墾，而墾者未盡報陞也。至已熟之田，有量額甚輕者，亦由土壤磽瘠，數畝不敵腴田一畝，即古者一易再易三易之意，非欺隱田量者比。惟四川一省，從前屢遭兵革，以致地廣人稀，而山峻水險，居民廣種薄收，易於度日。近經丈量，招集流民安插，然逃亡遷徙，事故紛然，究竟田土難於清理。聞多於熟田加增錢糧，以成清丈之名，所補國課者有限，而米價日昂，遠近苦之。又聞廣西開墾之例，弊竇尤多，報部捐册墾田數萬畝，其實多係虚無。因爲通行丈量之舉，冀將搜求熟田弓口之多餘，以補報捐無著之數。荷蒙大行皇帝洞燭情弊，飭令停止丈量，小民得免增賦。而前此虚報陞科之田，業經入册，責令輸量，小民不免苦累。又河南省報墾田地亦多不實，夫地丁二項本屬一例，從前聖祖仁皇帝念生齒繁盛，特令編審之年，但查人丁户口之數，不必加增丁銀，著爲定例，則民間田地正賦既有定額，何用苛求！大行皇帝每逢恩免，動以數十萬計，而江南等省浮糧數百年著爲定額者，一旦蠲除百餘萬兩，若此區區報墾之糧，曾何加於毫末！臣愚以爲不但丈量不可行，即勸令據實自首亦可不必。凡自首者，謂先經隱匿，今據實首出也。若以地瘠之故，田多糧少，並非隱匿，何首之有？今若責令首報，小民惟恐查出治罪，勉强報升，將來完納不前，勢必仍歸荒蕪，于民生國課兩無裨益。懇乞皇上敕令各督撫，將報墾之田，逐一查明，如係虚捏，即行據實題請開除，若護短文飾，日後查出，嚴加治罪。嗣後若有可開之荒，勸民陸續耕種，照例報升，庶爲有益。

等因，奉旨：「總理事務王大臣密議具奏。」悉照府君所請議覆，奉旨依議速行，直省民人感戴國恩，莫不歡欣鼓舞。

府君又念賦税而外，事之大者無若刑罰，因疏言：

栽培傾覆，天道之常。刑獄之設，原以除奸懲惡，但人命所繫，詎可不慎？古稱明允，蓋惟明克允，未有任情肆意以行之者。大行皇帝屢降諭旨，期於寬嚴得中，欽恤慎重之意，至再至三，禁止濫刑，奉有明訓。乃有一等司刑之官，以嚴刻爲才能，不問是非，不計曲直，但云不如是必致上司駁詰，必如此乃可免大部吹求。贓私先酌數目，迫以極刑。罪案自定供招，誘之伏法，故生枝節，刻意株連。惟逞鍛鍊之長，希著明斷之號。更可異者，凡屬員所定之稿，上司若行酌，必係加重。不然則不動一字，以爲改輕便似徇私。不知心苟無私，何妨屢改，情罪未協，豈憚紛更。以此爲避嫌之計，實有乖執法之義。伏讀大行皇帝遺詔内，刑罰禁令之設一段，行路爲之感泣，我皇上至聖至仁，善繼善述，臨御以來，一切政教敷施，無非覆載生成之至意。請敕下直省督撫嚴諭有司，讞獄務須虛公詳審，酌理原情，協於中正。如有鍛鍊誣枉情弊，重即參究。刑具悉遵定制，不得擅用夾棍大枷。濫刑既息，則平心推鞫，庶無冤獄，司刑之官共凜欽恤之意，而刑措可期矣。

奉旨：「總理事務王大臣密議具奏」，亦照府君原疏覆准，通行直省。

既又念鹽政法久弊生，毋滋紛擾，去其弊則利自興，便於民始有補於國。因陳奏八條：

一、行鹽地方宜酌量變通；

一、州縣銷引宜通同計算；

一、竈户煎鹽宜令商人助其資本，並酌定私賣之罪；
一、附近出鹽地方鹽價宜輕；
一、鹽引額設多餘之處，宜行酌減；
一、商人宜加甄别，慎爲選擇；
一、鹽價宜公平酌量，使商民兩無虧累；
一、僻鄉村，宜擇良民領鹽零賣。

已蒙聖恩發議，尚未議。府君凡有條陳，即蒙天語褒嘉，每歎爲不世之遭。

乾隆元年二月，屬當會試，府君復奉命與大學士鄂公同爲正考官，而少宰邵公、少司空張公副焉。不孝堪以回避卷中式，府君出闈，深以盈滿爲懼，而天恩有加無已，念府君年老，從前賜第在於外城，恐朝回日昃，未能從容，又賜第于地安門外，並賜金五百兩爲修宅之費。府君方移新第，而不孝堪殿試成進士，蒙恩特授翰林院庶吉士，遂侍府君新居，以便學習吏館。而不孝必堦仍住外城賜第。是月，家報至，聞舉男孫二人，府君色喜，神氣彌旺。

七月，修三禮局開，府君奉敕與大學士鄂公、張公，尚書甘公、楊公等爲總裁官。府君平日留心經學，尤精於三禮，從前巡撫浙江時，曾自纂儀禮輯略，又增訂禮記纂言，惟周禮未有成書。今幸承新命，自謂殫力纂修，仰藉皇上睿裁，成一代之完書，亦以竟生平著述之願。因檢禮經草稿，置諸案頭，公退之餘，反覆研究，恒忘寢食。無何，舊疾大作。

八月初八日，咯血，竟夕不寐，次日不能趨朝。蒙皇上詢及，即遣太醫院御醫來視，並賜參藥。然稍痊覆發，至九月初旬轉劇。十三日，御醫以府君病勢奏聞。皇上即諭和親王言：「今日齋戒，朕不能往視其疾，王其即往看視，並帶帑金千兩賜之。明日祀事畢，朕當親往也。」是日，和親王至第慰問。府君頓首以謝。府君聞皇上次日親臨之旨，伏忱揆悸，命不孝必皆速赴宫門，叩頭懇辭天駕。乃蒙皇上眷注逾分，不孝等奏語未畢，而翠華齊舉，扈蹕諸臣駢集。不孝疾歸，掖府君起，服冠帶，恭設香几，迎駕入賜第。從子三人，夾護府君俯伏卧室門内，昏憒喘結，不能陳謝。皇上注視良久，慰問者再。府君欲出階下，叩謝天恩，即蒙皇上諄切諭止，僅於門内叩首而已。隨駕親王、大學士、九卿等，恭請聖駕回鑾，而聖心悱惻，再顧徘徊始出。

府君彌留之際，一覲天顔，精神頓爽，因顧不孝等，口授謝劄，命不孝必皆賫奏。隨檢閲生平著述，至大易之大過卦，握筆審視，似欲有所更定，沉吟而罷。不孝等方幸病少間，詎知次日亭午，氣喘益急。召不孝等親授遺疏，懇懇於理財用人之際，其略云：

臣遭逢聖主，推心置腹，任重遇隆，毫無報稱，負德辜恩，抱慚入地。惟我皇上聖學深醇，經術政治，洞悉原委，詔旨所頒，一本至誠。所以中外傾心，四方安樂，洵萬世太平之慶也。竊惟國家萬事，根本君心，而所重者，莫過於理財用人。目前惟鹽課一事，尚須整理，經臣條奏，議行未定。伏思國計民生，均應籌畫。

臣查額徵所儲，於一切經費寬然有餘，儻日後有言利之臣，倡爲加增之説，仰祈聖明乾斷，永斥浮言，實天下蒼生之福。至於用人，尤關緊要，邪正公私，心跡各判，幾微之際，最易混淆。惟在皇上洞察。審擇君子小人而進退之，慎之又慎，此又臣於垂死之時，謹竭芻蕘之獻者也。至於臣素守節儉，家有薄田，子孫亦足自給，即臣身後事宜，亦令概從簡略。諸凡粗備，又蒙聖恩賞賚，甚屬充裕，臣無餘望。

等語。又囑不孝等，竭誠盡敬，永矢報效，以繼未竟之志。語畢，令不孝等覆讀至再，即令繕寫，寫就又自取視，欷歔泣下。惟以未報君恩爲愧，無一語及家事。至十八日未時，不孝等奉湯藥環侍，忽痰結就瞑。

嗚呼！痛哉！不孝等構此閔凶，搶地籲天，曷其有極。甫就小斂，聞皇上復傳臨奠之旨，大學士暨九卿等伏奏勸止，聖慈不允。車駕覆臨賜第哭奠，再賜帑金千兩，爲治喪之費。諸王大臣隨駕者，亦行拜奠之禮。伏考史册，人臣眷注之厚，禮遇之隆，疾則親視，歿則臨哭，漢唐以來，所罕觀也。殊恩異數，舉朝臣工，莫不撫臆動色，矧不孝等親承皇上稀有之恩，天高地厚，雖捐縻頂踵，豈能仰報。翊日，遺疏奏上，奉旨：

大學士朱軾，品行端方，學術醇正。爲聖祖簡用之人，皇考眷注有加。簡任機務，純修清德，望重朝端。朕自幼讀書宫中，常聞講論。即位以來，正資老成襄贊。昨聞抱恙沉篤，朕親往看視，尚冀調治痊可。今聞溘逝，朕心深爲震悼。特命輟朝一日，親臨祭奠，以昭敬禮賢大臣之誼。又兩賜内帑庫金，經理喪事。北覽遺疏，拳拳以吏治民生爲念，具見忠悃。著加贈太傅，入祀賢良祠。所有應得恤典，該部察例具奏。欽此！

府君以懿誠之心，淵粹之學，受知三朝聖主，出秉節鉞，入晉端揆，以濟時行道爲用，以正直忠厚爲本，公忠體國之心，慈愛字民之隱，士大夫識與不識，類能言之。至於行己大端，不標講學之名，而動以古聖賢自律。嘗謂學術邪正之分途，名與實而已。無所爲而爲者爲君子，有所爲而爲者爲小人。學者誠能體察於身心之間，存理遏欲，進進不已，則聖人可學。而至躬行心得，見地迢然。恥爲詞章之學，而自公退食，手不釋卷，上下古今經史及諸子百家、象緯、河渠各書，靡不淹貫。不孝等朝夕侍側，所耳提面命者，皆可書爲家訓，不能盡述也。

待人極寬恕，雖僮僕不輕予笞詈。至於察吏安民，未嘗寬縱。記憶府君巡撫浙江時，已報内升，瀕行劾去二令，語不孝等曰：「此二人素貪劣。自吾至任，嚴加訓飭，始知斂職。吾去後，彼必大肆其欲，後人劾之，則其罪不可測。吾止以不謹去之，正所以全之也。」生平謙退，不以才智先人。然天資穎悟，讀書寓目，再過即久而不忘。爲文下筆立就，凡所建議，必自起草，幕府不延賓佐，餘力猶著書十餘種。

性素甘貧嗜儉，自爲諸生，至居政府，食不二膳，無故不殺牲。親友過從，蔬食菜羹，情意隆洽。有謂府君飲食太不留心者，府君答曰：「人之心乃用於此耶！」其人歡服。室無玩好，衣不鮮華。退朝静居，一榻塵封，門以外肅如也。

惟汲引善類，獎成後進，以人事君之念，拳拳不懈。每奏對，承三朝顧問，自内外臣工，以逮草澤遺賢，苟有所知，悉以上聞。然絶不向本人言之。其密入薦章膺擢用者，或左右微探其端，府君必正色曰：「斷自宸衷，非可以私恩市也。」有人倫鑒，故所舉多薦至大僚，以功名顯。端人正士，不獲永年，竟其用者，如前總憲沈端恪公，少司寇涇陽王公，府君素重其學行。其殁也，悲痛累日。漳浦蔡文勤公殁時，府君適病在床褥，聞而涕淚交頤，扶病往哭者再。平居與人相對，詞色藹如。偶有片善寸長，即爲獎録。毋舍己以從之，而妍媸坐照，毫不能遁，所至廉隅謹肴，人莫敢干以私，即貢媚行萋菲者，術無所售。臨事從容，寵辱不驚，規畫大計，必期詳盡。當群議耗羨歸公時，府君謂將來有司，恐復加耗，或啓累民之漸，而陳其事。

孝友出於至性，逢先人忌日，春露秋霜，悽愴怵惕，祭則泣下沾襟，餘哀竟日。叔父三人，府君友愛敦篤，雖遊宦散處，當佳節令辰，遥相思念惆悵，不忘撫諸猶子，與不孝等無歧視。歲丁未，先叔父爌謁選京邸構疾，令不孝必堦侍左右，親調藥餌。府君亦同時抱恙，每夜三四起，扶病問訊。恐不孝以府君疾分心，輒强飯作安愈狀。已而叔父病急，易簀之日，府君撫膺悲痛，經理喪具，絲毫必完善，曰：「須如是，乃盡吾心也。」

執事心敬，事君尤恭。每承朝命，或蒙頒賜，雖病中途次，必惶悚俯伏，祗領如對天威。與人必忠，視學三秦，手定造士諸格，編藏於篋。遇門下士，有出任學政者，取以相示曰：「吾於是職，常瘁心力焉。幸勉行之。」其善與人同類如此。

見人過失必爲掩覆，可必匡救者匡救之。爲左都御史，時世宗憲皇帝，以科道一體，特諭六科，亦統於都察院。科臣有抗掙者，詞及府君，府君叩頭力請，乃得寬減。論者謂文潞公之於唐介不是過也。族党向多逋賦，府君合子侄自立約，來歲賦按數分限投納，逾期者，族人交糾之，輸漕亦然。每歲至十月，無錙銖顆粒之欠，里中慕效，相率成俗。吏不事鞭撲，民不待追呼，皆府君所立規也。

所著詩古文詞盈篋笥，未及編次，蓋非府君意之所重。其梓行者，則大易、春秋，並有詳解增定，禮記纂言，周禮注解，纂輯儀禮，節略訂正大戴記，吕氏四禮翼，温公家范，顏氏家訓，是非可否，若分黑白。又輯歷代名臣、名儒、循吏等傳百餘卷，他若軺車雜録、廣惠編諸書並行於世。

府君生於康熙乙巳年八月十一日，距今卒得壽七十有二。官至太子太傅，文華殿大學士，加贈太傅，階至光禄大夫。元配先妣陳氏，外王父處士諱世珠公女，誥贈一品夫人。繼配先妣毛氏，外王父舉人諱周公女；不孝必堦、堪生母謝氏，外王父處士諱大成公女，誥贈淑人。俱先府君卒。不孝必坦生母陳氏，外王父處士諱啓立公女，例封恭人。男三：長即不孝必堦，任通政使司右通政。娶張氏，卒，誥贈淑人。次堪，丙辰科進士，翰林院庶吉士，娶吴氏。次必坦，壬子科舉人，世襲騎都尉，娶李氏，繼娶李氏。女五：一許字建昌縣舉人李家駒，未婚守節；一適新昌縣廩生毛鴻遠；一適本縣任山西太原縣縣丞吴學源；一適本縣太學生徐天明；一適分宜縣任廣東南雄府經歷嚴宗期。孫男五：長承恩，太學生，娶毛氏，必堦出；次紹功，丙辰恩科舉人，娶彭氏；次錫榮，俱堪出；次報恩，必堦出；次建功，必坦出。孫女二：一必堦出，幼未字；一堪出，許字南昌縣彭良陟。外姻爵號，昏迷不能盡記，姑缺。

嗚呼！府君學志于聖賢，位至於卿相。遭逢聖世，生榮殁哀，存順殁寧。不孝等所見而是，不知視古名賢何如也。昏瞶苫次，十不記一，謹述兹大凡。質諸當世，以求作者，傳諸家乘，以訓子孫。至於國史，自有定論，非不孝等所敢與知也。承歡路絶，瞻依無從，允毫濡墨，泣血而書之，終不敢謂能述府君嘉言懿行之萬一也。嗚呼痛哉！坦不孝，孤哀子朱必堦，泣血稽顙謹述。堪賜進士出身，光禄大夫，經筵日講官，起居注。

總理事務、少保兼太子太保、保和殿大學士兼管吏部户部尚書、翰林院掌院學士事加八級，年通家，眷世侍生張廷玉，頓首拜填諱。

（全文引自高安朱氏通志所收坡山朱氏宗譜，題爲大学士朱轼行述）

記辛亥敗兵事

昭槤

康熙丁丑，仁皇帝親征沙漠，噶爾丹窮蹙自縊，其侄策零多爾濟奔竄阿爾泰山北，稽首稱臣。仁皇帝受降凱旋，朔漠蕩平。其後數歲，策逆休養生息，招徠噶爾丹藩臣，部落漸强，侵犯喀爾喀部落。仁皇震怒，練兵籌餉，爲深入計。

憲皇帝踐祚，欲竟仁皇帝未竟之緒。會策逆死，其子噶爾丹策零嗣立。噶少年聰黠，善馭士卒，諸台吉樂爲之用，憲皇帝遂决議討之。朱文端公軾、沈總憲近思皆以爲天時未至，惟張文和公力爲慫恿。時費直烈公嗣爵傅爾丹者，頎然嶽立，面微赬，美須髯，有名將風，張薦以爲帥。築大將壇，率滿洲、緑營等五萬兵討之，諸蒙古藩臣皆執鞫以從。

……

八月，會師於科布多城。噶逆遣將僞降，言其國攜貳，與哈薩克迭戰經年，馬駝羸弱，可襲滅其部落。傅公信其言，欲進師。……及出境數百里，不見賊壘，獲偵者，云在博克托嶺，傅遣蘇公圖往剿。未數里，聞胡笳聲遠作，氈裘四合，如黑雲蔽日，傅懼，移師東，陷和通淖爾，華言大澤也。……後二年，噶逆衆大入，賴額駙超勇親王戰於光顯寺。其勢始衰，遂講和焉。

（節録嘯亭雜録卷三記辛亥敗兵事條）

朱軾傳

朱軾，江西高安人。康熙三十三年進士，由庶吉士改授湖北潛江縣知縣。四十四年，行取，授刑部主事，歷遷本部員外郎中。四十八年，提督陝西學政，五十二年授光禄寺少卿。五十四年，遷奉天府府尹。明年，遷通政使。

五十六年，授浙江巡撫。五十七年，條陳修築海塘六事：

一、築北岸海寧縣老鹽倉石塘，自蒲兒兜至姚家堰千三百四十丈。

一、石塘應高二丈，每丈纍石十層，縱横側立，互相牽掣，塘内面培土塘，使潮汐不致泛溢。

一、開中亹淤沙，復江海故道，則土塘石塘可免潮患。

一、築南岸上虞縣夏蓋山石塘千七百九十丈。

一、調委經理各官以專責成。

一、專員歲修保固。

又疏言：

海寧縣沿塘俱浮沙，塘脚空虚，雖長樁巨石，難期保固，惟用水櫃法，以松杉木爲櫃，實以碎石，以固塘根，仍用大石高築塘身。附塘另築坦坡，高及塘半，亦用水櫃法爲幹，外砌巨石二三層，以護塘脚，不致潮汐浸入。再，塘内向有河道名備塘河，爲居民築壩所淤，應去壩疏河，即以所疏土培岸。

俱下部議，如所請。杭州南北兩關税，例由巡撫監收，軾以税口五十餘，稽查匪易，請委員兼理，巡撫得專力封疆，錢糧亦不致貽誤。部議以杭州府捕盜同知監收，仍令巡撫統轄。五十八年，疏劾巡鹽御史哈爾金、筆帖式三格勒索商人，命刑部尚書張廷樞、學士德音往審，得實，論如律。五十九年，擢左都御史。

六十年三月，丁父憂，命在任守制。疏辭，上不允，軾復請往軍營效力，上以山西、陝西旱，發帑五十萬兩，命軾偕光禄寺卿盧詢分往二省勸糶給賑。軾往山西，疏奏救荒五事：一、被參司道以下貪劣人員，請從寬留任，令養活飢民，以觀後效。一、令富户出資，協同商人，於南省販糴。停淮安、鳳陽等關米船課税半年。紳士能捐賑者，按所捐數優敘。一、各省驛站人夫大半虚冒，請查實募補，一人受募，即可活一家。一、飢民流徙，請令所在地方官安置，能捐資贍養多人者，覈實題薦。一、飢民群聚，易生癘疫，請交所在地方官設廠醫治。疏下部院會議行。

八月，疏言：「積貯貴裕，有司平日侵蝕，一經報災，復借平糶借貸煮粥爲名，以少報多，有名無實。請敕各督撫詳查虧空，數少者勒限補還，數多者即嚴究治罪。至因賑支倉穀，輒稱捐俸抵補，俸銀有限，倉穀甚多，不但抵補無期，且浮開捏報，借非實借，還非實還。宜清查，勒限追賠。徇隱者議處。」從之。又疏請：「山西建社倉，以備荒歉，引泉溉田，以興水利。」諭曰：「凡建社倉，須擇地方殷實之人董其事，此人並非官吏，無權無役，借出之米遣何人催納？即豐收之年不肯還補，亦無可如何。若遇歉收，更誰還補？儻米石虧缺，勢必令同事者賠償。社倉之法，始於朱子，此法僅可行於小邑鄉村，若奏爲定例，屬官吏施行，久之，與民無益。前朕巡幸山陝，知其地山多水少，並無河渠窪隰，間有水泉，亦不能暢引溉田。今朱軾以建立社倉引水入田具奏，即令伊久駐山西，鼓勵試行，若所言有效，甚善。」軾以冒昧引咎，乞免試行。得旨：「朱軾親至山西，深知地方情形，著仍留山西鼓勵試行。」十一月，川陝總督年羹堯參西安府知府徐容、鳳翔府知府甘文煊虧空銀米，請特簡親信大臣會審。上命軾赴陝會同審訊。尋鞫得實，論如律。

六十一年二月，乞假葬父回籍。

十一月，世宗憲皇帝御極，恭修聖祖仁皇帝實録，軾充總裁官，賜第及銀千兩。雍正元年正月，入直南書房，詔封軾母冷氏一品夫人，並給銀二千兩。三月，加吏都尚書銜，尋加太子太保。四月，充順天鄉試正考官，以公慎校閲，輿論翕然。詔議敘，晉太子太傅。九月，充會試正考官。時修明史會典則例，並充總裁。二年六月，兼理吏部尚書。八月，復充會試正考官。

上以軾曾任浙江巡撫，命赴浙議海塘事宜，並勘蘇松塘工。三年三月，疏言：

浙江餘姚縣，自滸山鎮西至臨山衛舊土塘三道，係民竈修築。今民竈無力，應動帑興修。自臨山衛至上虞烏盆村，自烏盆村至會稽瀝海所，東西土塘七千丈，坍塌甚多，應於塘底開深二尺，填築亂石，上鋪大石，以固墟基，貼石築土。塘内植榆柳，近塘窪地，一概築平。又海寧縣自陳文港至尖山土塘七百六十六丈，塘外積沙尚薄，水注塘下，應將土塘加寬，頂補條石，以防泛溢。其草塘七十四丈，並依式改修。再，塘外亂石子塘遮護塘脚最要，應修砌完固。其無子塘處，亦依式興築。又海鹽縣東自秦駐山三澗塞至西演武場，石塘樁壞坍八十餘丈，應與衝潰之七十丈並築，統計需銀十五萬五千七百兩有奇。

又疏言：

江南華亭、婁、上海等縣塘工，自金山衛城北至華家角土塘六千二百餘丈内，自漴缺墩至東灣九百六十九丈餘，緣洋面大小金山北積沙潮，直衝漴缺塘坍入海，自金山墩至西新墩七百六十八丈，兵廠至張家舍二百八十八丈，倪家路至三岔墩三百六十丈，周公墩至花家角千四百六十餘丈，皆老岸久坍，新塘屢潰，請均易土爲石。其餘二千四百丈，自上海汛頭墩至嘉定等處，水勢稍緩，土塘足捍禦，應堅築高厚，密釘排樁，多種雜樹，以固塘身。計修築石塘土塘統需銀十九萬二千九百兩有奇。

疏下部，並議行。

七月，疏言：

國家封贈之典，榮及所生。所有本身妻室封典，可移之父母，即可移之祖父母，請凡四品以下文官，願將本身妻室封典移封祖父母者，皆許之。八品以下各官，例封本身，不及妻室，是以移封父而不及母，並請每格於例請，八九品官准封父母，不封本身妻室。又教授、學政、教諭、訓導，俱以正途補用，請將教授照知縣，學正、教諭照縣丞，訓導照主簿例封。繼母生母，請與嫡母俱封。

又疏言：

縣丞、主簿雙月應選人員，皆四十五年前考授職銜之監生，年貌與部不符，預選之員，年近八旬，内外豈能供職？間有年非老邁者，覈其考職時甚幼，情弊顯然。請暫停選，將康熙五十年以前願赴選之考職縣丞、主簿，由各督撫考驗，擇年力未衰者送部銓選。至雙月、應班二缺，現無可選之人，查捐納學政、教諭、訓導任滿者，改補縣丞、主簿，向例歸單月選用，請將此項人員，除本班照舊補用外，並於雙月暫選二人，俟考職監生開選日，仍歸單月選。

並從之。

九月，授文華殿大學士，兼吏部尚書。命偕怡親王往直隸查勘水利營田。十二月，合疏言：

直隸之水會天津達海，北來爲白河，南來爲衛河，淀河貫乎其間，惟白河安瀾無患，衛河源出河南輝縣，至山東臨清州與汶合，東下德、棣、滄、景，滄州南有磚河，青縣南有興濟河，乃減衛水故道。今河形閘石尚存。請照舊疏通，築減水壩，以洩衛河之漲。

又静海縣權家口，亦宜築壩減水。至白塘口入海處，舊有石閘二座，磚河、興濟河之尾，宜開直河一道，歸併白塘出口，澇則開放，不惟殺運河之漲，而河東積潦亦得稍洩。再，東西二淀，跨雄縣、霸州等十餘州縣，畿南六十餘河水會於西淀，經霸州之范家口會同河合子牙、永定二河水爲東淀，蓋群水所瀦也。近諸淀淤塞，旁溢爲患，故直隸之水必自淀始。凡古淀尚能存水者，均宜疏浚，並多開引河，使淀淀相通，其已淤爲田者，四面開渠，中穿溝洫，以達於河於淀，疏淀内河身爲衆流之綱，周淀舊有堤岸，應加高厚，無堤者量築。其趙北、苑家二口爲東西二淀咽喉，趙北口堤七里，現有石橋八，應加高闊，並於易陽橋南添木橋一，塘身高五六尺。苑家口北新開中亭河近復淤，宜疏深浚，廣其上流。玉帶河對岸爲十望河舊道，宜開張清口，入中亭河，會蘇橋三岔河，以達東淀。子牙、永定二河以淀爲壑，子牙爲滹漳下水，清濁二漳發源山西，至武安縣交漳口會經廣平、正定，而滹沱、滏陽大陸之水會焉。考任丘舊志，子牙下流有清河、夾河、月河，皆分子牙之流趨淀。今宜尋故道決分，以緩其勢。永定河俗名渾河，水濁泥淤，遷徙無定，宜去淤以復故道。二河口俱在東淀之西，故淀常淤塞。前奉諭旨，令引渾河別由一道，誠經久計。今自柳叉口引渾河稍北，繞王慶沱東北入淀，約束子牙之西流，合爲一河，使永定、子牙二河分道而東，於淀内築堤，河自河，淀自淀，庶濁流不爲患。至高陽河，宜疏故道，新安之三台村宜開新河，及各處堤岸均宜以時興工。

再，京東之灤、薊、天津，京南之文、霸、任丘、新安等處，宜各設營田專官經理，並請揀發人員委用。

得旨嘉獎，下部議速行。四年正月，又合疏：

請分直隸諸河爲四局。南運河與臧家橋以下之子牙河，范家口以東之淀河爲一局，請令天津道就近總理；永定河爲一局，請改永定河分司爲河道，駐固安縣總理，其沿河州縣各設州判、縣丞、主簿等分防；北運河爲一局，請裁去舊分司，令通永道兼管；范家口以西各淀地及畿南諸河爲一局，請改大名道爲清河道，移駐保定府管理。其河道各員，必久任熟練，應聽直隸總督選題，引見簡用。其同知以下各員，俱於河員内選補。

下部議速行。

二月，丁母憂。諭曰：「大學士朱軾之母冷氏，壼儀淑慎，訓子成名。今聞在籍病故，深可軫惻。朕優禮大臣，推恩賢母，用頒異數，以示眷懷。著江西巡撫動支司庫銀二千兩賞給。俟朱軾抵家，讀文致祭一次。朱軾查勘水利事竣到京後，著馳驛回籍。」又諭曰：「朱軾事母至孝，今伊母病故，哀痛必切。但伊母年已八十餘，禄養顯揚，供無餘憾，正當節哀抑慟，護惜此身，爲國家出力盡忠，正所以盡孝。著再賞銀二千兩，爲伊奔喪回籍費用。守孝百日後，即來京辦事。」軾奏謝，乞終制。上允解任，仍管理畿輔水利事，命於八月來京。九月軾將至，上遣學士何國宗、副都統永福迎勞賜食，復諭准素服三年。時上以浙江風俗澆漓，特設觀風整俗使。軾疏言：「風俗之澆漓，莫甚於争訟。昔臣巡撫浙江，知杭、嘉、湖、紹四府率多唆訟之徒，全無情實，告訐紛紛。查分守巡道職任巡察，兼理詞訟，請添設杭、嘉、湖巡道一員，其紹興一府，屬寧台道管轄，凡民間詞訟冤抑，州縣不能申理者，巡道准理。該員能秉公執法，訟師自知畏懼，争訟漸息，風俗自臻淳厚。」上特允所請。

十一月，疏請收用效力營田人員，准其議敘。十二月，疏奏營田事例四條：「一、自營己田者，照頃畝多寡，予九品以上五品以下頂帶。一、效力者，量工程難易，頃畝多寡，分别録用。一、降革人員效力者，准開復。一、流徙以上人犯效力者，准減等。」俱下部議行。

六年十二月，以病乞解任調理，上手詔慰留之。八年五月，怡親王薨，命軾總理水利營田事。十一月，兼兵部尚書。十二月，署翰林院掌院學士。

先是，運河堤工水溢，部議降級留任。浙江巡撫任内失察吕留良逆書，議革職。特旨予留任。十二年三月，奉旨：「朱軾從前革職等案，俱著開復。」十三年七月，議築浙江海塘，軾請往董其事。得旨俞允，特敕督撫及管理塘工諸大臣咸聽節制。九月，今上御極召還，命在總理處協同辦事，尋以總理妥協，賜騎都尉世職。十月，疏言：

州縣田地，間有未盡開墾處，緣山田磽确，旋墾旋荒，或江岸河濱，坍漲無定，是以荒者未盡開墾，墾者未盡升科。至已熟之田有糧額甚輕者，亦由土壤磽瘠，數畝不敵腴田一畝，即古者一易再易三易之意，非欺隱者比，不但丈量不可行，即令據實首報，小民惟恐查出治罪，勉强報升，將來完納不前，仍歸荒蕪。請停止丈量，飭禁首報，惟詳查現在報墾之田，有虚捏不實者，題請開除。

下王大臣議行。

乾隆元年二月，充會試正考官，恭修世宗憲皇帝實録及纂三禮義疏，俱充總裁。九月，病篤，上親臨軾第視疾。軾知駕至，力疾服朝服，令其子扶掖迎拜户外。上嘉軾知禮，且甚憐之。未幾，卒。遺疏入，諭曰：

大學士朱軾，品行端方，學術醇正，爲聖祖簡用大臣。皇考著注有加，簡任機務，純修清德，望重朝端。朕自幼讀書宫中，常聞講論。即位以來，正資老成襄贊，昨聞抱恙沈篤，朕親往看視，尚冀調治痊可。今聞溘逝，朕心深爲軫悼！特命輟朝一日，親臨祭奠，以昭敬禮賢大臣之誼。又兩賜内庫帑金，經理喪事。茲覽遺疏，拳拳以吏治民生爲念，具見忠悃。著加贈太傅，入祀賢良祠。應得恤典，察例具奏。尋賜祭葬，謚文端。

著有周易注解、周禮注解、儀禮節略及歷代名臣名儒循吏傳諸書。

子必堦，官至大理寺卿；瑆，官至左庶子；必坦，襲騎都尉世職。女，許字李姓，未婚守節。侍郎蔡世遠爲撰傳，御製詩題之，有「卓哉朱氏賢女子，柏舟矢志終不徙」之句。四十四年，上追念軾清操宿學，御製懷舊詩，稱爲可亭朱先生。詩曰：

皇考選朝臣，授業我兄弟。四人胥宿儒，徐朱及張嵇。
設席懋勤殿，命行拜師禮。其三時去來，可亭則恒矣。
時已熟經文，每爲闡經旨。漢則稱賈董，宋惟宗五子。
恒云不在言，惟在行而已。如坐春風中，十三年迅耳。
先生抱病深，命輿親往視。未肯竟拖紳，迎謁仍鞠稽。
始終弗逾敬，啓手何殊爾。嗚呼於先生，吾得學之體。

（清史列傳卷十四）

朱軾傳

國史賢良小傳

朱軾，字若瞻，江西高安人。康熙癸酉舉鄉試第一，明年成進士，選庶吉士，出知潛江縣。精曉吏事，不阿上官，擢刑部主事，升郎中，旋督陝西學政，坐歲試報册不如期，降二級調用，代者已行，聖祖聞其公明，令復視事，内升光禄寺少卿。由通政使巡撫浙江，以清吏治、厚風俗爲急務，除榷政之不便者，築沿海石塘數百里，潮不爲患。五十九年升左都御史。

世宗登極，以軾碩德重望，命侍高宗，講讀禁中，加吏部尚書、太子太保，進太子太傅。雍正二年，兼理吏部事，三年拜文華殿大學士，仍領吏部。未幾，丁母憂，服闋，再領機務。十三年秋，議修浙江海塘，在事者言人人殊，召軾詢問，軾奏：「事難預度，願親往治之。」世宗大悦，特敕督撫及總理塘工諸大臣咸聽節制。比至德州，世宗憲皇帝升遐，高宗嗣位，召還，命協同王大臣總理政務，賜騎都尉世職。

軾仰見高宗，純孝至仁，勵精圖治，益感激思報，奏請罷墾田、慎刑獄，又陳鹽政利弊八條，並得施行。乾隆元年九月，病篤，車駕幸賜第，慰問良久，翌日卒，年七十二，遺疏略言：「天下萬事，根本君心，而用人理財，尤宜慎重。君子之與小人，公私邪正，判於幾微，在審察其心迹而進退之。至若國家經費，本自有餘，異日儻有言利之臣，倡爲加賦之説者，伏祈聖心乾斷，永斥浮言，實四海蒼生之福。」上震悼輟朝，復親臨奠醊，賜帑金二千兩，祭葬加等，贈太傅，謚文端。

軾歷事三朝，樸誠自矢，純修清德，屢奉褒綸。性至孝，每莅官必請假省親，所得悉頒其昆弟族黨，田廬服食，蕭然如寒士。平生無疾言遽色，接賓客無貴賤，咸肅以和，以是人莫敢干以私，而亦無忌慍之者。易春秋三禮各有疏解，其他所編輯書，凡數百卷，多行於世。

（國史賢良小傳，見國朝耆獻類徵初編卷十三朱軾）

高安朱先生軾

唐鑑

朱先生諱軾，號可亭。由庶吉士授知縣，歷官大學士。學以敬爲主，以致知、力行爲工夫，以經史爲法，守以日用，云爲實驗。

其太極圖説解曰：

乾坤者，對待之體；六子者，流行之用。筮卦之數，陽極於九，陰極於六。陽主進，進至於無可進則退，九退而爲八，八，少陰也；陰主退，退至於無可退則進，六進而爲七，七，少陽也。圖極所説，動極而静，静極復動，動静互爲其根者，即筮卦九六進退之謂也。動極、静極者二，太陰生於動極，陽生於静極者六子也。圖書不言四象、八卦，義已見於是也。此陰陽流行之用，總不外乎兩儀對待之體。先言用而後及體者，一生於兩，一見而後兩立也。或問陽變陰合而生五行，五行非即四象、八卦乎？曰：四象、八卦乃兩儀之倍分五行，則兩儀之所資以爲用也。文圖離坎居乾坤之位，後天入用故也。五者之氣，彌綸充塞，播於四時。凡陰陽之流行，皆此五者行之也，此水火木金土之所以名行也。二氣、五行同出於太極，生則俱生，而無極、太極之藴，即在陰陽五行之中。同出於太極者，亦各具一太極也。無妄之理與不二之氣，渾淪融洽而無間，其合也，其妙也，妙合者一也。五行一陰陽，陰陽一太極，氣含乎理内也。五行之生各一，其性理行乎氣中也。理氣之絪緼，分無可分，兩非兩，五非五也，一而已矣。一故妙，妙故凝，凝則生，生不息矣。乾，天也；坤，地也。言乎其質，則五行生成於天地；言乎其氣，則二五實生乾坤。乾道成男，坤道成女，男女分而形交氣感，萬物化生。天地者，萬物之大父母也。人與物同具此太極之理，而所稟之氣有清有濁，人靈於物，而人之中又有頑秀之别焉。五性動而善惡分出，吉凶悔吝，所以紛然多故也。惟聖人定以中正、仁義而主静，人極立，而三才位焉。定之者定此感動之性也。感於物而動，性之欲也。定之以中正、仁義，所謂先立乎其大，其小者不能奪也。中正者，仁義之中正也，先儒以中正爲禮智，禮所以節文。斯二者，智則二者之正而固也。言禮智不足以盡中正，言中正而禮智在其中矣。

通書云：

性者，剛柔、善惡中而已矣。剛惡、柔惡故非中，剛善、柔善亦未必皆中。剛柔者，仁義之偏也。凡物立於偏陂之地，則脚根不定，中則得所止而定矣。大學曰：「知止得止。」易曰：「艮止。」定之謂也。求止之功在於格致誠正，而其要不外於主靜。靜者，動之本，易所謂「無思無爲，寂然不動」是也。廓然大公，性也。無極，太極也。物來順應，情也。太極之理，藴於中而發於外也。天稟陽，動而靜；地稟陰，靜而動。而要皆本於太極。太極之理，本靜也。聖人主靜而性以定，定則動靜隨時而因應不窮。聖人，一天地也；極者，至也。道理至此盡頭，更無去處，故推行變化而不可測，皆自極生也。自氣言爲陰陽，自質言爲剛柔，自人心而言爲仁義。動極者，純陽也。動極而靜，乾卦所謂「用九」。陽而陰，天極也。靜極者，純陰也。靜極復動，坤卦所謂「用六」。陰而陽，地極也。主靜而動以定者，聖人洗心藏密，吉凶與民同患。仁而義，人極之所以立也。曰陰陽，曰剛柔，曰仁義，對待之體也。曰陰與陽、剛與柔、仁與義，流行之用也。與云者自此及彼，一而二，二而一，張子所謂「一神兩化」也。原始反終、無終無始者，精氣、游魂，屈伸往來之妙也。大哉易乎？聖人立教，以裁成輔相；君子脩德，以趨吉避凶。孰有外於是乎？

又與王遜功論氣質之性曰：

論性而言情與才，自孟子始。才者，才力也，才幹也。性發而爲情、才，則效能於性情者也。仁能愛、義能敬、禮能讓、智能知，凡天下萬事萬物，莫非此心，此理之良能而有不能者，非不能也，不用其能也。此孟子之所言才，乃天命之性之才也。成性以後，理麗於氣，氣有清濁之分，才亦隨之。姑息非能愛也，而不謂非仁；鹵莽非能斷也，而不謂非義。善反之，則其所不能者，正其所以能也。此程子之所言才，乃氣質之性之才也。氣質之性之才有不善，而天命之性之才則無不善。故曰：爲不善，非才之罪也。集中有云：孟子所謂才，即程、張所謂氣質，淺見於此，不能無疑。變化氣質，固存乎人。然當其始，則氣質固不能無咎焉。豈得謂非其罪乎？況孟子既以情驗性，而斷其爲善，若以才爲氣質，則當云：若夫爲不善，乃氣質之故。不當云：非氣質之罪也。至云「善正從相近處見，相近亦正從善處見」二語，最爲醒豁。

顧愚更有進者，善不但從相近處見，亦可于習而相遠處見。所謂相近、相遠者，如分途各出一上一下。上者愈上，下者愈下，漸行漸遠，或相什伯，或相倍蓰，或相千萬而無算者，其源頭總從一路上來。若原是兩路，又何從較其遠近乎？周子通書云：性者，剛柔善惡中而已矣。有生之初，剛善、柔善者，去中無幾，即剛惡、柔惡，亦未至於甚遠。迨習焉，各隨其性之所近，而一往莫返，不但惡者益惡，而善者亦流於惡矣。然姑息、鹵莽，都由仁義而起，非仁無緣得愛，非義無緣得斷，非愛與斷無緣得姑息、鹵莽。惡者，善之惡也。知惡爲善之惡，益知性之無不善矣。

觀此，則先生之言太極、言性，可謂至真至切矣，洵爲朱子家法，踐而行之，必實學也。是以生平未登講席，而學者奉爲模楷，至今不墜。蓋其真積力久，所以成人即寓於成己中也。

其與白中丞書曰：

先生自臨莅以來，軍國要務、吏治民生、鴻纖畢舉，亦既户頌而家祝矣。頃乃遴選十三郡能文之士二百有奇，肄業豫章書院，其不在所選之中而願來學者，又百有餘人，一體給與廩餼而教育之。又特疏請增賓興解額比於京闈，凡以鼓勵人才，廣國家菁莪棫樸之化，意良厚也。非好之真而爲之力，安能若是乎？

顧惟士所貴讀書者，窮理、格物、明善以復其初耳，非欲其博聞强記以資口説工文詞已也。國家以制藝取士，雖程朱亦不能廢此而不爲，然制義之設，所以闡發六經之微言，必于聖賢義藴研精、熟習，體察於身心之間，而實有所得，而後能津津言之有味。此取士之法所以寓課行於衡文之中，以求得真才實學而用之也。今之士子朝夕諷誦，未嘗一體察於身心，及搦管爲文，則多方揣摩，曰如此而元、如此而魁，是以文章爲邀榮之階，儒其名，市井其心，可恥孰甚乎？習俗日久，人不自知其非，必得名賢爲之師，一言一動，以身示教，而又勤勤懇懇諭以義利、公私之別，以動其羞惡之良，使反其揣摩舉業者，日孜孜於聖賢之學，斯可挽回積習，無負先生教育人才之至意矣。

昔胡安定教授蘇湖，凡游其門者，不問而知其爲先生弟子。象山於白鹿洞講「君子喻義」章，聞者爲之涕零。是故非擇生徒而教之難，擇教生徒之人爲難也。先生嘗寓書聘錢塘沈位山先生矣。位山，浙之名儒也。位山辭而後別聘，其人必位山匹也。而先生于政治之暇，又時臨講習，諄切開諭，分別勤怠，學有進益者，輒加獎勵，不率教者黜之。從此人思策勵，有造有德，西江人文彬彬日上矣。

抑弟更有請者。明儒配食瞽宗者四。餘干、新會皆出崇仁吴康齋先生之門。先生研精義理，玩心高明，霽月光風，有「吾與點也」之意。胡之主敬、陳之主静，蓋學焉各得其性之所近，而静之流弊，至於專尚自然，則朱易而紫，非青出於藍也。顧餘干祀，新會亦祀，獨崇仁不與，豈非缺典？正嘉間，陽明良知之學遍天下，吉州羅整庵先生大聲疾呼，力排異説，先聖微言，賴以不墜，厥功巨矣。乃學宫舍整庵而列陽明，其何以訓？今聖天子崇尚正學，濂洛關閩之道，昭垂日星，儻蒙大賢特疏，題請吴、羅二公配享文廟，定蒙俞旨，此千秋斯文之幸，非徒西江之光也。而樹之風聲，以勵後學，使法其鄉先生，以無背於正學，其裨益學校，非淺矣！

先生切于世教如此，而巡撫浙江，分巡山陜以及辦理畿輔水利，事載國史者，皆足爲後世法。所輯有歷代名儒傳、歷代名臣傳、歷代循吏傳，其衛道翊教、利濟生民之心，亦大可見矣。乾隆元年，先生病篤，聖駕親往臨視。先生力疾朝服，命子扶掖，迎拜户外，不敢守拖紳之禮。其敬爲何如乎？卒，謚文端。

（唐鑑清學案小識卷四）

朱文端公事略

李元度

公諱軾，字若瞻，一字可亭，江西高安人。康熙癸酉鄉試，領解額。甲戌進士，選庶吉士，改知潛江縣，有惠政。時有鬬殺獄，總督喻某權巡撫，疑爲故殺，斥令改讞。公持前議，再斥再覆如初。總督調公至行省詰責，公曰：「令所據乃初招，公所據訟師教唆之遁辭也。」總督怒，將劾之。公曰：「畏劾而枉殺人，令不爲也。」拂衣出。會巡撫劉公殿衡至，久聞公賢，爲解於總督而薦之。乙酉，行取，授刑部主事。丙戌，遷員外郎。巨猾余姓繫獄，有力者爲營救。公論如律，衆撼以危言，不爲動。部庫借逋，已奉恩旨緩追矣。有以掊克見才者，誅求甚急，公持不可，事争月餘，卒從公議。公受聖祖特達之知，自此始。

己酉，分校會試，提督陝西學政。表章橫渠之學，以禮教變化氣質，關中正學大明。故事，歲試報部，科有册費，公不名一錢，以册發郵遞部，科吏怒，不收。尋劾公造册遲延，議降二級調用。時科試尚餘二郡未按臨，代者已至，會鄉試監臨，巡撫將扃闈，秦士七千餘人具公揭，請疏留。遣之，堅跪不起，語益譁。知勢不可奪，乃徐紿曰：「爾等論誠公，俟出闈乃可入告。」比撤棘，寢不復奏。會有以其事上聞者，聖祖垂問九卿，大司寇韓城張公廷樞昌言朱學使公明廉謹，衆無異辭。於是特旨命公畢試事。累擢光禄少卿、奉天府尹、通政使。

丁酉，巡撫浙江。首除供億陋規，減儀從，食糲衣粗，宴會止五簋。飭吏胥毋曳紈綺，墨吏望風解綬去。浙俗，婚喪尚侈靡，乃著家儀，益以士相見、鄉飲酒禮刻行之，陋俗丕變。幕中不延賓佐，每早起治事，手書口答，至丙夜不休。尤慎於庶獄，與僚屬論某獄情實，某獄誣罔，條舉姓名，訟諜無所遺，衆驚以爲神。浙西數百里，藉海塘爲捍蔽，時築時圮。公疏陳海寧老鹽倉等處，宜易石用楗；又海潮北向者，曰北大亹，南向者，曰南大亹，南北兩山間曰中小亹，海潮向由中小亹入江，則兩岸皆無患，今中小亹竟成陸地，宜挑浚；又上虞夏蓋山土塘，宜改用石。條列以聞，皆報可。北新關爲猾胥淵藪，公搜剔宿弊，行旅便之。修萬松書院，躬親訓課，士相砥以學行。巡鹽御史哈爾金勒索鹺商，公劾之。命大臣鞫實，論如律。

庚子冬，内擢左都御史。乞假省親。明年還朝，丁父憂，訃至，勺飲不入口三日。有旨令在任守制。公力請奔喪，疏再三上，通政司抑之。公請假葬親，即赴軍前效力，奉諭往山陝督賑。時聖祖發帑金五十萬兩，命與光禄卿盧詢分往督察。公力疾就道，抵平陽，疏陳賑濟事宜，皆報可。於是察官吏，安流庸，禁遏糴，招米商，設粥廠，立醫局，補驛夫，借給民人牛種，截漕米四十萬石，並請出京倉陳腐米平糶，全活數十萬人。會苦旱，公爲文禱神，越日大雨。又以積貯多有名無實，乃瀝陳冒銷虧耗，及出陳易新時掯勒浮收諸弊，請飭督撫嚴禁，並勒所屬買補缺額，爲荒備。有旨通飭行。九月，反命，請解任，效力河工，就便營葬事。同列勸阻之。因面奏，温旨慰諭，命再往山西試行水利社倉，蓋公督賑時條奏及此也。會川陝總督年羹堯劾知府徐容、甘文煊虧帑，命公往陝西鞫問。壬寅二月，抵蒲州，復請假歸葬。奉俞旨：給假葬親，事畢速回任。以三月抵家。

十二月，聖祖賓天，公痛哭就道，馳謁梓宫。時世宗嗣統，夙重公。凡大政事及進退人材，特命公與王大臣參議。雍正元年癸卯，遷吏部尚書，加太子太保，入直上書房，賜第及銀千兩。是年四月，舉恩科，命典順天鄉試，得人最盛，特旨加太子太傅。是年六月，母夫人壽八十，乞假歸。特予誥命，賜御書堂額、楹聯各一，帑金二千，副以上珍御藥。九月，還朝，奉命典恩科會試。甲辰八月，典正科會試。會浙江海塘圮，詔公往浙督修，報修餘姚、上虞、會稽塘工以丈計者凡七千，海寧三千七百有奇，海鹽二千九百，用帑銀十五萬五千七百兩有奇。尋疏請四品以上官，許將本身妻室封典，移封祖父母；八品以下官，許移封父母；其繼母、生母請與嫡母俱封。從之。

乙巳九月，拜文華殿大學士，仍兼吏部尚書。命與怡賢親王共治畿輔營田水利，發帑金百萬爲經費。公悉心營度，以漳衛、滏陽、子牙、永定、灤路諸河爲經，以趙北口東西兩淀爲咽喉，蓄洩得宜，溉田六千頃。尋合疏請分直隸諸河爲四局，南運河及臧家橋以下之子牙河、范家口以東之淀河爲一局，請令天津道總理；北運河爲一局，請裁分司，令通永道兼理；范家口以西各淀及畿南諸河爲一局，請改大名道爲清河道管理。下部議行。

丙午春，丁母憂。訃未至，而巡撫已疏聞，特諭吏部通政司及公家屬：「弗以母訃告知朱軾。彼性至孝，今在營田水利工所，旁無親切之人，驟聞此信，必過於哀毁。俟召回，朕剴切開諭可也」。又諭曰：「大學士朱軾之母冷氏，壼儀淑慎，訓子成名。今在籍病故，著江西巡撫支給庫銀二千兩，派兩司讀文致祭。俟朱軾抵家日舉行。」公入對，上開渝再三，哀不自禁。出宫門慟絶，嘔血滿地。諭閣臣曰：

大學士朱軾事親最孝，朕所素知。但伊母年逾八旬，禄養顯揚，俱無遺憾。宜節抑哀痛，護惜此身，盡忠正以盡孝。前已降旨，賜銀二千兩治喪，遣地方大員致祭。今軾馳驛奔喪回籍，朕深知其家貧，可再賜銀二千兩。其子亦令隨歸，到家守孝百日，營葬畢，即來京辦事。伊疏請終制，情詞迫切，此乃伊名節所關，朕知其出於至性。但三年爲時甚久，閑居在籍，其心未必自安。況畿輔水利事，正資料理，可於八月起行來京，備顧問。既不任職，則與家居無異，於禮既盡，于心亦安矣。軾年高體弱，不宜過於悲傷。況六十不毁，載在禮經。若能仰體朕心，護惜此身，爲國家宣力，其母有知，亦必深慰。儻過哀以致毁瘠，則忠孝兩虧矣。

並遣侍衛齎茶飯賜之。公歸，營喪畢，散賜金于戚族之貧者。明年九月，入都。將至，上遣學士何國宗、副都統永福出迎，賜膳。特旨許照怡親王居母喪故事，素服三年，不補原官，仍在内閣，兼吏部、都察院行走，其朝會燕饗，俱不與。

戊申，公疾，上賜醫藥存問。時公子必堦官大名知府，特詔召回，仍補户部郎中，便養也。

又命内大臣福倫視疾，公疏請解任，世宗手詔曰：

卿才具優長，品行端謹，老成練達，勤敏和衷，朕所深知。今偶患咳嗽，自可從容調理。向來漢大學士多用二員，今閣臣有張廷玉、蔣廷錫辦理，實無曠缺。卿當頤養之時，必須寬懷澄慮，不必慮及内閣職務，致乖調攝之道。朕昨遣内大臣往視，聞卿力疾叩謝，次日清晨寒冷，又至宫門謝恩，是轉使朕心不安。朕知卿小心拘謹，是以近來一切服食之物，未便頻頻頒賜，正以冀卿之安逸，望卿之速痊也。其節勞静攝，導引沖和，即受朕恩賚，亦免其拜跪。卿年未甚老，爲朕宣力之處甚多，不必以解退爲請。其悉朕惓惓至意。

明年，疾復作，上允解部務，專直内閣。尋以失察吕留良私書，吏議奪職，特旨留任，賜居海淀，便奏對。未幾，復原職。

庚戌冬，命兼管兵部尚書事。癸丑，署掌院學士。甲寅，浙江海塘衝決，在事諸臣意見多不合。上召公詢問，公奏：「事難遥度，願親往辦治。」上大喜，命督撫及總理塘工諸大臣悉聽節制。行次德州，聞憲皇帝賓天，痛哭奔喪。至阜城，高宗特召回京。謁梓宫，昏暈不能起。高宗命總理事務，賞騎都尉世職。當是時，公年已七十有一，天子恐用公晚，一切虚己咨詢，公亦忘身殉國，知無不爲。因疏陳直省開墾之弊：

如四川一省，近經丈量，招集流民開墾，卒之逃亡遷徙，事故紛然。多於熟田加增糧額，以咸清丈之名，於國課無補，而於民生有害。又聞廣西開墾之例，弊竇尤多，報墾十數萬畝，多係子虚。因通行丈量，搜求熟田弓口之多餘，以補報捐無著之數。蒙大行皇帝洞燭情弊，飭止丈量，小民得免加賦，而前此虚報陞科之田，業經入册，責令輸糧，民益苦累。至河南省報墾田地，尤多不實。夫朝廷恩免，動以數十萬計。如江南等省浮糧舊額，一旦豁除百餘萬，區區報墾之糧，曾何加於毫末？請敕各督撫將報墾田逐一查明，如系虚捏，即據實題請開除，護短文飾者罪之。

又言：

近日法吏多以嚴刻爲能，不揆情理之平，但云不如是必致上官駁詰，部議吹求。於是贓私先酌數目，迫以極刑，罪案自定供招，誘之伏法，故生枝節，刻意株連。尤可異者，凡屬吏所定之稿，上官酌改，必係加重。否則，不易一字，以爲改輕，便似徇私。不知心苟無私，何妨屢改，情罪未協，豈憚紛更！請敕各督撫嚴飭有司，讞獄務在持平。其鍛煉誣枉者罪之。

疏入，皆立允通行。

乾隆元年丙辰，公典會試，賜第地安門外，又賜金五百兩，爲修宅費。八月，疾大作，上賜參藥，遣御醫來視。九月，命和親王來視。十七日，車駕親臨慰問。公力疾朝服，迎拜户外。次日，薨。遺疏略云：「國家萬事根本，君心所重者，莫如理財用人。臣核國儲，經費綽然。後有言利之臣，倡議加增，乞聖明嚴斥。至於用人，邪正公私幾微之際，尤易混淆，在審擇君子小人而進退之，慎之又慎。此臣垂死時芻蕘之獻也。」奏上，上震悼，命輟朝一日。車駕復親臨哭奠，再賜帑金千兩治喪。有旨：「大學士朱軾品行端方，學術醇正，純修清德，望重朝端。朕自幼讀書宫中，常聞講論。即位以來，正資襄贊。兹覽遺疏，拳拳以吏治民生爲念，具見忠悃。可贈太傳，入祀賢良祠。」尋賜祭葬，謚文端。

公自爲諸生至居政府，食不貳膳，無故不殺牲。性介而和。門生某饋參，公稱量畢，仍還之，曰：「吾體未羸，無藉於參。故稱量之，則已受爾儀矣，奚必及物邪？」自浙撫内召，瀕行，劾免二令，曰：「二人素貪劣，吾去後，必大肆，後人劾之，罪將不測。今以不謹去，正所以全之也。」大將軍年羹堯以罪誅，父遐齡年八十餘，法當坐。公奏：「以子刑父，非法也。臣簿録年氏家書，遐齡訓其子嚴。罪在子，不在父。」世宗是之，遐齡得免。公凡所薦舉，初不令其人知。或左右微探其端，必正色曰：「斷自宸衷，非可以私恩市也。」長御史時，世宗以科道一體，命六科亦統於都察院。科臣有抗争者，語並及公。公叩頭申救，科臣得寬免，時以比文潞公之于唐介云。

公與方望溪侍郎交最篤，望溪嘗以周官餘論十篇之三示公，公持至上書房手録，曰：「當吾世有此異人，而上竟不聞知，可乎？」望溪曰：「今上信大有爲，而士大夫結習未除。凡吾所云，必君相一德，衆賢協心，然後爲之而可成，成之而可久。不然，上求其誠心，而下應以苟道，民不見德，反受其殃。公志果大行，異日以告於吾君，次第布之，不必知自某也。」及公大拜，乃以實畿輔一篇致怡賢親王，合詞請開水利。望溪謂公曰：「近畿積水，無歸久矣。必以數年疏決支河，俾伏秋潦漲，下流無壅。然後規下地，擇良有司，官治一區爲民表，使民豔其利而争自營之。苟少違其節次，動必無功。」其後爲之數年，果利害相半。公由是益信望溪言。凡吏疵民瘼，辨賢抑奸，胸中所知見，壹爲公盡之。且告以海内大事宜及時措注者，莫如復明初大寧三衛，兼求唐韓重華屯田故蹟，自歸化城西，連三受降城以達于寧夏，及經略苗疆、控制台灣三事。因盡出餘論七篇。公皆慨然引爲己任。會西陲用兵，度無暇部署三方，而公尋遘疾，不果行。高宗諒陰，依古禮法，致行三年之喪，諸王大臣屬望溪草具儀法。及制詔將頒，復速望溪至雍和宫討論。公常左右之，惟恐其言之不盡用也。

疾革，望溪走視，公蹶然興曰：「子所言三事及九篇之書，吾未嘗一日忘。以聖天子維世礪俗，謂子所云禮義之明、人材之興也有日矣，而吾將泯焉，命也夫！子性剛而言直，幸哀疾支離，於世無求。否則，尚有國武子之禍。賓實既没，吾病不支，子其懼哉！」賓實，楊文定公也。公與望溪同直内閣，雖入政事堂，衆既退，坐必下之，行必後之，望溪固辭。公曰：「衆争爲市道交，即此可示之以禮矣。」

公所著有易春秋詳解、禮記纂言、周禮注解、儀禮節略，訂正大戴記、吕氏四禮翼、温公家范、顏氏家訓、歷代名臣名儒循吏傳、輶車雜録、廣惠編。

子必堦，官至通政使。瑾，官至左庶子。必坦，舉人，襲騎都尉。長女字建昌李氏，未婚守志，以貞節被旌，蔡文勤公爲撰傳，御製詩題之，有「卓哉朱氏賢女子，柏舟矢志終不徙」之句。

四十四年，上追念公清操宿學，御製懷舊詩，稱爲可亭朱先生。詩曰：

皇考選朝臣，授業我兄弟。設席懋勤殿，命行拜師禮。徐張時去來，可亭則恒矣。時已熟經文，每爲闡經旨，漢則稱賈董，宋惟宗五子。恒云不在言，惟在行而已。如坐春風中，十三年迅耳。先生抱病深，命輿親往視。未肯竟拖紳，迎謁仍鞠跽。始終弗踰敬，啓手何殊爾。嗚呼於先生，吾得學之體。

（李元度國朝先正事略卷十二朱文端公軾）

清史稿・朱軾傳

朱軾，字若瞻，江西高安人。康熙三十二年，舉鄉試第一。三十三年，成進士，改庶吉士，散館授湖北潛江知縣。潛江俗敝賦繁，軾令免耗羨，用法必持平。有鬭毆殺人獄，上官改故殺，軾力争之，卒莫能奪。四十四年，行取，授刑部主事，累遷郎中。四十八年，出督陝西學政。修横渠張子之教，以知禮成性、變化氣質訓士。故事，試册報部科，當有公使錢。軾獨無，坐遲誤被劾，士論爲不平。會有以其事聞上者，上命軾畢試事。五十二年，擢光禄寺少卿。歷奉天府尹、通政使。

五十六年，授浙江巡撫。五十七年，疏請修築海塘：北岸海寧老鹽倉千三百四十丈，南岸上虞夏蓋山千七百九十丈。並議開中亹淤沙，復江海故道。又疏言：「海寧沿塘皆浮沙，雖長樁巨石，難期保固。當用水櫃法，以松、杉木爲櫃，實碎石，用爲塘根，上施巨石爲塘身。附塘爲坦坡，亦用水櫃，外砌巨石二三重，高及塘之半，用護塘址。塘内爲河，名曰備塘河。居民築壩積淤，應去壩浚河，即以其土培岸。」俱下部議行。杭州南北兩關税，例由巡撫監收。軾以税口五十餘，稽察匪易，請委員兼理。部議以杭州捕盜同知監收，仍令巡撫統轄。五十八年，疏劾巡鹽御史哈爾金索商人賄，上命尚書張廷樞、學士德音按治，論如律。五十九年，擢左都御史。六十年，遭父喪，命在任守制，疏辭，上不許，請從軍自效。

上以山陝旱災，發帑五十萬，命軾與光禄寺卿盧詢分往勸糶治賑。軾往山西，疏請令被劾司道以下出資贍飢民，富民與商人出資於南省糴米，暫停淮安、鳳陽等關米税；飢民流徙，令所在地方官安置，能出資以贍者得題薦；飢民群聚，易生癘疫，設廠醫治。又疏言：「倉庾積貯，有司平日侵蝕，遇災復假平糶、借貸、煮粥爲名，以少報多，有名無實。請敕詳察虧空，少則勒限補還，多則嚴究治罪。至因賑動倉穀，輒稱捐俸抵補，俸銀有限，倉穀甚多。借非實借，還非實還。宜並清覈。」皆從所議行。別疏請令山西各縣建社倉，引泉溉田。上謂：「社倉始於朱子，僅可行於小縣鄉村。若奏爲定例，官吏奉行，久之，與民無益。山陝山多水少，間有泉源，亦不能暢引溉田。軾既以爲請，即令久駐山西，鼓勵試行。」軾自承冒昧，乞寢其議，上不許。未幾，川陝總督年羹堯劾西安知府徐容、鳳翔知府甘文煊虧帑，請特簡親信大臣會鞫。上命軾往勘，得實，論如律。六十一年，乞假葬父，歸。

世宗即位，召詣京師，充聖祖實録總裁，賜第。雍正元年，命直南書房。予其母冷氏封。加吏部尚書銜，尋復加太子太保。充順天鄉試考官，嘉其公慎，進太子太傅。二年，兼吏部尚書。命勘江浙海塘。三年，還，奏：「浙江餘姚滸山鎮西至臨山衛，舊土塘三道，本爲民竈修築。今民竈無力，應動帑興修。自臨衛經上虞烏盆村至會稽瀝海所，土塘七千丈，應以石爲基，就石累土。又海寧陳文港至尖山，土塘七百六十六丈，應就塘加寬，覆條石於巔，塘外以亂石爲子塘，護塘址當修砌完固。至子塘處，依式興築。海鹽秦駐山至演武場石塘，圮八十丈，潰七十丈，均補築。都計工需十五萬有奇。江南金山衛城北至上海華家角，土塘六千二百餘丈，内三千八百丈當改爲石塘。上海汛頭墩至嘉定二千四百丈，水勢稍緩，土塘加築高厚，足資捍禦。都計工需十九萬有奇。」下部議行。拜文華殿大學士，兼吏部尚書。

上命怡親王胤祥總理畿輔水利營田，以軾副之。四年，請分設四局，各以道員領其事。二月，軾遭母喪，命馳驛回籍，諭曰：「軾事母至孝，但母年八十餘，禄養顯揚，俱無餘憾。當節哀抑慟，護惜此身，爲國家出力。」賜内帑治喪，敕江西巡撫俟軾至家賜祭。軾奏謝，乞終制，上允解任，仍領水利營田，期八月詣京師。九月，軾將至，遣學士何國宗、副都統永福迎勞，許素服終喪。上以浙江風俗澆漓，特設觀風整俗使，軾疏言：「風俗澆漓，莫甚於争訟。臣巡撫浙江，知杭、嘉、湖、紹四府民最好訟。請增設杭嘉湖巡道，而以紹興屬寧台道。民間詞訟冤抑，准巡道申理。」上從其請。六年，以病乞解任，上手詔留之。八年，怡親王薨，命軾總理水利營田。尋兼兵部尚書，署翰林院掌院學士。十三年，議築浙江海塘，軾請往董其役，上俞之，敕督撫及管理塘工諸大臣咸聽節制。

高宗即位，召還，命協同總理事務，予拜他喇布勒哈番世職。時治獄尚刻深，各省争言開墾爲民累，軾疏言：「四川丈量，多就熟田增加錢糧；廣西報部墾田數萬畝，其實多系虚無。因請通行丈量，冀求熟田弓口之餘，以補報墾無著之數。大行皇帝洞燭其弊，飭停止丈量；而前此虚報升科，入册輸糧，小民不免苦累。河南報墾亦多不實。州縣田地間有未能耕種之處，或因山區磽确，旋墾旋荒；或因江岸河濱，東坍西漲。是以荒者未盡開墾，墾者未盡升科。至已熟之田，或糧額甚輕，亦由土壤磽瘠，數畝不敵腴田一畝，非欺隱者比。不但丈量不可行，即令據實首報，小民惟恐察出治罪，勉强報升，將來完納不前，仍歸荒廢。請停止丈量，飭禁首報，詳察現在報墾之田，有不實者，題請開除。」又疏言：「法吏以嚴刻爲能，不問是非曲直，刻意株連，惟逞鍛煉之長，希著明察之號。請敕督撫諭有司，讞獄務虛公詳慎，原情酌理，協於中正。刑具悉遵定制，不得擅用夾棍、大枷。」上深嘉納之。

乾隆元年，充世宗實録總裁。九月，病篤，上親臨視疾。軾力疾服朝服，令其子扶掖，迎拜户外。翌日，卒。遺疏略言：「萬事根本君心，用人理財，尤宜慎重。君子小人，公私邪正，判在幾微，當審察其心跡而進退之。至國家經費，本自有餘，異日倘有言利之臣，倡加賦之税，伏祈聖心乾斷，永斥浮言，實四海蒼生之福。」上震悼輟朝，復親臨致奠，發帑治喪。贈太傅，賜祭葬，謚文端。

軾樸誠事主，純修清德，負一時重望。高宗初典學，世宗命爲師傅，設席懋勤殿，行拜師禮。軾以經訓進講，亟稱賈、董、宋五子之學。高宗深重之，懷舊詩稱可亭朱先生。可亭，軾號也。子必堦，以蔭生官至大理寺卿；瑱，進士，官至左庶子；必坦，舉人，襲騎都尉。

（清史稿卷二百八十九）

正一身以正家國天下者，其禮乎！清代名臣大儒，莫不以是爲兢兢。健庵、味經其尤著也。可亭爲儀禮節略一書，一以經傳通解爲宗，而删繁舉要，博采諸家，附以獨見，所言皆明白洞達，可謂知本務矣。述高安學案。

朱先生軾

徐世昌

朱軾，字若瞻，號可亭，高安人。康熙甲戌進士。改庶吉士。散館授潛江知縣，以薦入爲刑部主事。轉員外郎、郎中。督陝西學政，以關中先儒張子知禮成性，變化氣質之學，爲諸生摩刮，秦士大悦。歷光禄寺少卿、奉天府尹、通政使，出爲浙江巡撫，擢左都御史。雍正二年，拜文華殿大學士，兼吏部尚書，坐撫浙時失察吕留良私書，吏議革職，仍視事，尋還職，兼管兵部尚書事。高宗御極，命協辦總理事務，賜世襲雲騎都尉，充纂修三禮館總裁官。乾隆元年卒，贈太傅，謚文端。

先生爲政練達有體。自治縣及撫浙，未嘗假賓佐，擿發多洞中，吏不能爲奸。浙俗浮靡，以身教儉，郡邑吏望風自飭。及登政府，視山西賑，治浙江海塘，與怡親王同籌畿輔營田水利。乾隆初，疏陳四川、廣西、河南丈田報墾之不實。又言法吏以嚴刻爲能，請嚴飭各行省，皆見施行。向之以興利爲功者，相繼罷去。忠誠爲國，有古大臣之誼。其學以敬爲主，以致知力行爲工。夫以經史爲法，守以日用，云爲爲實驗。

著周易傳義合訂十二卷，因程子易傳、朱子易本義互有異同，爲參校以歸一是，不復兩可其説，以滋歧貳。惟兩義各有發明，可以並行不悖者，仍俱録焉，而附以諸儒之論。有實勝傳義者，則竟舍傳義以從之。己所見，亦各附於後。

又著儀禮節略二十卷，分冠、昏、喪、祭四大綱，而冠禮後附以學義，昏禮後附以士相見、鄉飲酒，於喪、祭二禮尤詳。大旨以朱子家禮爲主，雜採諸儒之説，而斷以己意，蓋欲權衡於今古之間，故於今禮多所糾正，於古禮亦多所變通。

又有春秋鈔十卷、孝經注一卷、名儒傳八卷、名臣傳三十五卷、續編五卷、循吏傳八卷、文集四卷、輶車雜録、廣惠編各若干卷。參史傳、四庫全書提要、張廷玉撰墓志銘、學案小識文集。

（清儒學案卷四十九高安學案）

圖書在版編目(CIP)數據

朱軾全集:全十册/彭林主編. —上海:復旦大學出版社, 2021.6
ISBN 978-7-309-15657-7

Ⅰ. ①朱…　Ⅱ. ①彭…　Ⅲ. ①朱軾(1665-1736)-全集　Ⅳ. ①Z424.9

中國版本圖書館 CIP 數據核字(2021)第 087616 號

責任編輯　杜怡順　胡欣軒　顧　雷

朱軾全集
彭　林　主編

復旦大學出版社有限公司出版發行
上海市國權路 579 號　郵編: 200433
網址: fupnet@fudanpress.com
http://www.fudanpress.com
門市零售: 86-21-65102580
團體訂購: 86-21-65104505
出版部電話: 86-21-65642845

江陰金馬印刷有限公司

開本 890×1240　1/32　印張 175.75　字數 3370 千
2021 年 6 月第 1 版第 1 次印刷

ISBN 978-7-309-15657-7
Z・103　定價: 1180.00 元